KB199373

달마, 서양으로 가다

— 서양의 신불교를 일군 별들의 이야기 —

달마, 서양으로 가다

―서양의 신불교를 일군 별들의 이야기―

진우기 지음

불교시대사

달마, 서양으로 가다
— 서양의 신불교를 일군 별들의 이야기 —

19세기 말 한때 미국에서 불교가 융성했었다. 마담 블라바츠키의 신지학(神智學)과 시카고 박람회의 일환으로 열린 세계종교회의 덕분에 불교는 서양 지식인의 입에 오르내리는 새로운 문화가 되었다. 그러나 이 열풍은 20년 정도밖에 가지 못했고 이후 불교는 대중에게서 잊혀졌다. 사람들은 그 이유로 이 시절 제시된 불교가 매우 염세적이었고 활동성이 부족했던 것을 들고 있다. 그러나 대중의 눈에 띄지 않는 곳에서 불교는 조용히 싹을 틔울 준비를 하고 있었다. 1970년대, 불교가 폭발적 발전을 하기 위한 조용하지만 그러나 치열한 준비기간이었다고 볼 수 있다. 서양에서 불교가 서양의 것으로 자라자면 서양의 토양에 적합한 씨앗과 비료 그리고 농원이 있어야만 했다. 바로 이 기간에 서양에서는 불교를 전할 서양인 제자들과 시스템이 자라나고 있었던 것이다.

스즈키 다이세츠가 미국에 전한 불교는 의도적으로 불교라는 말과 불교적 색채를 뺀 것이었다. 그는 신비주의를 강조했고 거기에 여세를 더한 것이 '비트 선(Beat Zen)'을 전한 비트의 문인들과 앨런 와츠였다. 정통적으로 수련을 하거나 승가에 들어온 적이 없었던 이 두 사람은 미국 대중의 구미에 맞게 불교를 전했고 그래서 불교가 확산되는 데 큰 역할을 했으나 불교의 낭만적이고 철학적인 면만을 강조한, 한쪽으로 치우친 불교를 전했다. 이들이 전한 불교를 일러 로버트 아잇켄 선사는 말했다.

이들은 마치 꽃꽂이를 하는 사람과 같았다. 꽃이 피기 위해서는 흙과 뿌리가 있어야 하는데 이들은 꽃만을 꺾어서 지극히 아름답게 보이도록 심미적으로 꽂아서 제시한 것이다. 그러나 꽃꽂이가 아무리 아름다운들 그 생명력이 얼마나 가겠는가?

이를 바로잡은 것은 1960년 미국 샌프란시스코에 법의 날개를 편 스즈키 순류 선사이다. 조용히 그리고 말없이 그의 온 존재로 불교 수행의 정통을 전한 그를 통해 불교는 이제 미국에서 수행으로서의 불교로 자리를 잡기 시작한다. 그러나 아시아적 문화 색채를 간직한 불교의 갖가지 시스템이 서양인의 사고나 생활방식과 마찰을 일으키면서 불교는 변형을 하기 시작한다. 처음 20년 정도는 특별한 변형이 없었다. 너무나 이질적이고 고급한 문화를 이들은 그저 넋이 나간 사람처럼 바라보았고, 이상한 것이 있어도 '그곳에서는 그렇게 하나보다' 정도로 생각하고 넘어갔기 때문이다.

그러나 서서히 이들은 깨어났고 받아들일 수 없는 것을 고치고 자기네 것과 새로이 합성하면서 새로운 불교를 창조해내었다. 그 특징을 3가지로 요약하면 이렇다. 첫째, 오랫동안 분리되었던 종교생활 따로, 일상생활 따로를 이들은 더 이상 믿지도 실행하지도 않았다. 이미 그리스도교에서 그런 것은 충분히 보았고 그것이 싫어서 2000년간 자기네 문화의 뿌리를 이루었던 종교를 등진 사람들이기 때문이다. 둘째, 불교도 수 1위를 차지하는 미국인들은 불과 200여 년 전에 정신적 억압이 싫어서 목숨을 걸고 대서양을 건너 척박한 새 땅에 보금자리를 일군 이들이기에 '묻지 말라'든지 '그것은 비밀'이라든지 하는 말들을 참아낼 수가 없었다. 이들은 열린 시스템을 원했고 수직체계보다는 수평체계를 원했다. 셋째, 몸과 마

6

음이 둘이 아니듯이 나와 세상도 둘이 아님을 잘 알기에 이들은 세상의 불행이나 불공평을 가만히 앉아서 방관하면서 나만의 깨달음만을 추구할 수는 없었다. '세상이 아프니 나도 아프다'는 유마거사의 말처럼 이들은 세상이 아플 때 우선 붕대라도 감아주고 굶은 사람에게 한끼라도 먹을 것을 주어야만 했다. 이로부터 참여불교가 탄생한다.

참여불교는 20세기에 아시아의 불교가 서양의 활동주의와 민주주의를 만나 새로이 탄생한 새로운 불교이다. 제1의 수레 상좌부 불교, 제2의 수레 대승 불교, 제3의 수레 금강승 불교에 이어 이 신불교는 가히 제4의 수레라 부를 만하다. 이 참여불교에는 나의 일상생활에서만 실천하겠다는 소극적 그룹에서부터 사회와 정치에도 이를 실천하겠다는 적극적 그룹을 다른 끝으로 하여 그 사이에 다양한 정도의 참여 행위가 존재한다.

그리고 이들 불자들은 새로운 문화와 새로운 라이프 스타일을 창조하고 있다. 나만을 중심으로 하는 사고를 벗어난 삶, 수도승보다도 더 단순 소박하게 살며 생기는 것은 남을 위해 쓰는 삶, 소로우보다도 더욱 의도적으로 사는 삶, 여성들에게 독립성과 존중성을 회복하게 해주는 삶, 자연을 귀하게 여기고 나의 일부로 아끼는 삶, 명상이 생활의 일부이고 학문과 문화의 필수 요소가 되는 삶의 질과 양식이 곳곳에서 발전하고 있다.

우리는 이 책에서 이런 삶의 리더 역할을 해온 서양 불교계의 별들의 이야기를 들어보고자 한다. 스님과 재가자, 남성과 여성, 아시아인과 서양인이 고루 섞여 있는 이 아름다운 별들의 모습에서 21세기 불교의 모습과 다음 세대에게 전해줄 불교의 모습을 보고자 한다.

차   례

8

1. 선 불교

삶 속에서 불교를 실천하는 참여불교의 기수

틱낫한(Thich Nhat Hanh, 1926~)

베트남의 임제종 스님. 베트남전 때 난민과 부상자를 돕기 위해 사회청년봉사학교를 설립. 60년대 미국에 와서 순회법회를 하며 가톨릭 평화관계 성직자와 돈독한 우정을 맺었으며, 미국의 인권운동가인 마틴 루터킹은 그를 노벨평화상 후보로 추천함. 프랑스 보르도 지방에 플럼 빌리지를 세워 승가와 재가를 교육하고 있는 참여불교의 시조. 한국에 출판된 저서로 《평화로움》《이 세상은 나의 사랑이며 또한 나다》《삶에서 깨어나기》《이른 아침 나를 기억하라》《소설붓다》《귀향》《첫사랑은 맨 처음 사랑이 아니다》《화》 등이 있음.

'모든 불교는 다 삶에 참여하고 있는 것이다'고 말한 틱낫한 스님은 '참여불교(Engaged Buddhism)'라는 용어를 창조하고 곳곳에 그 뿌리가 내리도록 하였다. 베트남에서 출가하여 젊은 시절부터 '민중의 고통을 덜어주는 종교'를 실천하기 위하여 사회운동을 벌여온 틱낫한은 현재 프랑스 남부에 플럼 빌리지라는 수행센터를 세우고 유럽과 미국인들에게 법을 전하고 있다. 청정한 계를 지키는 비구의 생활, 민중의 삶에 뛰어들어 그 아픔을 함께 하는 보살의 생활, 현대인의 근기와 문화에 맞는 언어로 법을 전달하는 전법자의 생활을 고루 균형있게 하고 있는 틱낫한은 맑고 아름다운 언어로 사람들의 가슴에 잠자고 있는 불성을 깨우는 시인이기도 하다. 그래서 그는 '어린 왕자와 시인과 관세음보살을 합쳐놓은 것 같은 스님', '어머니 같은 스님', '구름과 달팽이와 불도저를 합쳐놓은 것 같은 스님'이라고 불리기도 한다. 틱낫한은 동양과 서양이 알맞게 조화를 이룬 성품을 가졌다.

13

너그럽고 자비로운 대가족의 '큰아버지' 같은 그의 모습은 따스하기만 하다. 핵가족 체계에서 일률적으로 18세 이후엔 독립을 강요받는 서양 젊은이들이 그 외로움을 달래기 위해, 믿고 의지할 수 있는 아버지 같은 그에게 몰려드는 것도 사실이다. 아울러 어머니 같기도 한 그는 깊은 여성성을 풍긴다. 만물을 끌어안아 포용하고 키워주는 본질적이고 내면적인 여성성 말이다.

개인의 존엄성과 권리를 설할 때의 그는 토마스 제퍼슨이나 링컨보다도 더 민주적이고 혁명적이다. 교황 요한바오로 2세가 《희망을 넘어서》를 출간하면서 "예수가 모든 성자보다도 더 우위"라고 주장한 것에 관한 그의 반박에는 논지의 정곡을 찌른 통쾌함이 엿보인다.

교황은 주장하기를 "그리스도는 절대적으로 독창적이고 절대적으로 독특하다. 그리스도가 소크라테스처럼 다만 '현자'에 불과했다면, 모하메드처럼 다만 예언자에 불과했다면, 붓다처럼 다만 '깨달은 사람'에 불과했다면 두말할 여지도 없이 지금 우리가 알고 있는 그리스도가 될 수 없었을 것이다. 그리스도는 하느님과 인간 사이에 존재하는 유일한 중재자이시다."고 했다.

물론 그리스도는 독특하고 유일무이하다. 그러나 이 세상에 독특하고 유일무이하지 않은 사람이 어디 있는가? 소크라테스, 모하메드, 붓다를 비롯하여 나와 너, 그리고 우리 모두가 다 유일무이하며 독특한 존재인 것이다.

틱낫한의 행에는 자연스럽지 못한 권위는 없다. 그가 설립한 접현종(Order of Interbeing)의 승원에는 전통적인 수직구조의 위계질서보다는 모든 이가 고루 참여하여 결정하고 행하는 수평적 질서가 더 강하다.

이를테면 플럼 빌리지에는 비구와 비구니가 고루 모여 수행을 하고 있는데 그 위상에 차이가 없다. 중요한 건 다만 누가 먼저 비구니가 되었느냐 하는 것이다. 주지 스님도 리더의 개념이 아니다. 다만 직분을 나타낼 뿐이다. 주지는 주지 직분 외에도 절의 생활에 필요한 일을 하나 맡고 있다. 그 일은 공양간 담당이 될 수도 있고, 청소 · 장보기가 될 수도 있다.

틱낫한이 세운 접현종의 주축을 이루는 교리에는 여섯 가지가 있다. 첫째, 모든 불교는 이미 참여하고 있는 불교이다. 아무런 관련없이, 참여하지 않고 있다면 그건 이미 불교가 아니다. 둘째, 나는 연결된 존재라는 지혜, 즉 나는 개별적인 나가 아니라 개별적 나가 공(空)하다는 지혜와 무상함은 참여불교의 수행과 평화창조의 근본이다. 셋째, 사회적으로 참여하는 불교 수행에는 깨어 있음(正念)의 수행과 사회봉사와, 불의를 줄이고 멈추기 위한 비당파적인 지지가 포함되어야 한다. 넷째, 참여불교는 우리가 삶을 사는 법이다. 평화란 단지 전쟁이 없는 것이 아니다. 평화란 우리 일상생활의 모든 행(行)에 다 포함되어야 한다. 다섯째, 가르침과 수행은 시대와 지역에 합당해야 한다. 여섯째, 우리는 쉬지 않고 배우며 또한 모든 것으로부터 다 배운다.

1995년 틱낫한이 한국을 방문했을 때 그리스도교 신학자이며 페미니스트인 정현경 교수가 새 종파를 세운 이유가 무엇이냐고 물었다. 그는 자신이 임제종의 스님으로서 전통을 지속해 나가는 것은 중요하다고 생각하며, 접현종은 새 종파가 아니라 다만 임제종이라는 고목에서 뻗어나온 새 가지일 뿐이라고 대답했다. 이 새 가지는 재가신자와 스님들 사이의 중요한 다리가 될 것이며 현 시대의 어려움과 괴로움을 잘 대처해 나갈 수 있게 하는 것이라고 말했다. 더불어 일부 사회운동가들이 '신은 가난한 자의 편'이라고 주장하지만 부자에게도 고통은 있으며 신은 어느 한 편을 드는 것이 아니라 모두를 포용한다고 했다.

고통의 근원을 찾아 그 상황을 일신하기 위해 애써야 한다. 이분법적인 사고는 오직 고통만을 낳을 뿐이며 오직 사랑과 이해만이 최상의 '무기'이다.

틱낫한 스님과
달라이 라마

틱낫한은 이 시대가 요구하는 초교파주의를 일찍부터 실천하고 있다. 1960년대 그의 미국 순회 강연회를 주선하고 진행을 도와준 사람들은 평화운동에 참여했던 가톨릭 신부들이었다. 틱낫한은 이들과 가슴을 터놓고 대화했고 끈끈한 정도 돈독히 쌓았다. 토마스 머튼(Thomas Merton) 신부는 틱낫한을 '내 형제'라고 불렀고, '다른 어떤 사제보다도 나와 공통점이 더 많은 사람'이라고 했다. 틱낫한은 또 대니얼 베리건(Daniel Berrigan) 신부의 만찬성사에 참석하기도 했는데, 불교 선사인 자신이 가톨릭 미사의식에 참여한 것이 여러 가지 과일이 섞여 독특하고 새로운 맛을 내는 과일 샐러드와 같아 즐겁고도 맛있다고 했다. 그가 그렇게 할 수 있었던 것은 불교의 공(空) 사상과 연기(緣起)를 그리스도교를 비롯한 세상 모든 것에 두루 적용했기 때문이다.

아름다운 장미꽃이 구름, 바람, 비, 햇빛, 흙, 물 등으로 이루어져 있듯이 불교는 불교 아닌 모든 것으로 이루어져 있다. 그리스도교가 없다면 불교도 없는 것이다. 다양성은 아름다운 동시에 꼭 필요한 것이기도 하다.

틱낫한은 참여불교(Engaged Buddhism)라는 말을 처음 만들고 '행' 하는 불교를 주창한 사람이다.

틱낫한의 법명에 '행'이 들어있는 것을 생각할 때 이름에 걸맞는 업적이란 생각도 들고 또 참여불교를 만들기 위해 이 땅에 온 것 같기도 하다. 틱낫한은 한자로 석일행(釋一行)이다. '석'이란 성은 석가모니 부처님 집안 사람이라는 뜻이고, '일행'은 '한가지 행, 한결같은 행'이란 뜻이다.

참여불교의 특징은 첫째, '정념(正念)과 깨어 있음'으로 삶의 모든 것을 있는 그대로 보고 듣자는 것이다. 둘째, '나와 이 세상이 깊은 차원에서 하나'라는 것이다. 셋째, 일단 제대로 본 후에는 상응하는 '행'이 있어야 한다는 것이다. 틱낫한은 아마도 현재 세계적으로 활동중인 큰스님들 중에서 사회변화를 위한 조직적 활동에 가장 경험과 조예가 풍부한 사람일 것이다. 그는 1960년대 베트남전에서 죽어가는 국민들을 살리기 위해 공산측도 자유측도 전쟁을 즉시 중지해 달라는 평화운동을 펼쳤다. 그러다가 전쟁의 뿌리가 미국에 있다고 판단하여 60년대 중반 미국으로 순회 강연을 하며 평화운동을 펼쳤다. 미국에서 70년대에 불교 붐이 일어나기 직전에 그가 불성의 밭을 먼저 접하여 흙을 일구고 있었던 것이다.

불교를 현대라는 시대에 맞게 변화시키고 젊은이들이 수행할 수 있도록 돕기 위해 틱낫한은 새로운 용어를 여러 개 만들었다. 우선 인간이 관계 속에 존재하며 상호 의존적 존재라는 것을 표현하기 위해 '연결된 존재(interbeing)'라는 말을 만들었고, 절 수행을 싫어하는 서양인들의 혐오감을 없애기 위해 절 수행에 '지구와 접하기(Touching the Earth)'라는 이름을 붙였다. 또한 보살5계를 현대에 맞게 재해석하여 다시 썼다. 또 명상을 어렵게 생각하는 사람들을 위해서 인도 명상(guided meditation)을 만들었다. 묵조선도 간화선도 아닌 인도 명상은 명상자의 마음을 청정과 평화로 인도해주는 리듬감 있는 시구를 고요한 좌선 사이사이에 들려주는 것이다.

틱낫한의 연결된 존재 개념이 가장 잘 나타나 있는 그의 시 〈본래 이름으로 불러주오〉에서 한 구절을 보자.

  ......
  나는 강물 위에서
  변신하는 하루살이.
  그리고 나는 그 하루살이를
  삼키려 내려앉는 한 마리 새

  나는 우간다의 어린이
  뼈와 가죽만 남아 다리가 젓가락 같네

플럼 빌리지의 자두나무

또한 나는 무기상
우간다에 무기를 파네
……

너와 내가 하나일 뿐만 아니라 가해자와 피해자도 하나이며 바로 나인 것이라는 요지가 잘 나타난 이 장시는, 해적에게 강간당하고 바다에 몸을 던진 보트 난민 소녀의 이야기를 듣고 틱낫한이 느꼈던 아픈 마음을 표현한 것이다.

틱낫한은 1982년 수행 센터인 플럼 빌리지를 프랑스의 남서부인 보르도 지방에 세웠다. 그의 설법에 해바라기가 자주 등장하는 이유는 플럼 빌리지 근처에 해바라기가 많기 때문이다. 이글이글 타는 태양처럼 노오란 해바라기 꽃을 그린 고호는 프랑스 남동부의 프로방스 지방에 살았었다. 보르도 지방은 포도주로 유명한 곳이다. 파리나 보르도에서 플럼 빌리지를 가는 길에는 샤또라고 불리는 오래된 포도농원이 무수히 많다.

'자두마을'이란 의미를 가진 플럼 빌리지에는 정말 자두나무가 있다. 무려 1,250그루나 되는 자두나무는 부처를 따르던 제자의 숫자를 상징하는 것인데 그 열매는 우리나라 자두와는 좀 달라서 타원형이고 과육은 좀더 아삭아삭하다. 플럼 빌리지가 위치한 이곳 남서 프랑스 지방은 원래 자두로 유명한데 주로 말려서 프룬(prune)이라는 건과로 사용하고 있다. 이 자두나무들은 특히 조국 베트남을 떠나 해외로 망명한 어린이들이 깊은 소망을 담아 한 그루씩 심

플럼 빌리지 주변에 만발한 해바라기

은 뜻깊은 것들이다. 이 나무가 잘 자라서 자두가 열면 그 수익금으로 베트남에 남아 있는 어린이들을 돕는 데 쓸 계획이었다. 그 나무를 통해서, 그리고 그 나무가 맺은 결실의 수익금을 통해서 해외의 베트남 어린이와 조국의 베트남 어린이가 서로 접하고 하나가 되기를 바랐던 것이다.

플럼 빌리지에는 '빨리 빨리'도 없고 '많이 많이'도 없다. 처음 이곳에 온 사람들은 TV와 오락이 없고, 말도 많이 하지 않고, 하루 중 묵언을 몇시간씩 실천해야 하는 것에 당황한다고 한다. 그중에서도 특히 한 마디 말도 없이 묵언 중에 식사를 하는 것이 제일 견디기 힘들다고 한다.

플럼 빌리지에선 집중적으로 명상을 많이 시키지도 않고 법회를 많이 하지도 않는다. 그렇다면 이곳에선 무엇을 배우는가? 바로 팔정도의 하나인 정념(正念), 자신이 하는 모든 것을 깨어 있는 눈으로 보고 깨어 있는 마음으로 아는 정념을 24시간 실천하는 습관을 붙이는 것이다. '밥먹을 때 밥먹는다는 것을 알고, 잠잘 때 잠잔다는 것을 안다'는 것이다. 틱낫한은 가끔 플럼 빌리지의 공양간으로 가서는 일하고 있는 사람에게 "지금 무엇을 하고 있느냐?"고 묻는다고 한다. 이때 '당근을 썰고 있어요'하면 틀린 대답이다. 만약 말없이 스님을 바라보며 미소짓는다면 그것이 맞는 대답이다. 질문의 의도가 깨어있는 마음, 정념을 잊지 않도록 주의를 환기시켜 주기 위함이기 때문이다. 플럼 빌리지에는 사람들이 정념을 실천하도록 돕기 위해 설치한 몇 가지 장치가 있다. 90년대 후반 이곳을 방문했던 한 유럽 여성의 말을 들어보자.

사무실에 들러 입실 수속을 밟던 나는 깜짝 놀랐다. 내게 이것저것을 묻고 서류를 작성하던 여직원이 전화벨이 울리자 갑자기 얼어붙었기 때문이다. 마치 잠자는 숲속의 공주가 물레의 바늘에 찔린 그 순간처럼 그녀는 반쯤 위로 올렸던 펜을 잡은 손을 허공에 그대로 둔채로 모든 동작을 멈추고 얼어붙었다. 그렇게 정지했다가 전화벨이 3번 울리자 그녀는 '다시 살아나' 수화기를 집어들고

차분히 말을 하는 것이었다. 이것이 플럼 빌리지에서 실천하는 정념의 전화이다. 전화벨이 처음 울리면 모든 것을 멈추고 호흡에 마음을 집중한다. 그 상태를 유지하다가 벨이 3번째 울리면 전화를 받는 것이다. 처음엔 무척이나 놀라고 기이하게 생각되었지만 수속을 밟는 그리 길지 않은 시간 동안 그런 일이 3번이나 일어나자 아무렇지도 않게 되었다.

이렇게 전화벨이 울릴 때마다 정념을 실천하는 것 말고도 플럼 빌리지의 종소리, 괘종시계가 시간을 알리는 소리, 심지어 이웃 교회의 종소리에까지 플럼 빌리지 사람들은 모든 것을 멈추고 자신의 몸안과 마음 안을 들여다보며 호흡에 집중한다. 대체로 종은 하룻동안 3~4번 울리는데, 그때 플럼 빌리지 사람들은 승원의 어디에 있든 호흡에 마음을 두고 정념을 실천한다. 종소리를 들을 때마다 자신으로 돌아가 호흡에 의식을 두는 것이다. 숨을 들이쉴 때는 속으로 "들어봐, 잘 들어봐!"라고 자신에게 말한다. 숨을 내쉴 때는 "이 아름다운 소리가 나를 영원한 고향으로 데려다 주네!"라고 자신에게 말한다. 왜냐하면 우리의 영원한 고향은 바로 지금 이 순간이기 때문이다. 플럼 빌리지에는 널따란 승원 마당을 울타리처럼 감싸며 나무 사이로 나있는 작은 오솔길을 행선을 위해 특별히 마련해 놓고 있다. 그 오솔길에는 몇 가지 팻말이 행선자를 반겨준다. "발걸음

플럼 빌리지 새마을(New Hamlet) 건물 내부.
예수와 부처가 나란히 모셔져 있다

플럼 빌리지의 현판(위)
플럼 빌리지 윗마을(Upper Hamlet)의 도량 내부(아래)
"그대는 이미 이르렀네" 이 글씨는 틱낫한 스님의 영어서예체이다

마다 평화롭네(Peace is every step)" 또는 "그대는 이미 이르렀네(You have arrived)" 등이 있다. 행선을 할 때는 한 걸음 한 걸음이 다 시작이고 끝이다. 그러니 오솔길 끝에 도달하려고 애쓸 필요가 없다. 지금 내가 옮겨놓는 이 걸음으로 나는 이미 원하는 곳에 닿은 것이다. 그것이 마음의 고향이든 평화이든 말이다. 그 오솔길을 틱낫한은 제자들을 이끌고 일주일에 한두번씩 걷는다. 여름 수련회 때엔 전세계에서 온 참가자들과 함께 그 길을 걷는다. 그를 따라 오솔길을 걸으며 행선자가 지켜보는 그의 등에선 깊은 고요함이 배어나온다.

"당신은 고향에 도착했습니다.(You have arrived. You're home)" 이 말은 플럼 빌리지에 도착한 사람들이 틱낫한 스님께 한두 번은 듣는 말이다. 플럼 빌리지가 이들의 마음의 고향이기도 하지만 이들이 가고자 하는 '깨달음의 땅'이 바로 지금 여기라는 것을 일깨워주는 말이기도 하다. 아무튼 플럼 빌리지의 맑고 따스한 분위기 속에서 스님께 이 말을 친히 들을 때 가슴속에 전해주는 감동의 파문은 대단한 것이었다.

플럼 빌리지에는 매년 수천 명의 방문객이 찾아드는데 어린이를 포함한 가족과 일

1 '오늘의 날' 의 선포: "나 메리는 잉글랜드의 여왕이다. 오늘을 '오늘의 날' 로 선포하노라."
2 플럼 빌리지에서 법문 시작 전에 늘 있는 비구ㆍ비구니의 노래. 찬불가나 반야심경 등을 노래한다
3 축제준비를 하고 있는 수련회 참가자들. 그들 뒤로 '내가 스무 살이 된 날' 이라는 표어가 벽에 보인다
4 불교이야기를 발표한 청소년들
5 어머니에 대한 사랑을 표현하는 로즈 페스티벌의 한 장면

반인에게 이곳을 완전 오픈하는 여름 1달 동안 찾는 사람만 1,000여 명이라고 한다. 1주일을 단위로 들락날락하는 여름 수련회에서 일일 평균 수련자는 600여 명이다. 그때 이곳은 명상센터가 아니라 작은 시골마을이 되고 거기 모인 사람들은 다 가족이 된다. 사방에서 아이들이 웃고 떠드는 소리, 십대들이 나무 밑에 모여 시타르나 기타를 치며 노래하는 소리, 머리가 희끗한 부인들이 공양간에 모여 식사를 준비하며 담소하는 소리들이 영어, 불어, 베트남어가 고루 섞여 마치 교향악을 이룬 듯하다고 한다. 한 마디로 온 마을이 다 소박한 평화로움 속에 잠긴다. 이쯤되면 힘들게 자신을 다스리고 정진하며 노력해야 하는 곳이 아니고 고향에 돌아가 지친 마음을 편히 쉬는 기분이라고 할 수 있겠다. 그래서 틱낫한도 여름 수련회를 '수련(retreat)'이 아니라 '대접(treat)'이라고 말한다. 여름 수련회에서 아이들은 명상, 다도, 법회 등 모든 행사에 참여할 기회가 있다. 모든 법회에서는 먼저 어른들이 자리에 앉는다. 그 다음 어린이들이 단체로 입장한다. 그러면 어른들이 지켜보는 가운데서 틱낫한은 아이들에게 딱 10분간만 법문을 한다. 그렇게 10분이 지나면 아이들은 자유롭게 밖에 나가 뛰어놀 수 있다.

유럽과 프랑스 불교의 요람 역할을 하고 있는 틱낫한의 수행 센터가 프랑스에 자리잡은 걸 보면 세상만사 새옹지마라는 말을 새삼 실감하게 된다. 원래 불교국가였던 베트남을 프랑스가 지배하게 되자 가톨릭 선교단이 파견되어 교세를 확장하려 했다. 이들은 불교라는 베트남인의 뿌리를 없애기 위해 갖은 수단을 다 사용했다. 17세기 말, 열성적으로 베트남에서 선교를 하던 알렉산드르 로드 선교사는 말했다.

열매도 열리지 않는 저주받은 나무를 도끼로 찍어 쓰러뜨리면 거기에 달려 있던 수많은 가지들도 함께 쓰러져 죽는다. 마찬가지로 사악하고 위선에 가득찬 석가모니를 쓰러뜨리면 거기 달린 가짜 우상들도 파괴될 것이다.

이후 50년대 말과 60년대 초에 걸쳐 고딘 탁 대주교는 베트남을 그리스도교화하기 위한 노력의 일환으로 당시 대통령이었으며 그와 형제지간이었던 고딘 디엠의 세력을 빌게된다. 1963년 디엠 대통령은 베트남 최대의 불교 국경일인 '웨삭'의 경축을 금하는 법령을 발표하여 불교계에 마지막 쐐기를 박으려했다. 수만 명의 재가불자와 스님들이 시위를 벌였고 이는 쿠데타로 이어져 디엠 정권이 무너졌다. 그랬던 역사를 뒤로 하고 프랑스는 이제 베트남인들의 정신문명을 자국 내에서 키우고 전하고 있다. 베트남 불교뿐 아니라 일본 불교, 티베트 불교도 프랑스에서 활발한 활동을 펼치고 있어 프랑스는 서양에서 불교 인구 3위를 자랑하는 나라가 되었다.

1982년 설립된 플럼 빌리지는 성장을 거듭해 98년에는 5개의 건물을 가진 상주인구 100여 명인 단체로 발전했다. 98년까지 접현종의 법사와 스님은 75명이고 전세계의 수행승가는 300여 개가 되었다. 90년대에는 미국 버몬트 주에 단풍림 승원(Maple Forest Monastery)을 설립하고 인근에 그린 마운틴 수행원(Green Mountain Dharma Center)을 세워 승가와 재가를 공히 교육하고 수행하도록

일요일이면 부처님 당시처럼 발우공양을 한다
발우를 안고 가는 틱낫한 스님

하고 있다.

2002년 7월 20일에는 플럼 빌리지가 창립 20주년을 맞이하여 마침 참석중이던 여름 수련회 참가자들과 함께 가족적인 기념축제를 가졌다. 사방에 '내가 스무 살이 된 날(The day I become twenty)'이라는 표어가 영어, 불어, 베트남어 3개 국어로 틱낫한 스님의 붓글씨로 씌어져 걸리고 스님들은 짧은 연극을 하고 어린이들도 노래를 하였다. 그리고 붓다 당시처럼 발우에 음식을 담아들고 강당으로 행선을 하여 스님들은 안고 참가자들은 의자에 앉아 먹는 정식(formal meal)이 점심에 있었다.

《자유속으로 걸어 들어 가라(Stepping into Freedom)》

이제 틱낫한이 만든 참여불교라는 말은 서구에 고루 퍼져 서구의 표준 불교가 되었다. 늘 젊은이와 함께 하려는 틱낫한은 나이를 잊고 산다. 2002년 현재 세수 76세인 틱낫한은 그러나 지금도 어린이같은 맑은 얼굴을 하고 있다. 젊은이들이 불교를 외면하는 것은 불교가 시대에 맞는 언어로 법을 전하려는 노력을 하지 않기 때문이라고 늘 우려하는 틱낫한은 세월이 가도 언제나 어린이 같은 새마음으로 젊은이에게 법을 전하고 있을 것이다.

정통 선 불교를 미국에 전한 '작은 거인'

스즈키 순류(Sunryu Suzuki, 1904~1971)

 일본 조동종의 스님. 1959년 샌프란시스코로 가서 후에 샌프란시스코 선 센터, 소노마 산 선 센터, 타사하라 승원을 세움. 비트 선이 주류를 이루고 있던 미국에 좌선을 중심으로 하는 수행형 선불교를 전했으며, 티베트 스님인 트룽파 린포체와 함께 미국에 불교를 전하는 데 많은 공헌. 스님의 별명인 '구부정한 오이'(crooked cucumber)는 그의 사부가 건망증이 심한 것을 빗대어 지어준 별명이라는데, 구부정한 오이가 '작고 못생겼으며 쓸모없이 구부러진 오이'를 뜻한다는 사람도 있는가 하면, 게리 스나이더처럼 '복합적인 성격의 사람을 좋게 놀리는 말'이라고 해석하는 사람도 있음. 저서로 《선심초심》, 《항상 그렇지는 않다(Not always So : Practicing the True Spirit of Zen)》 등이 있음.

 조용한 성품에 작은 체구를 지닌 스즈키 순류 스님은 신비주의 철학과 비트 선이 주류를 이루던 미국에 일본의 정통 선 불교를 전하여 정착시켰다는 평을 받고 있다. 드라마틱한 이벤트를 거부하며 질박한 심성으로 좌선을 지도함으로써 수행 중심의 선 불교를 전한 것이다. 1959년 그가 발을 디딘 샌프란시스코는 히피족과 비트 선의 본고장이었으며, LSD 같은 마약을 통한 사이키델릭 실험이 집단적으로 이루어지고 있던 반문화의 중심지였다. 새로운 가치와 삶의 의미를 찾아 방황하던 이곳 젊은이들에게 스즈키는 진정 정신을 변화시키고 마음의 광대함을 보고 싶다면 좌선을 한번 해보라고 권유하였다.

 1904년 태어난 스즈키는 13세기 도겐(道元) 스님의 직계 후손이다. 57세라는 나이에 안락과 명성을 떠나 영어도 못하는 몸으로 미국에 온 그의 마음은 60세에 맨발로 행장을 떠난 조주 스님과 같은 것이었을까? 그가 미국에 와서 그 나이에 영어를 배우면서 얼마나 힘이 들었는지는 로이 헤닝(Roy Henning)이 기억하는 일화에서도 추측할 수 있다.

한 학생이 스즈키 스님께 지옥이 무엇이냐고 물었다. 스님은 대답했다. "지옥은 영어를 큰 소리로 소리내어 읽는 것이다."

미국이라는 전혀 다른 문화권에 들어와 아무것도 없는 무(無)에서 불교 밭을 일구는 일은 마치 '돌에 나무를 심고 뿌리가 내리기를 기다리는 것'과 같았다고 한다. 그러나 그는 한 사람이라도 법문을 들으러만 와준다면 그를 위해 몇시간이고 고심하며 철저히 준비를 하였다. 기침과 감기를 달고 살았던 그에게 주변에서는 건강을 위해 일본으로 돌아가야 한다고 권했다. 그러나 들은 척도 않고 아무런 진전도 없어보이는 포교 일을 그는 계속했고 곁에서 지켜보던 부인이 어느날 답답한 마음에 말했다.

"뭣하러 그렇게 열심히 준비해요? 또 비가 오는데……. 어젯밤에도 비오니까 두 사람 밖에 안왔잖아요. 오늘 밤엔 한 열 사람 오면 얼마나 좋을까."
"한 사람이든 열 사람이든 뭐가 다른가."

그렇게 성실하게 준비하여 매일 아침 좌선이 끝난 후 스즈키는 15분 정도 강연을 했는데, 이를 녹음해 두었던 마리안이 후에 테입 자료를 모아 출판한 것이 《선심초심(Zen Mind, Beginner's Mind)》이다. 이 책은 미국의 선 불교도들에게 클래식과 같은 책이 되었으며 트룽파의 샴발라 인스티튜트에서 학생들에게 권유하는 독서목록에도 티베트 스님들 것이 아닌 유일한 저술로 끼여 있다.

1959년 단지 몇 명이 아파트 거실에 모여 좌선을 하는 것으로 시작한 선방은 꾸준히 성장하여 샌프란시스코 선 센터, 산타 로사시에 있는 소노마 산(山) 선 센터, 산 속에 위치한 수행 전문기관이며 아시아 밖에 처음 설립된 전문 승원인 타사하라, 유기농 농장과 명상 수련회, 일반인 교육을 하는 그린걸치 농원 선 센터, 버클리 선 센터, 카논도 선방, 도심 안에 위치한 초심사(初心寺) 등이 생겼다.

　　초심자의 마음에는 수많은 가능성이 있지만
　　전문가의 마음에는 별 가능성이 없다.

　스즈키가 늘 되풀이한 말이다. 좌선에 들어갈 때 늘 초심을 가져야 하며 그 초심으로 일상생활의 모든 행을 다 하라는 가르침이다.
　캘리포니아 주의 소노마 산(山) 속 깊은 곳에 위치한 소노마 산 선 센터에는 너무나 다른 분위기를 풍기는 부도탑이 두 개 있다. 조용한 오솔길로 걸어 들어가면 나무로 둘러싸인 아늑한 정원이 있는데 이곳에 첫번째 부도탑이 있다. 작은 돌을 이어 둥그렇게 가장자리를 두르고 안에는 작은 정원을 꾸몄는데 그 한가운데에 커다란 황금빛 돌이 놓여 있다. 그런데 다시 보면 그것은 돌이라기보다는 가부좌를 하고 선정에 든 사람처럼 보인다. 그 황금빛 돌은 타사하라 강에서 끌어올린 것으로서 스즈키 순류가 생전에 손수 골라놓은 것이다. 아늑하고 조용한 분위기가 마치 스님을 친견하는 것 같다고 참배자

"무엇 때문에 깨달음을 얻으려 하는가?
깨달음을 얻은 후에 그게 오히려 마음에 들지 않을지도
모르는 일 아닌가."

들이 말하는 그 돌에 청정수를 붓고 《반야심경》을 염송할 때면 이런 말이 들리는 듯하다고 한다.

나를 보고 싶으면 이곳으로 오라. 그리고 좌선하라. 좌선하는 그곳에 나는 언제나 있으니. 고요히 바위처럼 그렇게 앉아 있으라.

스즈키의 부도탑에서 숲을 조금 걸어나오면 사방이 탁 트인 곳에 붉은 빛의 화려한 목탑이 있다. 밝고 역동적인 모습이 고즈넉한 분위기의 스즈키 탑과는 대조적인 이 탑 안에는 트룽파 린포체의 초상이 있다. 선 불교의 승원에 티베트 스님의 탑이 왜 있는 것일까? 그리고 트룽파는 왜 티베트식 가사가 아닌 일본식 가사를 입고 있는 것일까?

트룽파의 부도가 이곳 소노마 산 선 센터에 있는 것은 스즈키와의 남다른 우정에 기인한 것이다.

1969년 스즈키와 트룽파의 첫 만남을 어떤 목격자는 이렇게 전하고 있다.

샌프란시스코 선 센터에 도착한 트룽파 린포체가 스즈키 스님에게 다가오고 있었다. 린포체의 눈에는 눈물이 고이고 있었다. 수없이 많은 전생에서 함께 일을 해온 동지였던 이들이 복이 많아 이 생에서 다시 만난 것일까? 이들은 첫눈에 서로를 알아보았고 밀물처럼 밀려오는 과거의 추억에 젖어 눈물을 흘린 것이었다.

이후 1971년 스즈키가 입적할 때까지 두 사람은 비록 짧은 기간이었지만 진심을 주고받는 깊은 우정을 나누었다. 스즈키는 입적하면서 트룽파에게 발우를 남겼고 트룽파는 스즈키에게 '법의 사자'라는 이름을 헌정하였다. 조국으로 돌아갈 수 없는 처지였던 트룽파와 비록 망명객은 아니었지만 불교를 전하기 위해 노령에도 불구하고 타국에 살고 있던 스즈키는 서로 통하는 심정이 있었을 것이다. 마치 미국 불교를 일으키는 사명을 자신들의 두 어깨에 떠맡은 듯이 두 사람은 공조하며 일했다. 미국의 불교 밭을 두루 일군 사람이 스즈키라면 그 밭에서 눈에 보이는 수확을 거둔 것은 트룽파라고 사람들은 말한다.

두 사람을 보면 참 어울리지 않을 것 같은 요소가 많이 있다. 스즈키가 조동종의 선사임에 비해 트룽파는 티베트 카규파-닝마파의 라마이다. 스즈키가 가냘프고 작은 체구임에 비해 트룽파는 몸집이 큰 역사형이다. 스즈키가 되도록 말을 많이 쓰지 않고 가르치는 방법을 택했음에 비해, 트룽파는 화려하고 힘차며 역설적인 말을 난사했고 가르치는 방식 역시 변화무쌍했다. 스즈키가 아폴로적이라면 트룽파는 디오니소스적이었다. 그러나 두 사람은 서로를 보완했고 운명적인 동지의식을 느꼈다. 두 사람이 함께 술을 마시며 대취한 적도 몇 번 있었다고 앨런 긴즈버그는 말한다. 스즈키의 다비식 때 트룽파가 관 위에 티베트의 하얀 스카프를 올려놓은 후 큰 소리로 울부짖는 모습은 너무나 인간적이었다고 한다. 두 사람의 동지의식은 스즈키 사후에도 계속되어 트룽파는 스즈키의 제자들에게 큰 정신적 힘을 주었고, 각 승원과 선 센터를 이끄는 스즈키의 제자 스님들을 나로파 대학에 강사진으로 초빙하기도 했고, 또 스즈키의 제자들은 트룽파의 강연회에 자주 참석하여 성원하곤 하였다.

트룽파는 1987년에 입적했다. 그의 부도를 세울 때 한국의 숭산 스님이 해박한 풍수 지식을 활용하여 자리를 잡아주었다 한다. 뿐만 아니라 일본의 일급 목수, 티베트의 최고 탕카 화가, 멕시코의 원주민 무당 등이 힘을 합쳐 트룽파의 부도를 짓는 일은 글자 그대로 국제적 프로젝트가 되었다.

1966년은 리처드 베이커(Richard Baker)가 샌프란시스코 선원에서 공부를 시작한 지 5년째 되던 해였다. 베이커의 공부에 대한 열성은 진지했고 스승에 대한 헌신도 지극하여 점점 더 많은 책임을 맡게 되었다. 그 동안 스즈키에게 불교를 배워 삶에 크고 작은 영향을 받은 사람만 해도 수백 명이었고, 앞으로 불교를 가르칠 가망성이 있어 보이는 사람도 몇 나왔지만 그중에서도 가장 빛나는 사람이 베이커였다. 이미 그는 선원의 회장이었고 소식지 〈풍경(Wind Bell)〉의 편집장이었다. 그리고 이 해에 스즈키는 대외적으로 베이커가 자신의 제자임을 인가했으며, 이후 베이커는 샌프란시스코 선원의 제2인자가 되어 모든 행정구조와 수행의 틀을 만들게 된다.

샌프란시스코 선원이 도시에 위치해 있기 때문에 생활 속의 선을 실천하기는 좋은 곳이지만 주변에서 일어나는 일에 마음이 쉽게 흐트러지는 사람에게는 이상적인 공부환경이 아니었다. 실제로 선원이 설립된 지 5년동안 공부에 진전이 있었던 사람은 베이커 한 사람 뿐이었다. 그래서 숙박하며 수련을 할 수 있는 수행장을 한적한 시골에 마련할 필요를 느꼈다. 산 속 온천지에 위치한 타사하라는 그렇게 해서 생겨났다. 1967년 이곳이 오픈할 때 일본의 승원처럼 규칙을 좀더 엄격하게 만들어야 하지 않겠느냐는 의견이 나왔다. 그러나 스즈키는 규칙이란 따스하고 친절한 마음에서 나온 것이므로 글자 그대로 따를 필요도 없는 것이요, 규칙이 없는데 따로 만들 필요도 없는 것이라고 했다.

규칙이 필요하기는 하지. 저 구석에 있는 빗자루를 보게. 솔 있는 쪽으로 세워져 있지 않나? 그렇게 하면 솔이 굽어져서 좋지 않거든. 그래서 빗자루는 손잡이를 밑으로 가게 세워 놓으라는 게 규칙인 게야. 좋은 규칙이지.

스즈키는 정원을 무척 좋아하였다. 밭을 일구고 화초를 기르는 것이 그의 삶의 일부였다. 미국으로 처음 왔을 때 정원이 없는 집에 살았던 그는 재가자의 집을 방문하면 먼저 정원부터 들러서 풀도 뽑고 잔디밭에 뒹굴기도 하고 그네도 탔다. 그는 '불교를 공부하는 것은 밭을 가꾸는 것과 같다' 는 비유도 했다.

불교를 공부하는 것은 이미 선조들이 다 완성하였기에 우리가 할 일은 그냥 보존하는 것이라고 생각하는 사람들이 있다. 마치 음식을 냉장고에 보존하듯이 말이다. 불교라는 음식은 냉장고에 들어 있지 않다. 여러분은 밭을 일구어 그 음식을 스스로 만들어야 한다. 빈 밭을 보면 아무것도 보이지 않지만 씨를 뿌리고 가꾸면 곡식이 자란다. 불교의 기쁨은 밭을 가꾸는 기쁨이다.

타사하라 승원을 세운 뒤로는 정원과 밭이 생겨 더 이상 밭을 그리워하지 않아도 되게 되었다. 어느날 밭에서 일을 하고 있던 스즈키의 눈에 돌에 앉아 해바라기를 바라보고 있는 학생이 들어왔다. 무엇을 하느냐고 묻자 학생은 해바라기와 함께 명상중이라고 하였다.

해바라기는 잔에 가득 담긴 햇빛 같았다. 그래서 나도 그 학생을 따라 명상을 해보았더니 정말 좋았다. 해바라기꽃 속에서 전 우주를 보았다. 해바라기 명상을 하니 놀라울 만큼 자신감이 생겼다. 해바라기를 보며 '이건 해바라기인데 실제로 존재하지 않는 공한 것이야' 라고 말한다면 그건 진정한 명상이 아니다.

그린걸치 농원 선 센터에서는 유기농 강의와 다도 강의를 하고 일반인들에게 불교 강의도 한다. 또 55세 이상의 장년층을 대상으로 하는 엘더호스텔(Elderhostel) 프로그램을 매년 수차례 개최하는 것이 돋보인다. 5일간의 명상 수련회 동안 참가자는 참선, 불교 공부 외에도 선 센터의 부엌과 농장에서 일을 하게 되며 이곳 거주 수행자와 비슷한 일과를 보내게 된다.

그린걸치에는 유기농 수련생 제도가 있다. 이곳 8에이커의 농장에서 수련생들은 4월부터 10월까지 6개월간 공부, 실습, 참선을 고루 조합한 훈련을 받게 된다. 1주에 30시간 일하고 5시간 수업 받고, 매일 참선하고, 2일간 계속되는 참선정진을 6개월에 한 번 하는 대신, 이들은 숙식을 제공받고 약간의 용돈을 받는다. 봄·가을에 개최되는 7주간의 장기 참선에 참여하면 학점을 더 많이 쌓을 수 있다. 수련은 농사 짓는 기술, 퇴비 만드는 법, 수확하는 법에서 판매하는 법까지 두루 가르친다. 농장은 일손 부담을 덜고 학생들은 좋은 기술과 불교를 배울 수 있는 호혜적인 제도인 듯하다.

샌프란시스코 선 센터는 스즈키 사후에 리처드 베이커가 승원장을 10년간 맡았었고, 그후에는 렙 앤더슨 등 몇 사람이 돌아가며 승원장을 맡고 있다. 불교에서는 늘 자연스러운 것이 좋다고 하지만, 자연스러운 것이라도 지나치게 매이게 되면 결국 자연스럽지 못하게 되고 만다고 스즈키는 경계했다.

스즈키는 깨달음을 얻은 것일까? 학생들이 어느날 집요하게 묻자 스즈키는 개인적으로 자신은 깨달음에 대해 아는 것이 없다고 대답하였다. 그러나 아무도 그 말을 믿는 사람은 없었다. 다만 조동종의 전통에 따라 학생들이 깨달음을 얻기 위해 마치 물질적 욕망처럼 거기에 집착하는 것을 경계하려 했을 뿐이라는 것이 측근의 해석이다. 그래서 스즈키는 말했다.

무엇 때문에 깨달음을 얻으려 하는가? 깨달음을 얻은 후에 그게 오히려 마음에 들지 않을지도 모르는 일 아닌가.

동양의 불교가 미국에 뿌리내리는 전통의 표상

리처드 베이커(Richard Baker, 1936~)

 스즈키 순류 스님의 법 계승자. 스즈키의 오른팔로서 샌프란시스코 선원을 건설했고, 스즈키 사후 불교식 외식사업과 유기농원을 설립하여 샌프란시스코 선원을 25만불 재산규모로 키움. 내부 갈등을 해결하지 못한 상태에서 스캔들이 밝혀지는 통에 축출당하여 현재 캘리포니아 주 산타페에서 다르마 승가를 이끌고 있음. 저서로 《본래의 마음(Original Mind: The Practice of Zen in the West)》이 있음.

베이커는 1936년 뉴잉글랜드에서 태어나 하버드에서 공부했다. 그의 가문의 광역 족보를 보면 4번이나 매서츠세츠 총독을 지낸 토마스 더들리, 대통령이었던 벤자민 프랭클린, 제임스 몬로 등이 있었다. MIT 공과대학을 졸업한 그의 부친은 공부를 계속해 후에 피츠버그 대학 교수가 되었다. 부친은 어려서부터 학문의 천재성을 보였을 뿐 아니라 최연소 햄 무전기사였고, 12살에 뉴잉글랜드에서 최우수 청소년 피아니스트가 되었던 사람이다. 베이커가 하버드 대학에 재학하던 중 그곳에는 동양학자인 라이샤워 교수가 있었다. 역사 유산이 많은 교토를 폭격에서 제외해 살려야 한다고 강력히 주장했다고 전하는 라이샤워 교수의 강의를 듣던 중 그는 바쇼(芭蕉)의 유명한 하이쿠(俳句)를 접했다.

오래된 연못에
개구리 뛰어드네!

물소리……

 시에 심취한 베이커는 반(半) 견성 상태를 체험한다. 빛과 환희에 잠겨서 말이다. 그로부터 얼마 후 그는 하버드를 중퇴하고 만다. 1960년 가을, 주머니에 단돈 25불만을 지니고 베이커가 샌프란시스코에 도착한다. 거기서 비트 시를 알게 된 베이커는 서적 유통상에서 일하며 중국 스님을 만날 수 있기를 희망했다. 이듬해 여름 로렌스 펠렝기티가 경영하던 시티라이트 서점에 들른 베이커는 사무라이 영화를 보러 가는 길이라고 점원에게 말했는데, 이때 점원이 그의 삶을 바꾸어줄 한 마디를 했다. "스즈키 노사를 꼭 한번 만나보세요."
 그래서 베이커는 영화 대신 스즈키 노사의 법문을 들으러 갔다. 그날 이후 베이커는 스즈키 노사의 법회에 한 번도 빠짐없이 참석했고 새벽 참선도 가끔 갔다. 그러다가 참선에 진전이 별로 없고, 그래서 자신에게 무언가 부족함이 있다는 생각이 들 즈음 스즈키 노사가 가슴을 꿰뚫는 말을 했다.

 자신이 참선을 하기에 부족하다고 생각하는 것은 일종의 허영이다.

 이후로는 참선을 잘하진 못해도 참선이 편안해졌다. 이윽고 지극한 사랑이라고밖에 표현할 수 없는 사제관계가 형성된다.

 나는 스즈키 노사를 온전히 사랑하였고 노사를 위해 무엇이든지 다 하고 싶었다.

 베이커는 스즈키의 오른팔이었다. 단지 선원의 업무나 신세계에서의 활동면에서만 오른팔이 아니었다. 걸어다니는 컴퓨터였던 베이커는 감각의 안테나를 늘 밖을 향해 열어두고 있었다. 스승을 위해 미국 문화를 잘 해석하여 전달했고, 법의 전파를 위하여 미국적 상황을 전략적으로 잘 활용하였다. "샌프란스시코 선원은 스즈키 노사와, 나 베이커, 그리고 60년대의 합작품"이라고 베이커가 천명하였듯이 그런 노력끝에 1962년에는 정기 참석자가 20~30명 되었고, 5년 후에는 그 숫자가 4배로 늘어났다. 그때까지 아직 샌프란시스코 선원에는 상주 수행자가 없었다. 스즈키가 그런 변화를 당분간은 원하지 않았던 것이다. 갑작스런 생활관습의 변화는 오히려 학생들의 수행에 좋지 않다는 이유였다. 그래서 학생들은 낮에는 학교나 직장에 갔고, 새벽 참선과 법회 참석 말고는 늘 해오던 일상생활을 지켰다.

그러나 서서히 학생들은 선원 근처로 이사오기 시작했고 같은 지역에 사는 사람들이 늘어나자 함께 일을 해보자는 생각도 커졌다. 인근에 불교전문 서점을 열자고 아이디어를 내보았지만 스즈키 노사는 일축해 버렸다. 지역주민에게 상권을 뺏으면 안되니 책이 필요하다면 지역서점에 특별주문해서 사용하라고 지시했다. 선원 근처로 이사오고 싶어하는 학생들이 점점 늘어나자 베이커는 선원 근처의 아파트를 세내서 일정 수를 확보해 놓고 원하는 학생들에게 다시 세를 놓자고 제안했다. 그러나 스즈키는 그 역시 한 마디로 일축했다.

가정이나 주거 걱정을 수행과 구분하지 못하면 언제나 해를 입는 것은 수행이다.

스즈키 노사는 생활 속에서의 불교를 가르치고 싶었지만 일부 학생들은 번잡한 일상으로부터 격리된 환경에서 더 공부를 잘한다는 것을 알게 되었다. 그래서 베이커 부부가 캠핑 갔다가 발견한 온천 휴양지 타사하라를 매입하여 상주하며 정진할 수 있는 승원을 만들게 되었다.

타사하라를 건립하기 위한 모금운동은 불교계의 앨런 와츠, 게리 스나이더 같은 유명인들이 대거 참여하여 이들의 개인적 인맥과 불교에 우호적인 대중의 참여를 십분 활용하였다. 좋은 일을 위한 모금운동을 뜻하는 '베너핏(benefit)'에다 '선 불교(zen)'를 더하여 '선 불교 모금운동(zenefit)'이란 말이 새로이 창조될 정도였다. 이때 다른 누구보다도 많은 모금을 한 것은 베이커였다. 이전에 크리슈나 무르티, 요가난다 같은 사람들을 좋아했던 동부의 부호들을 대거 참여시킨 것이다. 당시 부유한 와스프(WASP ; 백인 앵글로색슨족 청교도) 계층에서는 한 집안에 적어도 한 사람은 아시아의 종교나 사상에 관심을 집중했다고 할만큼 동양에 대한 관심이 팽배해 있던 때이다.

타사하라 인수가 성사될 무렵 베이커는 미국인 재가 수행자들이 일본인 상주 수행자보다 한 수 아래인 것으로 인식되는 선원의 분위기에 우려를 표명하면서, 타사하라 만큼은 미국 수행자를 전적으로 인정해주는 체제가 되어야 한다고 역설했다. 그러자 스즈키는 말했다. "그렇다면 자네가 스님이 되어야겠네." 그래서 베이커는 마치 제단에 오르는 양처럼 자신을 미국 불교에 바치려는 마음으로 스님이 되었다고 한다.

타사하라는 곧 관광수입으로도 연 25만불을 벌어들여 자립의 기반을 튼튼히 하였다. 원래 온천 휴양지였던 곳을 승원으로 쓰게 되자 평소 그곳을 애용하던 사람들이 애석하고 불편해할 것을 우려한 베이커가 여름 한철을 일반인에게 개방했던 것이다. 예약 전화가 5월에 오픈되면 2주 만에 시즌 예약이 끝날 정도로 이곳은 인기가 좋았다. 승원에서 하는 것은 무엇이든지 손님이 원한다면 참여할 수 있도록 개방해 놓았다. 계곡물을 따라 늘어선 해묵은 방갈로에는 여전히 이전과 마찬가지로 전기도 TV도 전화도 없었다. 다만 달라진 게 있다면 술, 여자, 음악, 노름이 없고 밤을 지새며 춤도 추지 않는 것이었다. 새벽 4시 40분에 종이 울리면 손님들은 일어나 새벽 참선에 참가하든지 도로 잠속으로 빠져들든지 했다. 주말 1박2일에 부부당 500불을 내고 이들은 무엇을 얻었을까? 미식가 수준의 식사, 치료 효과가 있는 유황온천물, 그리고 산 속에 있는 암자만이 가질 수 있는 평화로움을 자신의 것으로 하는 특권이었다. 승원으로서도 이것은 일석이조의 효

베이커와 은사 스즈키

과였다. 안정된 수입원을 확보할 뿐 아니라 비지니스를 핑계로 대중에게 불교를 전하고 맛보게 할 수 있었기 때문이다.

자연주의가 생활의 모든 면으로 스며들면서 타사하라는 더욱 유명해졌다. 1970년 출간한 《타사하라 브레드》가 그것을 대변한다. 온천 손님들이 돌아갈 때 갓구운 빵을 선물로 증정한 것이 입소문이 퍼지고 사방에서 제빵법을 알려달라는 신청이 쇄도했던 결과이다. 오늘날까지도 이 책은 전세계에서 가장 잘 팔리는 제빵책 중 하나에 속한다. 이윽고 타사하라 베이커리가 1973년 개점한다. 스즈키 노사는 이를 좋아하지는 않았지만 기왕 그리할 수밖에 없는 상황이라면 그곳에서 일하는 학생들이 선의 정신을 작업장에서 실현하고 작업장이 수행장이 되도록 하라고 했다.

타사하라의 엄격한 분위기는 샌프란시스코 선원의 그것과 많이 달랐다. 이 분위기는 1970년 일본인 타쓰가미 노사가 오면서 틀이 잡힌다. 군대식 규율과 엄격함으로 그는 완벽한 좌선 자세, 행선 자세를 요구했을 뿐만 아니라 불교의식을 세세하게 가르쳤고 일본 승원처럼 수행자의 수행연도에 따라 상하구조를 수립했고, 모든 의식과 지위에 일본어를 도입했다. 이때 이곳을 방문했던 필립 웨일런은 군대에 다시 온 게 아닌가 하는 착각이 들 정도였다고 한다.

몇 차례 수련이 끝나서야 나는 이들이 나를 죽이려는 것은 아니라는 것을 겨우 깨달았다. 다만 내가 할 일은 일정표를 따르는 것뿐, 누구에게도 이의를 제기해선 안되었고, 내 자신에게는 더더욱 그랬다.

놀랍게도 이런 일본식 엄격함은 미국인의 반감을 사기는커녕 타사하라의 '성스러운 스타일' 을 더욱 유명하게 만들었다. 선 불교에 처음 입문하는 미국인들은 일종의 불안감을 가지고 있었다. 이렇게 겁나는 일을 시작함에 있어 타쓰가미 노사의 엄격함이 오히려 이들이 필요로 하는 안전감을 더해주었던 것이다.

1968년 〈타임〉지와의 인터뷰에서 베이커는 불교의식에 대한 그의 모멸을 오만하게 피력한 적이 있다.

일본인들은 성대한 의식을 좋아하죠. 어떤 때는 일주일 내내 한 가지 의식을 계속하는 때도 있어요. 그러나 저희 선원에서는 2~3일 걸리는 의식을 두 시간으로 줄였습니다. 최근 저는 스즈키 노사께 말씀드렸어요. 그 의식을 30분으로 줄여주시지 않으면 저는 가지 않겠다고 말입니다.

1967년 타사하라에서 제1회 3개월 정진수련이 열렸을 때 200명이 지원서를 냈다. 그해 7월 1주 정진에는 120명이 참석했다.

1969년에서 1971년까지 베이커는 일본에 있었다. 베이커에게 의발을 전하기로 결심한 스즈키가 교계에서 인정을 받으려면 일본에 체류하며 공부해야 한다고 그를 보낸 것이다. 더하여 스즈키는 일본인 제자를 두어야 교계의 신망을 더 받을 수 있을 테니 그 부분도 노력하라고 베이커에게 당부했다. 베이커는 일본에 체류하는 동안 일본에서 절을 건립하여 미국인 학생들을 수행시킬 것을 제안받았지만 거절했다. 스즈키 노사가 늘 염려했던 것은 베이커가 너무 자기 생각대로 하는 것이었다. "무엇 때문에 그렇게 규모를 크게 하나? 우리 집사람은 지금도 좋다고 하던데."라는 것이 스즈키 나름의 불만 표시 방식이었다. 베이커 부부는 일본 체류시 교토에 있던 게리 스나이더의 집을 빌려쓰고 있었다. 베이커는 일본 불교를 꼬집어 '큰지붕주의(Big-roofism)'라고 평했다. 대규모 절을 많이 지어 양적 풍요를 강조했을 뿐 내부가 비었다는 풍자였다.

모든 종교 중에서 살아 있는 성자의 모델을 가장 기피하는 것이 선 불교이다. 중요한 것은 법을 이어가는 선사의 역할이지 그 사람이 아니다. 스즈키 노사가 보여주었던 선사의 역할에 대해서 미국인들은 있는 그대로 받아들일 수밖에 없었다. 일본인으로서 미국에 법을 전한 선례가 없었으니 누군가와 비교할 수가 없었고, 잘 이해가 되지 않는 것이 있어도 동양인이니까 그런가 보다고 넘어갈 수 있는 부분이 있었다. 그러나 1971년 베이커가 의발을 받아 선원장으로 있을 때는 경우가 달랐다. 1대 동양인 스승에게 법을 전수받은 2대 미국인 선원장에게 상황의 전이는 쉽지 않았고, 오히려 그런 어정쩡한 상황이 마치 시한폭탄과 같은 작용을 했다는 것이다.

거대한 샌프란시스코 선원의 신입학생들에게 있어 선원장은 얼굴도 본적 없는 낯선 사람이었고, 오래된 학생들에게는 자신들이 싫어하는 사람, 결점을 익히 아는 동료가 하루아침에 윗사람이 되어 마주하기 불편한 사람이었다. 특히 고참 학생들 사이에는 베이커가 선원을 한입에 다 삼켜 버릴 것이라는 우려가 많았다. 선원의 회원 모두를 합친 것보다도 베이커 한 사람의 에너지가 더 많았기 때문이다. 회원들은 또 베이커가 스즈키 노사처럼 될 수는 없을지 몰라도 적어도 스즈키 노사와 비슷하게 행동하고 노사와 같은 역할을 해주기를 기대했다. 베이커가 선원장직을 물려받았을 뿐만 아니라 법을 전수받은 계승자였기 때문이다.

스즈키 노사라는 윗사람이 없는 상황에서 베이커는 혼자서 결정 내리고 행동하는 일이 잦아졌고, 아무도 드러내놓고 불만을 표시하지는 못했지만 내부는 들끓고 있었다. 그는 전략적으로 자신의 행동을 포장하지도 않았다. 오히려 드러내놓고 자신이 남보다 더 세련되고 교육도 더 많이 받았고 더 심미적이라는 입장을 취했고, 그에 따라 학생들의 소외감은 점점 깊어졌다. 1972년 베이커가 해안을 바라보는 언덕에 있는 그린걸치 농원을 매입하려 했을 때 학생들의 반대는 당연한 것이었다. 그만큼 감정의 골이 깊었다. 그러나 스즈키 노사 생전에 페이지 가(街)에 있는 샌프란시스코 선원은 미혼자들에게 적합하고, 타사라는 승원적 환경에서 공부하려는 이에게 적합하나 가족들이 묵으면서 수행할 곳이 필요하다는 말을 들었던 베이커는 그린걸치가 그 목적에 딱 맞는 것이란 확신이 있었기에 계획을 밀고 나갔다. 이사회에서 반대하자 베이커는 사직하겠다고 협박했다. 베이커가 떠나면 정통 법계승자를 잃는 것이라는 생각에 이사회는 굴복했다. 이때부터 자신의 역할에 대한 베이커의 직권 남용이 시작된다고 볼 수 있다.

그린걸치는 대단한 히트를 기록한다. 말쟁기로 밭을 갈고 대체 에너지를 사용해 가꾼 그린걸치 유기농원의 채소가 샌프란시스코만의 건강식품점과 고급식당에 공급되었다. 머리 깎은 스님이 밭을 갈고 아이들이 풀밭에서 뛰어놀고 말과 소가 한가로이 풀을 뜯는 그린걸치는 자신이 급진적 휴머니스트이며 무신론자라고 생각하는 사람들에게는 딱 맞는 이상적인 곳이었다고 한다.

베이커가 평소에 보여주던 에고는 너무나 압도적인 것이어서 거기 도전하는 사람은 산산조각이 날 정도였다. 그러나 수행을 같이 할 때는 그의 강도와 집중력을 주변사람 모두가 다 느낄 수 있었고 영향도 받았다. 승원의 행사나 좌선 인터뷰 등에서 보여주는 그의 성품은 평소와는 너무나 다른 것이었다. 제리 브라운이 캘리포니아 주지사에 재임하던 1974~1982년에 샌프란시스코 선원 안에는 주지사와의 직통전화가 있었다. 많은 사람들이 직접적으로든 간접적으로든 선원을 통해 주지사의 스태프가 되었으며 그중에는 게리 스나이더, 그레고리 베잇슨, 피터 코요테 같이 비중 있는 유명인사도 있었다. 브라운은 그린걸치에서 개인적 모임도 가졌다. 마이크 머피, 스튜어트 브랜드, 제리 브라운, 리처드 베이커는 서로 편의를 봐주고 서로의 도움과 아이디어와 자원을 교환하는 캘리포니아의 골든보이 클럽을 이루고 있었던 것이다.

1979년 베이커는 2차대전 때 해군기지 창고로 쓰이던 건물을 매입해 그린즈 (Greens) 식당을 개업했다. 물론 내부장식, 그림, 포크까지 베이커가 직접 선별했고, 와인목록을 만들 때는 불교 사업장에서 술을 내놓을 때의 윤리문제에 대해 달라이 라마의 자문을 구하기도 했다. 그린즈가 나오기 전에 채식 전문 식당은 현미밥, 셀프 서비스로 마시는 녹차, 천장에 매달린 화분 정도가 특색이었다. 그러나 그린즈의 벽은 인기 있는 추상화가의 그림으로 장식되었고 미식가 수준의 고급 식사를 제공했다. 그린걸치가 흙으로 돌아가자는 히피정신을 담고 있었다면, 그린즈는 여피들에게 어필하는 고도로 세련된 미학과 집에서 손수 재배한 야채라는 자연주의가 있었다.

미디어를 활용하는 베이커의 기술 역시 수준급이었다. 선원 자체에 대한 홍보에 있어서는 TV방송도 잡지 취재도 거부해오던 그였다. 미공개의 신비감이 필요했기 때문이다. 그러나 그린즈 식당을 설립한 후 그는 가장 이상적인 환경에서 선 불교를 소개할 수 있었다. 타사하라 베이커리나 그린즈 같은 업소는 사람을 많이 상대하는 곳이다. 그래서 베이커는 학생인 직원들에게 서비스를 강조했다. 한 사람이 불교 수행을 할 때 주변의 50명이 혜택을 본다는 불교 집안의 말 그대로 이들이 손님을 대하는 방식은 다른 업소와는 달랐다. 사람들은 이곳에 발을 들여놓는 순간 이곳은 다른 곳과 다름을 느꼈고, 이곳에서 나가는 순간 자신들이 인간으로 대접받았다는 것을 깨달았다는 것이다. 불교가 무엇인가를 전달하는데 있어 이보다 더 나은 환경은 없었다.

그러나 학생들은 베이커 선원장의 고급함과 상류층과의 친분에 대해 모순된 감정을 느꼈다. 미국 제일의 선원으로 커나가는 후광을 입는 것은 좋았지만 동시에 무시당하는 기분도 들었다. 그러나 선원이 재정적 자립을 하고 사회에 올바른 기여를 할 수 있으려면 자신이 하는 일은 필수적인 단계라고 베이커는 주장했다. 접대비로 연 6,000불이나 썼다는 비난을 받자 그만큼을 투자하여 훨씬 더 많은 기부금을 모았다고 반박했다. 그러나 베이커의 행적이 부와 명성을 추구하는 개인적 욕망이 아니라 미국 불교를 위한 이타적인 자기희생이었다고 확신하는 사람은 거의 없었다. 베이커가 상류생활을 유지하고 딸이 브라운 대학에 갈 수 있도록 연 만불을 선원으로부터 지급받는 사이에도 학생들은 여전히 저임금에 많은 시간을 일하고 있었다. 그러다 보니 불교에서 권유하는 단순 소박한 생활이 학생들에게는 선택이 아니라 어쩔 수 없는 현실이 되어 버렸고, 자녀들이 대학에 갈 나이가 되자 그 갈등은 극에 달했다. 이젠 이것도 저것도 아닌 상황이 되었다. 이들이 종사하고 있는 선 불교 사업은 더 이상 선 불교다운 맛을 지니지 못했으니 수행의 보람이 없었다. 동시에 이들이 받는 월급은 속세의 생활을 하기에 충분하지 못했으니 일자리로서의 보람도 없었다.

1983년 4월 8일, 미국과 일본의 불교도들이 부처님 오신 날을 봉축하고 있을 때 샌프란시스코 선원에서는 이사회가 소집되었다. 진행을 맡은 수석 스님이 나와서는 베이커 선원장이 애나 호켄(Anna Hawken)과 관계를 가지고 있다고 발표했다. 그녀의 남편 폴은 베이커가 가장 친한 친구라고 일컫던 사람이었다. 베이커는 폴을 만나 그 사실을 고백했고, 이제 폴은 이 사실을 대중에게 공개한 후 자살하겠다고 협박하고 있었다. 다시 한 번 워터게이트 사건처럼 비윤리적인 사건 그 자체보다도 그것을 은폐하려는 행위가 더 사람들의 분노를 사고 있었다. 늘 선원 내에서 혼외정사를 하지 말 것을 촉구했던 선원장이 실은 이중잣대를 사용하고 있었음에 경악한 학생들은 이번에도 참으라 한다면 숨이 막혀 죽을 것 같은 기분이었다.

이제 이사회는 베이커에게 예불이나 의식을 집전하지 말고 법문도 하지 말 것을 요청했다. 개인 경비계좌도 닫아 버렸다. 1983년 4월 말, 그는 샌프란시스코 선원에서 타사하라까지 혼자서 걸어가겠다고 말했다. 학생들은 이것을 그의 참회의 표시로 받아들였다. 그러나 참회하며 걷고 있어야 할 그는 오늘은 뉴욕, 내일은 팜 스프링즈, 모레는 LA로 다니며 인사들을 만났고 마침내 프랑스의 틱낫한 스님에게까지 날아갔다.

학생들은 '스즈키 노사 리바이벌' 운동을 폈다. 작고한 스승이 베이커를 몰아내는 무기가 된 것이다. 제자인 베이커를 비난하는 것이 스승 스즈키를 비난하는 것이 되지 않도록 이들은 이상화된 스즈키 노사의 이미지를 재창조했다. 거의 신에 가깝도록 말이다. 이전에 스즈키를 잘 모르던 사람들이나 좋아하지 않던 사람들까지 이제는 스즈키를 사랑한다며 그는 절대 잘못을 할 수 없는 사람이라고 생각하게 되었다. 이제 베이커를 부정함으로 인해 학생들은 법맥에서 스즈키의 직속제자가 되었다.

1983년 12월 8일 베이커는 사직을 했다. 그가 떠난 것을 환호한 사람들은 휴머니스트 정의론자들, 페미니스트 불교도들, 다른 불교 스승에 실망한 선 불교 학생들, 민주주의 창도자들, 캘리포니아 무정부주의자들이었다. 그러나 샌프란시스코 선원에서는 뒷일을 수습하고 다시 학생들간에 신의를 회복하며 앞으로 나아가는 것이 베이커를 몰아낸 일보다 더 어려운 일임을 절감했다. 마치 알콜중독자 아버지가 있는 가정처럼 모든 구성원이 다 공조하며 종속 중독 관계를 이루는 그런 상태에 자신들이 처해 있었음을 깨달았던 것이다.

베이커가 떠난 후 상급 학생들 사이에 정치적 알력이 생겼고 그로 인해 선원은 '전장'으로 외부에 묘사되곤 했다. 베이커가 떠나기를 가장 바랐던 학생들이 베이커가 떠난 후 속속 떠났다. 이제 상주 학생은 반밖에 남지 않았다. 그리고 베이커가 남긴 2,500만불의 선원 재산을 남은 사람들이 자신의 공으로 돌리며 향유하고 있었다. 동양에서 이런 일이 일어났다면 '절이 싫으면 중이 떠나라'고 하며 선원장은 그대로 남아 있든지, 아니면 떠나더라도 많은 재산을 챙겼을 것이다. 그러나 미국인 선원장은 아무리 나이가 많아도 미국인들 눈에는 여전히 어린 학생으로 보였는지도 모른다.

베이커가 떠난 후 그린걸치에서 수행을 지도하고 있는 노만 피셔는 이제 수행이 학생 중심으로 가고 있다고 말했다. 학생들이 행정의 파우어를 가지고 있다는 뜻이 아니고 이전 수행이 교사의 창조성과 박력을 원동력으로 하여 학생은 쳐다보지도 않고 다르마를 전하는 것이었다면, 지금 수행은 학생들을 깊이 보며 그를 기준으로 스승이 법륜을 돌린다는 것이다.

베이커는 현재 산타페에서 다르마 승가를 이끌고 있다. 공부하는 학생들이 20~30명 되는 작은 선원이며 상주하는 학생은 없다. 승가를 운영하는 이사는 4명이다. 베이커 혼자서 승가를 관리하며 마루도 손수 닦는다.

아름다운 외양을 좋아하는 베이커의 다르마 승가에는 벽에 빼곡이 미술품이 장식되어 있고 방마다 특이한 물건으로 들어설 틈이 없다. 그의 고상한 취미는 샌프란시스코 선원 식구들의 반감을 샀었다.

미국 선 불교도들은 동양적인 것이라면 미학적이고 섬세한 공예를 원해요. 그런데 제가 선원에 서양의 미학적인 것을 도입하자 그것은 상류층적 취미라고 싫어했지요. 그린걸치에 일본식 다실을 짓느라 25만불을 들였을 때는 다들 후원했지만 샌프란시스코에 빅토리아식 객실을 복원할 때는 저의 사치라고 생각했지요.

그러나 그는 여전히 동양 문화를 서양에 도입하는 것뿐 아니라 서양 문화를 미국의 선 불교에 투입하는 것에도 관심이 있으므로 앞으로 이끌게 될 선원에서도 그 뜻을 살려 문화와 예술과 삶과 수행을 하나로 어우러지게 하겠다는 것이다. 이제 그는 자신을 불교도에 국한시키지 않고 포스트모던 시대의 세계관을 지닌 사회 질병 치유자들과 함께 혁신적일 일을 하고 싶어 한다. 자신을 과학자라고 부르는 그는 샌프란시스코 선원을 하나의 커다란 실험장으로 하여 사회와 문명의 실험을 해 본 적도 있다고 말한다.

　　나는 시험관이에요. 그 시험관에 재료를 넣고 결과가 어떻게 되는지 지켜보 지요. 선원은 내게 대규모 실험실이었지요.

　　베이커의 가까운 친구 마이크 머피는 샌프란시스코 선원을 떠난 것이 오히려 베이커에게 전화위복이 되었다고 말한다. 매우 창조적인 성격의 그가 더 이상 종 교라는 제한을 받지 않고 자신을 정립할 수 있는 계기가 되었다는 것이다. 베이 커는 샌프란시스코 선원을 떠났지만, 그리고 미국에서 아직은 예전처럼 눈에 띄 는 활동을 하지는 않지만 유럽 도시의 뉴에이지 지식층의 호응을 받고 있다. 다 재다능한 그가 이번 실패를 거울 삼아 앞으로 좀 더 나은 삶과 사회를 만들기 위 해 어떤 활동을 할지 기대된다.

빈민 출신의 사이버 승가의 선구자, 죄수들의 대부

존 다이도 루리(John Daido Loori, 1940~)

1940년 미국에서 탄생. 자연사진을 찍다가 70년대초에 선 불교를 만남. 1976년 마에즈미 선사 밑에서 열심히 정진. 1980년 마에즈미 선사에게 선산 승원(Zen Mountain Monastery)를 설립하라는 명을 받고 전법을 시작, 1987년 일본에서 정식으로 수계의식을 밟고 1989년 선산 승원의 승원장으로 임명됨. 컴퓨터로 방대한 데이터베이스를 만들고, 환경운동, 재소자 지도도 하며, 바른 행(行)을 독려함. 저서로 《존재의 본질(The Heart of Being: Moral and Ethical Teachings of Zen Buddhism)》, 《선산승원법요집(Zen Mountain Monastery Liturgy Manual)》, 《산중법문록(Mountain Record of Zen Talks)》 《선의 팔문(The Eight Gates of Zen)》 등이 있음.

루리 선사는 미국인이 선호하는 활동성, 자유, 꾸미지 않은 천진함을 고루 갖춘 사람이다. 1995년 그가 주석하고 있는 뉴욕 주 트렘퍼 산자락에 있는 선산 승원(Zen Mountain Monastery)을 찾은 찰스 프레비시(Charles Prebish) 불교학 교수는 그를 만나 세 번 놀랐다고 한다. 첫째, 합장이 아니라 악수를 하려 손을 내어민 것도 파격인데 거기다가 그 팔에 선명히 새겨진 문신은 더더욱 파격이었다. 둘째, 선 불교의 승원장이라면 따르게 마련인 격식이 하나도 없이 몇 시간 동안이나 손수 선원 곳곳을 안내해주는 소탈한 모습에 놀랐다. 또한 어떤 질문을 해도 거리낌없는 솔직함과 담담함으로 답해주었는데 그만한 지위에 있는 사람으로서는 참 보기드문 일이었다고 한다. 셋째, 담배연기를 내뿜으며 자신의 컴퓨터실을 자랑스럽게 보여주는 것에 놀랐다. 선사와 컴퓨터는 어쩐지 잘 어울리지 않는다는 선입관 때문이었다.

실은 우리 학생들도 저를 좀 괴짜라고 생각했지요. 원래 선사라고 하면 근엄하고 신비롭고 그런 이미지가 있잖아요. 그런 낭만적인 선사의 이미지를 제가 깨어 버린 거지요.

루리는 자연의 아름다움에 심취하여 자연사진을 찍다가 선 불교를 만났다. 사진전도 40여 회 정도 했으며 사진작품집,《빛과 사랑하기(*Making Love With Light*)》를 출간하기도 했다. 그는 해군에 복무할 때 카누 타기, 오지에서 살아남기 등을 몸에 익혔다. 팔뚝의 문신은 그 시절에 새긴 것이다. 그런 재능을 활용하여 선산 승원에서는 명상과 문화를 접목한 아주 특이한 프로그램을 만들었다. 첫째, 명상과 사진을 접목한 수련회가 있는데 '순진무구한 눈으로 보라'는 표어를 가지고 있다. 루리 승원장이 직접 지도하는 이 5박6일 수련회에서는 청정한 눈으로 온전히 보는 것을 닦기 위해 명상을 하고 야생으로 직접 나가 촬영실습을 한다. 또 하나, 6박7일의 '야생에서 살아남기' 수련회가 있다. 그는 수련자들을 야생의 급류와 산악지역으로 직접 데리고 나가 오지에서 살아남기 위한 기술을 가르칠 뿐만 아니라 아침, 저녁에는 자연 속에서 고요히 원형으로 둘러 앉아 명상을 하도록 지도한다. 승원장이 직접 지도하는 서바이벌 기술은 이곳 선산 승원 말고는 아무데도 없을 것이다.

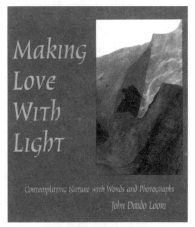

루리가 주석하고 있는 선산 승원은 트렘퍼 산과 그 주변을 둘러싼 넓은 야생보호지역 한가운데 있다. 그가 승원을 찾아오는 해리(海狸)를 대한 경험을 보면 무언가 배울 것이 있다는 느낌이 든다. 해리 몇 마리가 승원 마당에서 놀고 있어 당국에 신고를 했다. 해리는 보호동물이었기 때문이다. 당국이 와서 녀석들을 데려간 다음날 다시 또 두 마리가 나타났다.

《빛과 사랑하기|(*Making Love with Light*)》

녀석들은 나무를 쓰러뜨리고 먹어치우더니 급기야는 제자들이 선물로 심어준 아름다운 버드나무까지 쓰러뜨렸다. 그 나무가 아름답게 자라나면 노년에 내가 그 그늘에서 책을 보거나 쉬라고 제자들이 심어준 것이었다. 그런데 그것이 쓰러져서 이제 시냇물의 흐름을 막고 있었다. 그로 인해 물이 차올라 연못이 생겨났고 물의 수위가 오르면서 물고기가 들어차기 시작했다. 그러자 오리떼가 나타났고, 오리는 또 여우와 물수리를 불러왔다. 갑자기 해리 두 마리 때문에 버드나무 주변이 온통 살아나서 법석댔다. 물론 해리는 먹이가 되는 나무를 다 먹어치우자 그곳을 떠났다. 그렇게 되기까지 한 두어 해 정도 걸렸다. 아무도 돌보는 사람이 없자 댐의 물은 새어나갔고 연못도 사라졌다. 다시 나무가 자라나서 해리가 나타날 때까지 아마 그곳은 그렇게 고요함을 유지할 것이다. 우리가 손을 놓고 개입하지 않는다면 자연은 그렇게 스스로 알아서 자신을 조절하는 것이다. 그리고 제자들이 선물했던 버드나무도 둥치에서 새싹이 나와 잘 자라고 있다.

그렇게 자연에 지나치게 간섭하지 않고 느긋이 지켜보면 절로 자연보호는 이루어지고 적합한 균형이 유지된다는 것이다.

수도생활을 하는 사람에게 가장 큰 걸림돌은 돈과 권력과 섹스라는 것을 루리는 잘 알고 있다. 그래서 그는 승원을 정부처럼 3권분립 체제로 관리하고 있다. 첫째, 이사회는 법적인 것과 재정을 관리한다. 둘째, 관리회는 총체적 기획을 맡는다. 셋째, 수호회는 승원에 사람을 들이고 내는 일을 담당한다.

루리 선사는 이사회와 관리회에는 관여를 하지만 수호회에는 관여하지 않는다. 물론 그는 승원장으로서 원하지 않는 학생을 받아들이지 않을 권리도 있고, 학생과의 관계를 언제든지 끊을 권리도 가지고 있다. 둘째, 돈에 관해서는 모든 거주 수행자에게 월 100불씩을 지급하고 있다. 물론 숙식과 가르침은 무상이다. 수행자에게 숙식과 가르침을 무상으로 제공할 수 있음을 볼 때 이곳은 아시아식 승원문화가 정착된 듯 보인다. 이는 미국에서는 아주 드문 일이다. 대체로 선원에서는 학생들의 연회비나 수련회 참가비, 기부금 등으로 간신히 재정을 충당하고 있기 때문이다. 일례로 스즈키 순류 선사가 세운 소노마 산 승원에서는 상주하며 공부하는 학생은 월 325불이라는 거주비를 내야만 한다. 그런데 선산 승원에서는 거주비를 받지 않을 뿐 아니라 100불씩 용돈까지 준다는 것은 과연 파격이라 할만하다. 셋째, 섹스에 관해서도 간단하다. 수행에 입문할 수 있는 사람을 첫째 금욕하는 사람, 둘째 파트너가 있는 경우엔 안정된 관계를 이룬 사람으로 제한하고 있으며, 일단 수행에 입문한 사람은 새로운 관계를 시작할 수 없도록 하고 있다. 다시 말해서 기존에 이루어진 관계는 그대로 인정하지만 아직 싱글인 사람은 한국의 선승처럼 금욕 상태를 유지하라는 것이다.

미국 내에 전통적인 승가를 말하라면 그 첫손가락에 선산 승원이 꼽힌다. 이곳에선 장기간 정진이 가능하고, 승가와 재가가 고루 수행할 수 있다. 루리는 또 산수종(Mountains and Rivers Order)을 설립했는데 이곳이 그 본산이다. 백매화 승가(White Plum Sangha)를 설립한 타이잔 마에즈미(Taizan Maezumi) 노사의 열두 법제자 중 하나인 그는 학생들에게 간화선과 묵조선을 고루 가르치고, 정업(正業) 즉 바른 행을 닦도록 독려하고 있다. 그가 발행하는 잡지 〈산중록(山中錄, *Mountain*

루리 선사의 사진작품
"고목의 우아한 곡선은 세월이 가도 변함이 없네.
시간을 초월한 편안함이 늘 거기 있네."

Record)〉에서는 아잇켄 선사가 세금을 납부할 때 무기로 들어가는 만큼의 세금을 떼고 내는 기사를 실었고, 이와 비슷한 불교계 사람들의 바른 행을 자주 싣고 있다. 그는 또 컴퓨터에 산수종의 모든 말사와 선원 회원들에 관한 정보를 입력해 놓고 모든 사람들이 사이버 공간을 통해 서로 연결되고 만날 수 있도록 해놓았다. 또 불교에 관한 방대한 데이터 베이스도 구축해 놓았다.

대부분 서양 불교 지도층이 엘리트 출신임에 반해 그는 뉴저지의 빈민굴에서 태어난 블루칼라 출신이다. 어려서부터 주위 사람과 몸으로 부딪치며 사는 생활에 익숙해졌고, 또 해군 복무 경험을 통해 흙으로부터 떠나 바다에서의 강인함도 키웠다. 게다가 사진이라는 매체를 통해 자연 본연의 아름다움을 대하는 시각과 자세도 키웠기에 그는 미국 대중에게 가르침을 펴는 데 있어 가장 이상적인 교사의 자질을 갖춘 듯싶다. 리처드 베이커 선사처럼 현학적 지식과 고급한 라이프 스타일로 사람들에게 소외감과 이질감을 느끼게 하는 일은 전혀 없다.

루리 선사는 서양인들이 불교에 입문할 때 배경 지식이 매우 적음을 감안하여 '선의 팔문(八門)'을 고안하여 교육 프로그램으로 쓰고 있다.

제1문 좌선, 제2문 직접적 가르침으로 인한 사제관계 발달, 제3문 학문적 공부, 제4문 전례, 제5문 계, 제6문 예술 수행, 제7문 몸 수행, 제8문 일 수행.

선사들이 한국에서도 서예나 사군자를 치는 예는 드물지 않았다. 그러나 깨달음으로 가는 길에서 예술을 통과해야 할 배움의 문으로 지정해 놓은 예는 없었다. 그러나 선이 서양에 전해질 때 미술·문학·꽃꽂이·다도 등을 통해 먼저 전해졌음을 감안할 때 이는 당연한 귀결이 아닌가 싶다. 트룽파 린포체가 세운 샴발라 센터에서도 불교 수행의 일환으로 이런 예술 수행을 장려하고 클래스도 열고 있다. 뿐만 아니라 몸으로 올리는 수행이 7문에 들어 있고 마지막으로 8문에 일이 수행으로 들어 있다. 일을 마지막 통과해야 할 수행 과정으로 삼은 것은 재가자가 삶의 대부분의 시간을 일하는 데 사용하고 있음을 참작할 때 의미심장한 일이 아닐 수 없다.

선산 승원은 또 뉴욕시에 선방을 설립했는데 이는 미국 내 선방 설립의 경향을 거꾸로 한 최초의 선방이라는데 의의가 있다. 보통 미국에서는 도심에 선방을 설립하고 그것이 번창하게 되면 장기 수련회를 할 수 있는 장소로 시골이나 산속에 수련원을 설립해왔다. 그러나 선산 승원의 경우는 산속에 승원을 먼저 설립하고 후에 뉴욕이라는 대도시에 선방을 설립했다는 것에서 그 의미가 자못 다르다.

《선의 팔문(The Eight Gates of Zen)》

루리는 재소자 프로그램도 운영하고 있다. 그 시작은 뉴욕 주 그린해븐 시에 위치한 중형자 수감원의 재소자로부터 루리 승원장 앞으로 어느 날 도착한 편지 한 통에서 비롯했다. 좌선을 배우고 싶다는 그 재소자를 위해 루리 승원장은 희망자를 모아 좌선 그룹을 만들겠다고 감옥측에 요청했다. 그런데 감옥측의 불교 지식이 워낙 빈천하여, 불교는 쿵푸 같은 무술이라고 알고 있었기에 일언지하에 거절을 당했다. 그러나 그 재소자는 거기서 물러서지 않고 이 상황을 뉴욕법원에 호소했다. 1년 후 나온 판결문에는, "불교는 뉴욕 주 감옥 내에서 인정받는 종교 체제이다."라고 명시되었다. 그렇게 해서 연꽃 선방(Lotus Flower Zendo)이 생기게 되었다. 재소자들은 정기적으로 루리 선사에게 지도를 받을 뿐만 아니라 출감 후에는 선산 승원에 와서 원하는 만큼 머물다 갈 수도 있다. 사회에 나와 다시 적응하고 정착할 때까지 많은 어려움과 흔들림을 겪는 재소자의 현실을 생각할 때 선산 승원의 사후 관리 프로그램은 의미가 크다고 하겠다.

미국인들은 루리가 일본선의 정통을 지키고 있다고 생각한다. 새롭게 일어나는 미국 불교의 색채가 적다는 뜻이다. 그러나 일본인들은 선산 승원에 발을 들여놓으면 이건 '카우보이 선(禪)'이라고 말한다. 그만큼 형식이나 분위기가 일본과는 다르다는 뜻이다. 이곳에도 방장 스님이 올라가는 법상은 있다. 그러나 그 높이는 일본의 1m보다 훨씬 낮은 25cm에 불과하며 승원의 한구석에 놓여 있고 지난 20년 간 단 2번밖에 쓰인 적이 없다. 그만큼 이곳에선 수직구조나 서열구조를 강조하지 않고 있다. 수행의 초기에는 높은 권위에 순종해야 하는 것처럼 보일 수도 있다. 그러나 궁극적으로 수행자는 스승도 벗어나고 불교라는 것도 벗어나야 한다고 믿고 있는 루리이기에 모든 힘은 자신 안에 있음을 확신해야 한다고 말한다. 불교는 각자에게 그 힘이 있음을 알리고, 그것을 찾아살도록 도와주는 것일 뿐이라는 것이다.

이런 정신에 따라 선산 승원에서는 위원회가 모든 것을 관장한다. 이사회가 진행되는 동안 루리 선사는 다른 사람이 진행자가 되어 회의를 이끌도록 하고 자신은 듣기만 한다. 투표권도 사용하지 않을 때가 더 많다. 한 학생이 승원 내부에 많은 문제를 일으켜 부조화를 초래했다. 그 문제를 놓고 수호회가 열렸을 때 개인적으로 그 학생을 좋아했던 선사는 한번만 봐주자고 열변을 토했었다. 그러나 수호회는 그 학생이 떠날 것을 요구했고 결국 그렇게 되었다.

선사가 사이버 승가를 운영하는 것도 사람들에게 힘을 실어주기 위해 시작한 것이다. 지리적 시간적 여건에 제한됨이 없이 좀더 많은 사람들에게 불교를 알리고 수행을 하도록 독려하기 위해서다. 사이버 승가가 발달함에 따라 앞으로의 불교가 어떻게 변할 것 같으냐는 질문에 루리는 파안대소를 했다.

순간에서 순간으로, 쉬임 없는 흐름으로, 한 숨에서 다음 숨으로 그렇게 발전하지 않겠어요?

빵을 굽는 길거리의 성자

버나드 글래스맨(Bernard Glassman, 1939~)

UCLA에서 응용수학 박사학위를 받고 화성 스페이스셔틀 프로젝트를 담당하다가 삼보교단의 마에즈미 노사에게 계를 받아 스님이 됨. 뉴욕에 젠피스메이커 오더를 설립하고 그레이스톤 베이커리를 운영하여 빈민을 돕고 포교도 함. '그대로 보기' 라는 길거리 참선을 이끌고 그대로 보기 위해 매년 아우슈비츠에서 각 종교 교파와 함께 수련회를 개최하고 있다. 저서로 《무한원 : 선의 가르침(Infinite Circle : Teaching in Zen)》《그대로 보기 : 평화로움에 관한 선사의 가르침(Bearing Witness: A Zen Master's Lessons in Making Peace)》 등이 있음.

1992년 1월 2일 미국 〈월스트리트 저널〉의 기업체 면에는 다음과 같은 헤드라인이 눈길을 끌었다.

　　선(禪)과 사랑의 제빵 기술을 혼합한 불교 선사

그리고 기사 본란에는 이런 말이 있다.

　　뉴욕 주 용커스 시에서 최고급 제과를 부자에게 매출하여 빈자를 먹이는 스님. 그는 빈자에게 집을 제공하고 그들의 십대 자녀들의 문제를 상담해주며 유아를 위해 탁아소 서비스도 제공하고 있다. '모두가 연결된 세상을 만드는 것' 이 글래스맨 선사의 소망이라고 한다.

버나드 글래스맨 선사는 미국 불교계에서 가장 독창적인 인물 중 하나로 손꼽힌다. 1939년 뉴욕 브룩클린의 가난한 가정에서 태어난 그는 1968년 로스앤젤레스 선원에서 마에즈미 노사에게 선을 배우기 시작했다. 이때 그는 석사학위를 끝낸 후 미국 유수의 국방산업체인 맥도널 더글러스에서 화성 스페이스셔틀 프로젝트 일을 하고 있었다. 회사의 후원으로 UCLA에서 응용수학 박사과정에 등록한 그는 1970년 사미계를 받고 데쓰겐(꿰뚫는 신비)이란 법명을 받았다. 1971년 아내 헬렌과 두 아이와 함께 로스앤젤레스 선원으로 들어간 그는 맥도널 더글러스에서 정상근무를 하면서 선원의 총무스님 일을 겸임했다. 1976년 화두(話頭) 공부를 마치고 불교 교사 자격을 얻은 그는 회사를 그만두고 로스앤젤레스 선원장이 되었다. 그는 건물을 새로 사서 보수하고, 출판사를 설립하고, 주민을 위한 병원을 개업하는 등 의욕적으로 일을 펼쳤다. 이때 선원에서 거주하며 공부하는 학생만도 60명에 달했다.

최고의 학벌과 중역의 자리를 버리고 미국에서 태어난 미국인으로서는 최초의 조동종 스님이 된 글래스맨은 1979년 뉴욕에 뉴욕 선원(Zen Center in New York)을 열고 젠 피스메이커 오더(Zen Peacemaker Order, ZPO)라는 종파를 설립한다. 2년 후 그레이스톤 제과점(Greystone Bakery)를 열어 '열심히 일하는 것이 선수행'이라는 슬로건을 내걸었다. 그러나 선수행은 앉아서 참선하는 것이란 고정관념을 가지고 있는 대중 때문에 그의 선 불교 제과점은 많은 난항을 한다.

그레이스톤은 방이 26개나 되는 화려한 고건물이다. 1868년 성패트릭 성당을 설계한 저명한 건축가 제임스 렌윅 쥬니어가 다지(Dodge) 가문의 여름 별장으로 설계한 그레이스톤은 후에 컬럼비아 대학에 기증되었다. 그러한 역사를 가진 그레이스톤을 컬럼비아 대학이 1980년 60만불에 시장에 내놓았을 때 글래스맨이 매입한 것이다. 그레이스톤의 고급스런 분위기가 소박한 선 불교의 이미지를 흐리지 않겠느냐는 우려도 있었지만 그레이스톤으로 인해 주변의 부유층이나 주민들이 선원에 대해 좀더 친근한 인상으로 접근할 수 있으리라고 보았다. 몇 사람의 보시로 선불금을 내고 나머지는 융자를 받아 매달 갚기로 하였다.

'선(禪)의 힐튼 호텔'이라고도 불리었던 그레이스톤에서는 아침 4시 45분에 종이 울려 새벽 참선이 시작된다. 첫해에 길고 짧은 수련회를 23번이나 하고 학생들도 점점 늘었지만 선원의 재정은 점점 악화되었다. 그러다가 1981년 리버데일 요트 클럽의 구내 식당 운영을 1년간 계약했다. 학생들은 자신들의 근로로 부자들에게 서비스한다는 사실에 화를 냈지만 글래스맨은 '선은 아무런 차별 없이 서비스 자세를 닦는 것'이라고 말하며 아랑곳하지 않았다. 선원장으로서 자신이 할 일은 가능한 한 학생들을 불편하게 만들어 그들 내면의 문제를 직면하게 하는 것이라고 늘 말해왔던 글래스맨이었으니 그런 결정이나 대꾸는 당연한 것이라 하겠다. 학생들은 부유층에 대한 자신들의 고정관념과 싸워야 했고, 언제 어디서부터 선수행이 시작되는 것인지 늘 자신의 마음을 지켜보아야만 했다.

1982년 6월에 거행된 글래스맨의 선원장 취임식은 전통을 그대로 살린 호화롭고 장엄한 것이었다. 종교계 유명 인사들이 줄지어 선원장의 행렬을 따랐고 거기에는 한국의 숭산 스님도 있었다. 그렇게 자신의 정통성을 공적으로 확인하고 다져놓은 다음 그는 자신에게 물었다.

백척간두 끝에서 이제 어디로 갈 것인가?

제과점을 한다면 선원의 재정문제도 해결되고 학생들은 일을 통한 수행도 할 수 있을 터였다. 샌프란시스코 선원의 타사하라 제과점이 고급한 고객들에게 인기가 있었던 데서 많은 영감과 힘을 얻었다. 우선 근처의 문단은 제과점 시설을 2년간 임대했고 학생들을 타사하라로 보내 몇달간 실습을 하도록 했다. 그리고 10여 명은 애플 컴퓨터 사용법을 익히도록 훈련했다. 제과 경험이 있는 사람이 하나도 없다는 것쯤은 글래스맨에겐 아무 문제도 되지 않았다. 오히려 마음만 먹으면 뭐든지 할 수 있다고 학생들의 용기를 북돋우며 자신도 작업복을 입고 현장에 뛰어들었다.

　그로부터 4년이 지난 1986년에 그레이스톤 제과점은 처음으로 흑자를 냈다. 그렇게 오랜 시간이 걸린 이유는 글래스맨이 제과점을 이윤을 내는 사업으로 보지 않고, 일을 통해 수행하는 수행장으로 보았기 때문이다. 그는 한 사람이 어떤 일에 익숙해질 만하면 다른 일로 돌리는 일을 반복해서 작업 효율을 저하시켰다. 뿐만 아니라 실제 경험이 없는 사람들이 재료 혼합이나 보존, 배달에 실수를 해서 많은 손해를 보았을 때 그것을 문책하는 것이 아니라 배우기 위해 당연히 통과해야 하는 경험이라고 해석했다. 선원이 흑자로 도는 데는 외부단체와 매스컴의 극찬이 한몫 단단히 했다.

　음식을 만드는 일이 수행이라는 것은 조동종에 깊이 배인 전통이기도 하다. 수행이 제대로 된 사람이 주방에서 음식을 만들어야 사람들이 그 음식을 먹을 때 익은 수행의 맛, 깨달음의 맛을 볼 수 있기 때문이다. 빵과 과자를 구우면서, 아니 그것 자체가 수행이라는 말은 전통상으로도 정당했던 것이다. 그러나 제과점에 관여하지 않는 학생들의 불만이 커가고, 제과점 내에서도 의견 일치가 이루어지지 않는 경우도 적지 않았다. 이런 과정에서 글래스맨은 더욱 더 자신의 확신을 피력했고 그러면서 독재자적인 요소도 늘어갔다.

　어린 시절 7살 때 어머니가 돌아가신 후 글래스맨은 TV나 라디오를 분해하면서 많은 시간을 보냈다. 덕분에 고교시절에 동네의 고장난 TV나 라디오가 그의 집으로 많이 모였는데 거기서 그는 재미있는 진리를 하나 발견한다. TV가 고장났다고 할 때 90%의 경우엔 전원이 연결되지 않았었다는 것이었다. 수행자가 찾으려는 불성도 마찬가지라는 것이 그나름의 해석이다.

　스위치를 켜지 않으면 '그것'이 있다는 사실도 모르는 것이다.

　글래스맨의 은사인 마에즈미 노사에게 가장 많은 영향을 준 것은 삼보교단의 야스타니 노사이다. 글래스맨은 자신과 마에즈미 노사와의 관계가 아기에게 젖을 물리고 있는 어머니와 아기의 관계보다도 더 가깝다고 말했다. 사미계나 비구계를 받은 스님들이 미국에서는 재가자의 생활양식을 따르는 예가 많다. 배우자와 자녀들이 있는 이들을 부르는 말로 '스님(monk)' 보다는 '성직자(priest)' 가 낫다고 마에즈미 노사는 주장했다. 재가자의 생활을 한다 하더라도 스님의 계를 내리고 승원의 생활양식을 도입하는 이유는, 첫째 그렇게 해야 언젠가는 전통적 불교양식을 도입할 수 있을 것이고, 둘째 새 회원이 왔을 때 계를 받은 스님에게 불교를 배우는 것이 그렇지 않은 경우보다 더 신뢰감이 높아지기 때문이다. 1986년 마에즈미 노사가 앞으로는 사미계를 받은 사람들에게 성적 접촉을 금하도록 하겠다고 발표하자 사미계를 받기로 예정되어 있던 세 사람이 모두 계를 받지 않겠다고 물러나기도 했다.

글래스맨은 스님들뿐 아니라 재가자들에게도 알맞은 수행 프로그램을 따로 개발했다. 수행의 진전에 따른 성취감을 맛볼 수 있도록 단계마다 그를 인정하는 의식도 설계했다. 그리고 재가든 승가든 수행에 있어서는 스승과 가르침에 완전한 귀의를 하는 것이 진정한 승원주의라고 생각했다. 스님의 옷을 입고는 있지만 귀의 정신은 전혀 없는 사람이 있듯이, 성적 접촉을 않겠다는 계 역시 그저 섹스를 안하는 것이 아니라 가르침과 스승에게 자신의 전부를 던지는 것으로 해석할 수 있다는 것이다. 성적 접촉을 금하는 계를 잘 지킨다 해도 스승과 가르침에 자신의 전부를 던지지 않는 사람도 있다.

세계 각국에서 모여든 사회운동가, 종교지도자들이 있는 '젠 피스메이커 오더'에는 이들이 꼭 믿고 지켜야 할 세 가지 교의가 있다. 첫째, 아무것도 모르며 고정관념과 편견을 버린다. 둘째, 이 세상의 고통과 기쁨을 제대로 본다. 셋째, 자신과 우주의 뭇생명을 치유한다.

제1교의인 아무것도 모른다는 것은 불교계의 거장들이 누누이 펼친 설법이다. 이는 틱낫한이 설립한 접현종의 제1계인 "이 세상에 불법을 포함하여 어떤 교리도 우상화하지 말라."는 것과 일맥이 통하며, 숭산의 "오직 모를 뿐, 모르겠다는 그 마음이 바로 너 자신이다."라는 것과도 공통점이 있다. 또한 스즈키 순류 역시 "아무것도 믿지 않는 것이 절대적으로 필요하다는 것을 알게 되었다. 무엇을 믿든지 그것에 집착하게 되는 순간 그것은 자기 중심적인 것이 되고 만다."고 말했다.

80년대가 되면서 40줄에 들어선 글래스맨이 구겨진 옷을 입고 반백의 수염을 기른 채 1주일씩 '길거리 참선(street retreat)'을 이끌고 있는 모습이 자주 매스컴에 보도되었다. 그는 왜 그런 모습으로 거리에서 사는 것일까? 자기가 도우려는 사람을 제대로 도우려면 그 사람과 같은 생활을 하며 그 고통을 체험해 보아야 한다고 생각하기 때문이다. 이 과정을 그는 '그대로 보기(bearing witness)'라고 부른다. 이 세상의 고통을 직접 보고 증언하겠다는 것이다.

2001년 11월에 글래스맨은 '그대로 보기 수련회'를 4박5일로 아우슈비츠에서 개최했다. 이 수련회는 불교계뿐 아니라 세계 각국의 다양한 종교 지도자들과 재

길거리선을 이끌고
있는 버나드 글래스맨

가자들이 참여하여 1996년부터 매년 개최된 것이다. 수련회 참가자들은 매일 아침 아우슈비츠에서 비르케나우까지 예전에 수감자들이 걸었던 길을 그대로 걸어간다. 비르케나우에 도착하면 묵언 속에 원형으로 둘러 앉아 명상을 한다. 참가자들은 가스실 주변의 철길을 걷기도 한다. 매일 각 종교의 대표들이 죽은 자를 위한 제례를 올린다. 이전에 이 수련회에 참가했던 사람의 말을 빌리면 그곳에서 수백만의 영혼을 느꼈고, 그들에게서 잊히지 않고 기억되고 싶은 마음, 고향으로 돌아가고 싶은 마음을 느꼈다고 한다. 그리고 고통이 흘러지나간 자리에 사랑이 솟아나 자리하는 것을 느꼈으며, 처음 보는 사람과 오랜 친구처럼 얘기할 수 있는 체험도 이곳에서 처음으로 했다고 한다. 눈 덮인 철길에 앉아 명상하는 사람들, 긴 철길을 따라 행선하는 사람들이 오래도록 기억에 남는다고도 했다.

뉴딜 정책을 기획한 자유주의자와 60년대의 혁신주의자들만이 꿀 수 있었던 꿈, 즉 인간 계발과 사회 변화의 비전을 가지고 있는 글래스맨이 사람들을 대하고 다르마를 전하는 방식에는 미국적 소박함이 넘친다. 스님이라면 의례 받는 예도 거부하는 그는 자신을 그냥 '버나드'의 애칭인 '버니'라고 부르라 한다. 강연할 때는 장난기가 가득하고 유머감각 또한 풍부하다. 1997년 1월 거창한 타이틀을 여러 개 나열하며 그를 열띠게 소개하는 사회자와 너무나 대조적으로 그는 강연을 이렇게 시작했다.

제 이름은 버니입니다. 저는 중독자예요. 저 자신에게 중독된 거죠. 이 방에 계신 모든 분들이 아마도 저와 비슷한 증세일 거라고 생각합니다. 그런데 다행히도 저는 40년쯤 전에 선(禪)이라는 회복 프로그램을 만났어요. 그런데 몇 년이 지난 후 또 알게 되었죠. 저의 중독증이 완전히 다 사라지지는 않으리라는 것을 말입니다.

그는 은사 스님들에게서 철저히 교육받은 화두선과 사회운동과 봉사에서 오는 혜택이 서로 다른 것이 아니라 연관된 것이라고 말한다.

화두를 참구할 때는 내 자신이 그 상황이 된다. 그리고 답은 '말로서가 아니라 나의 존재 자체로서' 제시한다. 젠 피스메이커 오더가 하는 일은 사회가 돌보지 않는 상황으로 들어가서 그 상황을 '화두'로 삼고 일을 하는 것이다. 그 과정에서 기존관념은 모두 버리고 미지의 것을 꿰뚫어서 그대로 보는 것이다.

그러므로 글래스맨에게 있어 '그대로 보기'는 좌선을 그 나름으로 해석, 실천하는 것이며 '삶의 전일성'에 마음을 여는 것이며, 자연발생적으로 '나와 남을 치유하려는' 마음이 솟아나는 것이며, '평화를 이루는 것'이다.

글래스맨 선사는 현대인에게 가장 심각한 병이 '아귀'의 문제라고 본다. 그가 말하는 아귀는 단지 식욕으로만 고통받고 있는 것이 아니다. 명예가 부족해서, 권력이 모자라서, 재산이 고파서, 사랑에 목말라서 아무리 가져도 만족을 모른다는 것이다. 그래서 우리 모두는 배고픈 아귀가 되었다. 더욱 슬픈 것은 불교도를 비롯한 구도자들이 깨달음을 쫓는 아귀가 되었다는 것이다.

무서운 의지와 열성으로 공부를 하던 그는 계속 정진했더라면 한소식 전해주었을 것이다. 그러나 세상의 고통이 너무 심한 것을 보고 그는 기다릴 수가 없었다. 온몸으로 부딪쳐서 불교를 삶과 사회에 실천했던 그는 좌선만이 길은 아니라고 말한다.

깨달은 사회를 건설하는 데 있어 좌선만이 길이라고는 생각하지 않는다. 좌선을 아무리 해도 깨달음이 없는 사람이 있고, 반면 좌선을 한 번도 해보지 않았어도 그 마음과 행이 이미 깨달은 사람이 있다.

가톨릭 교회의 성인으로 추대된 행동하는 양심

로버트 아잇켄(Robert Aitken, 1917~)

 하와이에서 태어나 일본으로 건너가 야마다 선사의 제자가 되어 불교를 공부함. 삼보교단에 속한 다이아몬드 승가를 하와이에 설립하여, 재가 중심의 불교를 이끌어 옴. 실천하는 불교, 삶 속의 불교, 모두에게 고루 평등과 자유를 주는 불교를 실천하기 위해 노력하는 그는 불교평화우의회 설립위원이기도 함. 저서로 《본래의 마음 자리(Original Dwelling Place : Zen Buddhist Essays)》《선수행자가 본 바라밀의 완성(The Paramitas from a Zen Buddhist Perspective)》《클로버의 마음 : 선 불교 윤리에 관한 에세이(The Mind of Clover : Essays in Zen Buddhist Ethics)》 등이 있음.

미국 하와이 호놀룰루에 소재한 다이아몬드 승가는 로버트 아잇켄 선사가 세운 것이다. 아잇켄은 삼보교단에 속한 최초의 미국인일 뿐 아니라 1974년 야마다 노사에게 정식으로 법을 가르칠 자격을 인정받아 공식 자격증을 가진 최초의 미국인이기도 하다. 하쿤 야스타니 노사가 승원을 나와서는 사미계를 받지 않은 재가 수행자를 위한 승원을 세웠고 아잇켄은 그 삼보교단에 속한 최초의 미국인이 되었기에 아잇켄은 자연히 재가 수행 전문가가 되었다.

아잇켄은 소박하고 꾸밈이 없는 사람이다. 학생들을 가르칠 때 그는 일방적 강의보다는 질문을 많이 던지고, 모든 답을 다 알고 있는 척도 하지 않는다. 적당한 길이의 머리에 청바지와 작업용 셔츠를 즐겨입는 그는 언젠가 재가 수행이 무어냐는 질문에 이렇게 답했다.

재가 수행이 무엇이냐는 질문은 마치 물고기에게 물이 어떠냐고 묻는 질문과도 같다.

　아잇켄은 잘못된 장소에 잘못된 시간에 있다가 불행을 당했지만, 그것이 전화위복이 되어 오히려 평생의 믿음과 삶을 바칠 수 있는 일을 만난 계기가 되었다. 하와이에서 태어나 학교를 마친 아잇켄은 괌으로 가서 일을 하다가 1941년 그곳을 침입한 일본군에게 붙잡혔다. 일본으로 이송되어 포로 생활을 하던 그는 감옥 안에서 영국인 불교학자이며 스즈키 다이세츠의 제자인 블라이스(R. H. Blyth)를 만나 선 불교를 접하고 그를 선생님이라 부르며 불교를 배우게 된다. 블라이스는 문학에 심취한 영국 지식인이었는데 단테를 읽으려고 이태리어를 배우고, 돈키호테를 읽으려고 스페인어를 배우고, 괴테를 읽으려고 독일어를 배우고, 바쇼(芭蕉)를 읽으려고 일본어를 배웠다는 사람이다. 특히 그는 돈키호테를 선(禪)에 의한 삶을 산 사람이라고 극찬했으며, 이러한 선 불교적 자세가 셰익스피어, 워즈워드, 디킨즈, 스티븐슨의 작품에도 숨어 있다고 역설했다. 1차대전 때 전쟁을 반대하여 투옥되기도 했던 블라이스는 동양으로 와서 한국의 경성제대에도 교수로 잠깐 있었다. 일본인 부인과 함께 일본으로 가서 머물던 중 2차대전이 발발하자 일본의 적국인 영국시민이던 그는 투옥되었다. 전쟁이 시작되기 이전에 일본시민권을 신청했던 그는 그러나 수속을 지연시키고 있었다. 동남아시아의 점령국으로서 일본이 무책임한 행동을 했음을 잘 알고 있었던 블라이스는 일본이 진정 성숙하려면 전쟁에 져야만 한다고 믿었다. 그래서 일본이 2차대전에 패전국이 되면 그때 가서 다시 시민권 신청을 하겠다는 것이 그의 심중이었다.

　아잇켄은 전후 하와이로 돌아와서 선을 수행하다가 1950년 일본으로 가서 야스타니 선사, 야마다 선사에게 선을 배웠다. 그런데 1950년 그해에 아잇켄이 일본에 가기는 쉬운 일이 아니었고 거듭되는 비자 거절을 마침내 비자 발행으로 이끄는 데는 선에 관한 그의 확신이 단단히 한몫을 했다. 그해는 6·25전쟁이 발발한 해였고 일본은 한국의 인접국이었기에 전쟁지역으로 선포되어, 미국 정부는 일본에 자국시민의 방문을 허용하지 않았고 일본 정부도 그 방침을 따르고 있었다. 미국 주재 일본 대사는 아잇켄에게 차를 대접하며 전쟁이 한창인데 왜 거기를 굳이 가려 하느냐고 물었다. 아잇켄은 찻잔을 들고서는 아주 고요히, 정성스럽게 차를 마셨다. 그리고는 대사의 두 눈을 응시하며 말하는 것이었다.

차 한 잔을 마시는 동안 나는 전쟁을 종식시켰소.

현명한 대사는 그 짧은 한 마디를 이해했기에 아잇켄이 일본으로 공부하러 갈 수 있도록 비자 주선을 해주었다고 한다. 결국 우리의 일거수 일투족이 우리의 온 마음과 온 존재로 이루어질 때 이 지구와 우주를 조화로운 상태로 이르게 하는 것임을 보여준 것이었다.

1974년 아잇켄은 가마쿠라에 소재한 삼보교단의 승원장인 야마다 선사에게서 제자를 가르칠 자격을 받고, 1985년 법을 전수받았다. 삼보교단은 야스타니 하쿤 선사가 1954년에 설립한 재가자로 이루어진 단체이다. 임제종과 조동종에서 최선의 것만을 혼합하여 만들었고, 승원 내에서 하던 수행을 재가자에게 다 개방하여 누구라도 수행을 할 수 있게 개방한 독립 종파이다. 삼보교단에서 스승은 전통적 개념의 은사라기보다는 초견성(初見性)으로 들어갈 수 있도록 이끌어주는 코치와 같은 개념이다. 딱딱한 틀이나 권위보다는 전문기능과 영적 동반자의 개념이 더 강한 것이다. 야스타니 선사와 함께 수행을 한 사람으로 로버트 아잇켄과 필립 카플로가 있다.

1973년에는 야마다 고운 선사가 삼보교단을 이끌게 되는데, 그가 바로 서구인 크리스천들을 아무런 조건없이 받아들인 사람이다. 야마다의 공안 심사에 합격한 사람 중에는 신부, 수녀를 비롯한 서구인 크리스천이 13명 있다. 라쌀레 신부도 그 중 한 사람이다. 야마다는 비구계를 받은 적이 없고, 동경에서 보건소장이라는 공직을 가지고 있으면서 불교 수행을 했던 재가자이다. 또 정치나 사회문제에도 해박한 식견을 가지고 있어 그 의견이 자주 종단 소식지에 실렸다. 자신이 재가 수행자였기 때문에 재가자를 가르치는 데 힘을 쏟았을 뿐 아니라, 이들을 절대로 이류제자로 여기지 않고 정성을 다해 이끌었다고 한다.

아잇켄은 조용하지만 급진적이고 과감한 사람이다. 특히 2차대전 후 고향 하와이에 돌아간 후에는 급진적 평화주의자가 된다. 그의 일생은 옳다고 믿는 바를 그대로 실천하는 삶, 말과 행동이 일치하는 삶 그 자체였다. 1950년대에는 핵실험 반대운동을 했고, 60년대에는 양방향 군비축소 운동을 했으며, 80년대에는 트라이던트 잠수함 반대운동을 했다. 베트남전이 발발하자마자 이를 반대한 아잇켄은 하와이 종전위원회에 가담하여 FBI의 조사를 받기도 한다. 1978년에는 불교평화우의회(Buddhist Peace Fellowship)의 공동설립자가 된다. 1982년부터는 연방 정부에 세금을 낼 때 군비에 쓰일 몫만큼은 꼭 제하고 납부하는 실천을 계속 해오고 있는 것으로 유명하기도 하다. 그런 면에서는 국민의 원하지 않는 일을 하는 정부엔 세금을 내지 않겠다고 선언하여 감방에 갇히기도 했던 소로우(Henry David Thoreau)와 정신의 맥을 같이 한다고도 볼 수 있다. 실제로 불경 말고 가장 좋아하는 책이나 예술품이 무엇이냐는 질문에 아잇켄은 서슴지않고 소로우의 《월든》과 《저널》이라고 답했다.

그는 서구 제국이 제3세계를 착취하는 것에 대해 매우 비판적이었다.

이런 비판은 본질적으로 불교적인 것이다. 왜냐하면, 서구의 착취적인 경제 체제가 불교의 제2계인 '훔치지 말라' 는 것에 위배되기 때문이다. 그러므로 착취 경제를 근절하기 위해 일하는 것은 승가의 의무이다. 붓다는 승가가 사회변화에 기여하기를 원했기 때문이다.

부단히 정의를 실현하려고 노력한 그가 여성들에 대해서는 어떤 입장을 지녔을까? 자신을 페미니스트라 부르던 그는 때로 부처님을 지칭할 때 여성대명사인

'그녀(she)'를 사용하곤 했다. 요즘 영어에서 제3자를 가리킬 때 전통적으로 '그 남자(he)'만을 사용하던 것을 '그 남자 또는 그 여자(he or she)'로 바꾸고 있는데 그 추세를 따른 것이다. 부처님은 성이 없다는 뜻이다. 또 불교단체에서 의사결정에 여성을 동등하게 참여시킬 것을 독려했으며, 불경의 번역을 다시 해야 한다고도 주장했다. 수세기 동안 여성을 차별하는 말이 그대로 내려오는 것을 고쳐야 하는 이유는 서구의 선 불교가 발전할 수 있는 최선의 길은 동양에서 전해온 가부장적이고 권위주의적인 모델이 아니라 '합의에 의한 결정'을 통한 승가 관리라고 믿었기 때문이다.

동양 전통의 서구적 변화와 급진적 개혁을 주장한 아잇켄 선사지만 정식 스승을 모시고 정식 교육을 받는 것은 진정 중요하다고 여겨 전통을 그대로 따랐다. 다만 티베트 불교에서처럼 절대적 스승(guru)을 모시고 스승이 하는 모든 일을 가르침으로 보라는 것만큼은 동의하지 않았다. 그는 다만 제자를 깨달음으로 이끌어주는 선생님이 되고 싶었던 것이다.

아잇켄이 일본에서 공부할 때 원각사(圓覺寺)에서 예불을 하던 중 다른 스님들이 9번이나 절을 하는 것을 보고는 너무나 놀랐고 싫었다. 도대체 절이 무엇인지 자신이 여기서 무엇을 하고 있는 건지 알 수가 없었고, 여태까지 개인의 존엄성에 대해 당연하게 생각했던 것이 하루아침에 도전받는 것 같았다. 혼란에 휩싸인 그는 갑자기 선 불교가 싫어지기까지 했다. 그래서 절이 계속되는 동안 자신에게 계속 중얼거렸다. '이건 그냥 앉았다 일어났다 하는 연습이야'라고 말이다. 서양인들이 대체로 그렇듯이 그도 절 수행을 처음부터 당연한 것으로 받아들일 수가 없었던 것이다. 그러다가 1971년 야마다 노사에게 공부를 하면서 절 수행을 처음으로 내면화할 수 있었다.

절을 할 때 두 손을 올리는 것은 붓다의 발을 우리 머리 위로 들어올리는 것이다. 그것은 모든 것을 버리고 놓는 것을 의미한다. 한 학생이 말했듯이 우리

머리에서 모든 것을 내버리는 것과도 같다. 모든 걱정과 선입관을 완전히 버리는 것이다.

호놀룰루에 돌아온 아잇켄은 동양서적 전문서점을 열었고 이때 불교책을 사간 사람들의 이름을 기록해 두었다가 좌선 그룹을 시작하려 할 때 이들에게 연락을 하여 사람을 모았다. 그렇게 해서 1959년 코코 안(Koko An) 선방이 설립된다. 이해 소엔 노사가 와서 참선정진회를 두 번 열었다. 그리고 이 참선 그룹을 다이아몬드 승가라고 이름하는데, 그 이유는 첫째 《금강경(Diamond Sutra)》의 정신을 이어받자는 생각이었고, 둘째 와이키키의 역사적 봉우리인 다이아몬드 헤드(Diamond Head)의 이름을 반영한 것이다.

코코 안에는 매우 의미가 깊은 보리달마상이 있는데 1951년 아잇켄이 일본에서 산 것이다. 소엔 나카가와와 함께 도쿄 거리를 걷다가 불교서점에 놓여 있는 보리달마상을 보았다. 소엔 노사는 언젠가 아잇켄이 미국에 설립하게 될 절에 그 달마상이 본존이 될테니 꼭 사라고 권유했다. 자신에 대한 회의로 가득차 있던 그에게 당시 그 말은 '꿈에라도 그런 일이 일어날까' 싶게 아득한 것이었지만, 서서히 그 예언은 이루어지고 후에 자신이 원하든 원하지 않든 선수행을 하게 된다는 뜻으로 아잇켄이 '싫든 좋든 선(Willy-nilly Zen)'이라고 부른 것을 미국에 설립하게 했다.

1967년 아잇켄은 하와이 본 섬 옆에 있는 마우이 섬에 은퇴해서 살 집을 마련했다. 그런데 이곳은 1965년부터 자유와 반문화를 찾는 히피 세대의 천국이 되었었고 이 섬에 있는 수많은 빈집은 이들의 숙소가 되어 있었다. 아잇켄의 집도 이들 차지가 되어 가끔 주말에 가보면 마약을 하고 쓰러진 젊은이들이 군데군데 있었다. 이 집의 위치나 편안함 때문에 젊은이들은 이 집을 '신의 집'이라 부르고 있었다. 아잇켄은 이 젊은이들을 이해하는 눈으로 보았고 이들에게 무언가 방향을 제시해 주어야 한다고 생각했다. 무언가를 찾아헤매는 이들에게 자신이 도움을 줄 수 있을 것 같았다. 1969년 그는 아예 마우이로 이주하여 마우이 선방을 시작했다. 젊은 시절 아잇켄의 방황이 책에 빠져들고 사적인 꿈을 좇는 것이었다면 히피세대 젊은이들의 방황은 집단적인 것이었다. 이들이 선 불교도들과 공통점이 있다면 피상적인 생각보다는 실제적인 체험을 중시했고, 또 현실에 대해서도 외부로부터 자신들에게 강요된 방법으로가 아니라 내면으로부터 자신만의 방식으로 이해하고 싶어했다는 것이다.

마우이 선방을 시작하고 나서 처음 얼마 동안 아잇켄 부부는 반나의 젊은이들과 거실 바닥에 누워 잤고, 낮에는 이들을 상담하고 위로하며 음식도 만들어 주었다. 벽은 새고 잠자리와 냄비도 늘 부족했고 좌복도 마찬가지였다. 아잇켄은 5시에 기상하여 9시에 취침하고 좌선을 하루 4번 하는 생활시간표를 고시했다. 학생들은 점차 좌선에 익숙해져 갔지만 울력만은 정말 싫어했다. 좌선을 '마약에 취한 황홀경'이라 불렀던 반면 울력은 '마약에서 깨어날 때의 어정쩡한 혐오스러움'이라 불렀다. 아잇켄의 엄한 스케줄 때문에 선방을 떠나는 사람도 생겼지만 그 때문에 일부러 찾아오는 사람도 생겼다.

1986년 아잇켄은 마우이 선방을 닫고 다시 호놀룰루의 코코 안으로 갔다. 이듬해 다이아몬드 승가는 코코 안에서 6킬로미터 떨어진 산악지역의 땅을 매입했다. 이곳에 선방과 장기 정진에 참여하는 가족을 위한 기숙사와 아잇켄의 집을 지었다. 그는 말한다.

우리가 금생에서 하는 일은 문을 여는

〈잠들지 않는 용(The Dragon Who Never Sleeps)〉
"샤워에 들어가기 전에 나는 이 부처의 몸을 씻고 알몸으로 세상에 나갈 것을 모든 중생과 함께 서원하네."

것이다. 바로 이 몸이 부처임을 아는 일이 문을 여는 것이다. 문을 열고 문턱에 들어선 후엔 계속 가는 것이 중요하다. 때로는 문이 도로 닫혀 버릴 수도 있다. 야마다 노사가 늘 말했듯이 찹쌀떡을 아주 예리한 칼로 자르면 금방 도로 붙어 버리는 것과 같다. 삶은 우리가 깨달은 것을 실현하는 곳이다. 선 불교에 이런 말이 있다. '석가모니 부처님도 반밖에 가지 못한 것이다.'

아잇켄은 2001년 3월 텍사스 주에 있는 한 가톨릭 중학교에서 성인(saint)으로 선정되었다. 가톨릭학교에서 스님이 성자로 선정되었다는 것 자체가 드문 일인데, 한 마음으로 가자는 요즘 세상의 긍정적 추세를 반영하고 있는 듯도 하다. 2001년 세수 84세에 들어선 아잇켄이 성스러운 삶의 향기를 미국에 고루 전하고 있음을 단적으로 반영하고 있다고 하겠다. 가톨릭에서 성자라고 하면 교단에서 이를 공식 인정하고 성자로 봉헌하는 의식을 거행한 사람이다. 물론 중학생들이 선정했으므로 공식성은 없겠지만 그만큼 때묻지 않은 동심들의 눈에 성자로 비친 것이라는데 또 커다란 의의가 있다 하겠다. 아잇켄이 이들 가톨릭교도들의 질문에 답한 내용 중 몇 가지만 살펴보자.

　문 : 당신은 행복한가? 행복하다면 그 이유는 무엇인가?
　답 : 나는 은퇴했지만 지금 10번째 책을 집필중이고 이웃과 함께 명상도 한다. 내가 세상에 쓸모있다는 사실이 좋고, 또 그렇게 유용하고 보람 있는 삶을 살아왔기에 나는 행복하다.

　문 : 죽음은 무엇인가?
　답 : 죽음은 놓아 버리는 것이다. 살아가면서 놓아 버리는 일을 계속한다면, 삶속에서도 만족스러운 죽음을 여러 번 체험할 수 있다.

문 : 왜 우리는 가장 사랑하는 사람들에게서 제일 먼저 상처를 받거나 버림을 받을까?

답 : 언제나 '나'가 문제이다. '나, 나, 나' 하는 것 말이다. 나보다는 다른 사람들의 삶을 생각하고 그들에게 부족한 점이나 필요한 것이 무엇인지 생각해 보라. 숨을 한번 깊이 쉬고 생각해 보면, 나의 가장 깊은 상처도 바로 어떤 대상이나 사람을 내 마음대로 하지 못한 것으로부터 온 것임을 알 수 있을 것이다.

아잇켄은 비록 불교의 서양화를 주장했고 급진적인 개혁가였지만 불교의 계를 준수할 것을 모든 이들에게 독려하였다. 미국인들은 어떤 틀이나 규범을 본래 싫어하는 경향이 있는데 아잇켄은 이들에게 계로 표현된 윤리를 지키라고 했다.

《클로버의 마음(The Mind of Clover)》.
"클로버는 책임이라는 것에 대해 생각하지도 않고 아무런 생각도 하지 않는다. 다만 싹을 틔울 뿐이며 주변 세상에 대한 반응으로는 영양을 공급해주는 것뿐이다."

내가 말하는 윤리는 딱딱하고 차가운 돌에 쓰여진 그런 불변의 윤리가 아니라, 흔적도 없고 언제나 자유자재로 변하되 그 본질은 변하지 않는 물로 쓰여진 것과 같은 계이다. 계의 준수가 없이는 불교도 아상(我相)만을 만족시키는 한낱 취미에 불과할 뿐이다.

그는 또 선원은 성스러운 안식처가 아니라 윤리적인 사람들이 밖으로 나가 큰 사회에 참여할 수 있도록 준비시키는 곳이라고 했다. 저서 《클로버의 마음(*The Mind of Clover*)》에서 아잇켄은 불교 10계를 현대의 재가자 생활에 적용할 수 있는 방법을 다각적으로 제시했다. 사람과 식물과 동물이 어우러져 진정 전일한 삶을 살아갈 수 있는 실용적인 지혜를 많이 담고 있는 책이다.

클로버는 책임이라는 것에 대해 생각하지도 않고 아무런 생각도 하지 않는다. 다만 싹을 틔울 뿐이며 주변 세상에 대한 반응으로는 영양을 공급해주는 것뿐이다. 클로버 잎은 세포 하나하나마다 우리에게 법문을 하고 있다. 환경이 허용하는 한 새로운 종을 키워 종을 이어가고, 자신들의 생기를 주변의 흙, 물, 공기, 곤충, 동물과 사람에게도 전해온 클로버는 자신과 주변을 키우고 돌보는 일 말고는 아무것도 하지 않는다.

프랑스 르와르 계곡의 사자후

데시마루 다이센(Taisen Deshimaru, 1914~1982)

일본 조동종의 스님으로 사와끼 고도 스님을 은사로 모시고 수행함. 스승의 유지를 받들어 프랑스로 단신으로 가 전법에 성공, 전세계에 수행센터를 설립함. 조동종의 전통 수행인 묵조선만을 가르치고 화려한 이벤트보다는 조용히 내실을 기하는 수행을 선호함. 저서로 《지금 이 자리에서의 깨달음》《무술로 가는 선의 길(The Zen Way to the Martial(Arts))》《좌선하라(Sit : Zen Teachings of Master Taisen Deshimaru)》 등이 있음.

데시마루 다이센 선사는 일찍이 1960년대에 조동종 종단의 후원 없이 단신으로 프랑스로 건너가 전법을 하고 르와르 계곡에 '겐드로니에르 선 센터'를 세웠다. 이곳에선 묵묵히 좌선하여 영묘한 마음의 작용을 일으킨다는 묵조선(默照禪)을 전통 그대로 실천하고 있다. 묵조선은 갑자기 대오(大悟)를 기대하는 것이 아니라 자기 속에 내재하는 본래의 청정한 자성에 절대적으로 의뢰하는 선으로서 화두(話頭)를 참구하는 간화선(看話禪)과 대비되는 참선법이다. 그러나 자성의 본래 면목을 추구한다는 목적에서는 다같은 것이다.

데시마루는 1967년 7월 러시아 횡단열차를 타고 파리에 도착했다. 이 때 그의 나이는 53세였고, 불어는 전혀 할 줄 몰랐으며, 돈도 한푼 없었다. 가진 것이라곤 오직 세 가지였으니, 바로 가사 한 벌, 스승 사와끼 고도가 늘 지니고 써왔던 노트와 좌복 세 장이었다. 그러나 그는 가슴에 불타는 열정을 지니고 있었으니 바로 자신이 '진정한 선 불교'라고 믿고 있던 그것을 유럽에 펼치는 것이었다. 그의 신념과 열정으로 24년 후인 1991년에는 프랑스에 90개 수행 센터를 비롯하여 전세계에 200곳의 수행 센터를 수립하게 된다.

1914년 사무라이 가정에 태어난 데시마루는 어린 시절 극심한 고독감과 인간이 다른 생명에게 행하는 잔혹함을 경험하는데 특히 할머니의 죽음으로부터 삶의 무상함을 절절히 느꼈다고 한다. 요코하마 대학에 입학하여 경제학과 영어를 전공하는 동시에 힌두교, 그리스도교, 서양 철학을 두루 공부했지만, 결국 인간 딜레마를 해결하는 데는 선 불교밖에 없다는 결론을 내리고 이곳저곳을 둘러보며 수행처를 찾던 중 사와끼 고도가 경책 스님으로 있던 조동종의 본산 총지사(換持寺)를 찾게 된다. 거기서 사와끼의 노트에서 이런 구절을 보게 된다.

홀로 걷는 사람은 홀로 앞으로 나아간다.
누구나 홀로 가는 여행길
성자는 아무것도 부족한 것이 없다.
우주와 하나임을 느끼기에.
나는 왜 좌선을 하는가?
무소득!
아무런 목적도 얻을 것도 없도다.

좌선의 목적이 '무소득'이라고 명시한 이 말에 감동한 데시마루는 바로 제자 되기를 청하였고, 의기투합한 이들은 매실주를 마시며 함께 대취한다. 이때 사와끼는 아직 남을 가르칠 자격이 없었지만 두 사람에게는 그것이 문제가 되지 않았다. 조동종 내의 형식주의를 심히 우려하고 있던 사와끼에게 역시 형식을 중히 여기지 않는 데시마루가 외적 자격이 없더라도 나의 철학에 맞는 스승이니 진정한 스승이라고 즉석에서 제자되기를 청했으니 정말 최고의 인연이라고 할 수 있겠다. 젊은 시절 사와끼를 만난 이후 좌선에 대한 신념이 한 번도 흔들린 적이 없다는 데시마루는 사와끼에 대한 절대적 믿음을 가지고 있었다.

일본에서 조동종과 임제종은 본질적인 것 위에 덧장식이 많이 붙어 있다. 오직 사와끼 스님의 선만이 진법이다. 사와끼 스님 이전에는 일본 스님들은 좌복이 무엇을 의미하는지도 몰랐을 뿐더러 좌선이 무엇인지 정확한 참선 자세가 무엇인지도 몰랐다. 좌선은 그저 앉아서 조는 것이라고 생각했다.

좌선 중 '깨달음을 얻어야겠다'고 목적을 추구하는 것은 어리석은 짓이라고 데시마루는 말한다. 그리스도교의 기도에서라면 그럴 수도 있겠지만 좌선에서는 그것이 틀린 자세라는 것이다.

지금 이 순간, 바로 지금 이 순간에 견성이 가능하다. 지금 이 순간에 깨달음이 있다.

데시마루가 프랑스로 온 것은 스승 사와끼의 유언을 받든 것이다. 1965년 사와끼는 입적하면서 이런 말을 남겼다.

인도에서 불교가 사라지자 보리달마 대사가 불교를 가지고 동쪽으로 왔다. 이제 일본 불교는 죽었다. 이제 너는 이 진법을 서쪽으로 가지고 가서 법이 융성하게 하라.

스승이 입적한 후 49일 동안 좌선에 들었던 데시마루는 곧 러시아를 경유하여 프랑스로 갔다. 트룽파 린포체가 스코틀랜드에 삼예링 센터를 설립한 1967년에 데시마루도 파리에 도착한다. 데시마루가 독특한 점은 조동종에서 전법자금을 주어 해외에 파견한 사절단이 아니라 자신의 가슴속에서 우러나는 뜻에 따라 스스로의 결정으로 프랑스로 갔다는 것이다. 그는 1970년에 유럽 선 불교협회를 창립한다.

묵조선만을 가르친 데시마루의 가르침의 특징으로는 우선 제자들의 수행을 점검하는 개인적 인터뷰를 하지 않는다는 것이다. 그의 선원에서는 독경이나 진언을 하지 않고, 참선할 때 호흡을 세거나 어떤 이미지를 떠올리지도 않는다. 심지어 깨달음도 목적으로 추구하지 않는다. 데시마루의 선원에서 하는 수행은 오직 좌선과 행선뿐이다. 좌선 자체가 이미 깨달음이기 때문이라고 그는 말한다. 또한 이곳에선 티베트 카규파의 종정인 칼마파 같은 큰스님이 와도 특별법회를 하거나 떠들썩한 이벤트를 만들지 않는다. 다만 대중과 함께 앉아 좌선을 할 뿐이다.

데시마루가 일본 본사에서 인정을 받지 못한 것은 무슨 까닭일까? 불교처럼 존재의 본질에 영향을 미치는 것을 다른 문화권에 심으려면 그 문화권에 적응하는 다양한 변화가 필요하다. 불교가 서양으로 가서 그쪽 문화의 이질적인 요소를 닮아갈 때 전통만을 중시하는 본사에서는 그 변화가 달갑지도 않고 곱게 보이지도 않는다. 그래서 서구에서 전법에 성공한 스님치고 본사 쪽에서 미움을 받거나 이상한 별명을 갖지 않은 사람은 없는 듯하다. 데시마루의 스승이 이미 조동종에서 검은 양 취급을 받았었고, 그 제자인 데시마루의 전법활동도 독자적으로 이루어지다 보니 그리 되었던듯하다. 그래도 데시마루가 세계적으로 인정을 받게 되는 1980년에는 정식 전법사 직위인 '가이교소칸'을 조동종에서 준다.

그런데 데시마루의 스승 사와키가 2차대전 중 전쟁을 두둔하는 발언을 해서 불교계에 파문이 일었던 적이 있다. 1997년 서구 불교계를 뒤흔들어 놓은 책이 한 권 출판되었다. 바로 브라이언 빅토리아(Brian Victoria)가 저술한 《전선으로 간 선불교(Zen at War)》이다. 서구의 종교는 거의가 다 전쟁에 개입했지만, 불교만은 그런 일이 없는 평화의 종교라는 것이 지금까지 서구인의 인식이었다. 그런데 빅토리아가 나서서 '그렇지 않다. 2차대전 중 일본이 전쟁에 이기기 위한 정신무장을 함에 있어 선승들이 참선을 통한 의식강화교육에 앞장섰고, 또 공공연히 무력

제패주의를 두둔하는 글을 쓰고 말을 했다'는 것을 증언한 저술을 펴낸 것이다. 다시 말하면 불교가 전쟁의 시녀로 쓰이고 천황의 어용으로 전락했다는 것이다. 그에 대해 조동종 본사에서는 공개사과도 했다. 그래도 데시마루 단체의 사와끼 스님은 '그런 행동을 뉘우치고 개탄하는 발언도 많이 했다'고 옹색한 변명을 했다.

　데시마루는 교육에도 관심이 많았다. 그는 요즘 부모들이 너무 유약하고 방임적 교육을 하여 아이들을 제대로 키우지 못하고 있다고 지적한다. 데시마루에 따르면 개성과 강한 자아는 같은 것이 아니다.

좌선중인 데시마루
"첫째, 좌선은 법으로 들어가는 진정한 문이며, 영원히 진정한 평화와 자유로 가는 문이다.
둘째, 좌선은 최선의 놀이이다. 나는 여러분과 함께 놀 수 있어서 정말 기쁘다.
셋째, 좌선을 통해 우리는 이미 혼자가 된다. 그래서 자신과 친구가 되고 에고와도 친구가 된다. 그러면 죽을 때 두려울 이유가 없어지고 자연스럽게 죽을 수 있다."

자신의 독창성으로 돌아가는 것이 개성이다. 나쁜 업을 제거하면 좋은 업만이 남는데 그것이 바로 자신의 독창성이다. 자신만의 독창성을 발견하는 길이 바로 좌선이다. 현대 교육에서는 모든 사람을 같은 방식으로 교육한다. 그러니 진정한 독창성이 이루어질 수 없는 것은 당연하다. 대량 생산, 대량 교육으로 인해 부모조차도 자식의 진정한 독창성을 찾을 수가 없게 되었다. 사람들은 '나'라는 것에 대해 혼동을 한다. 지나치게 강하고 부정적인 자아를 가진 이들은 아상에 너무 집착한 나머지 진정한 독창성을 발견하지 못한다. 현대 교육이 간과하고 있는 것은 모든 사람이 각기 다 다르다는 사실이다.

좌선만이 수행의 길이라고 말하고 실천했던 데시마루는 좌선을 무엇이라 말했을까?

첫째, 좌선은 법으로 들어가는 진정한 문이며, 영원히 진정한 평화와 자유로 가는 문이다.

둘째, 좌선은 최선의 놀이이다. 나는 여러분과 함께 놀 수 있어서 정말 기쁘다.

셋째, 좌선을 통해 우리는 이미 혼자가 된다. 그래서 자신과 친구가 되고 에고와도 친구가 된다. 그러면 죽을 때 두려울 이유가 없어지고 자연스럽게 죽을 수 있다.

2. 상좌부 불교

유럽 최초로 지속 가능한 승가를 세우다 아잔 수메도
55세에 출가하여 비구니를 최초로 단합시키다 아야 케마

유럽 최초로 지속 가능한 승가를 세우다

아잔 수메도(Ajahn Sumedho, 1934~)

 영국에서 태어난 비구. 아잔 차의 최초의 서양인 제자이며, 영국 숲속에 칫타베비카 승원을 세워 서구에 지속 가능한 승가를 최초로 세움. 아잔 차 사후에 서양에서의 전법을 총괄하고 있음. 저서로 《마음과 도(The Mind and the Way : Buddhist Reflections of Life)》 《스님의 가르침(Teachings of a Buddhist Monk)》 등이 있음.

아잔 수메도는 아잔 차의 서양인 수제자이다. 1992년 작고한 아잔 차는 부처님 당시처럼 숲속에서 수행하는 태국의 큰스님이다. 부처님 당시 사문들이 했던 그대로 마을에서 탁발하고 숲에서 참선하는 이들을 산림 수행자라고 부른다. 불가의 의례와 사람들의 관혼상제 의식을 주로 집전하는 마을 스님에 대비되는 개념으로 수행에만 몰두하는 이들을 산림 스님이라 부르는 것이다.

아잔(Ajahn)은 태국어로 스님이라는 존칭이다. 자루 스님처럼 환히 웃는 후덕한 모습의 아잔 차에게는 일찍부터 서양인 제자들이 찾아들었다. 이들이 원하는 가르침을 단순한 말로 잘 전해주었기에 그를 찾는 서구인들이 늘어났고 그들 중 다수가 고국으로 돌아가 수행을 계속하였기에 상좌부 불교가 선 불교보다 앞서 유럽에 진출할 수 있었던 것이다.

아잔 차는 늘 혼자서 숲속에 들어가 명상과 고행을 했고 그렇게 하는 데 아무런 어려움도 느끼지 않았다. 그러나 일단 승원으로 돌아와서 며칠만 지나면 다른 사람과 함께 지내는 것이 너무 어렵다는 것을 깨달았다. 그래서 나중에는 어려운 것을 더 많이 공부해야겠다 싶어 승원에 더 오래 머물며 수행을 했다. 후에 그가 제자들을 지도할 때도 이들을 승원에 모아 놓고 모여서 살아가는 훈련을 집중적으로 시켰다. 그래서 아잔 차의 제자들이 명상을 별로 하지 않는다느니 늘 들에서 일만 한다느니 하고 비난하는 사람들도 있었지만, 그는 끄떡도 하지 않고 자신의 방법을 고수했다. 승가 공동체의 단체 생활에서 계율을 지키며 생활하는 것이 깨달음의 길에서 진정 중요하다고 생각했기 때문이다. 그가 제자들에게 명상을 잘 교육시키는 스승이었음은 곧 모두가 인정하게 되었다. '태국 제일의 성자' 그리고 '태국 불교의 등불'이라고 불렸던 그는 태국에서 가장 많은 제자를 가진 스님이었고, 그가 태국 내에 개원한 승원 역시 140개로 가장 많았다.

한국의 숭산(崇山)과 교류도 하였고 자신의 저서에 숭산이 서문을 쓸 정도로 친분이 있던 아잔 차는 체구도 크고 호방했으며 짧고 힘있는 말로 법을 전달했다. 한번은 제자들에게 지팡이를 손에 들고 물었다.

이 지팡이 크기가 어떠한가?

제자들은 묵묵부답이었다.

그것은 이 지팡이가 사용되는 곳에 따라 달라지지 않겠느냐! 더 큰 지팡이가 필요하다면 이 지팡이가 작게 여겨질 것이요, 더 작은 지팡이가 필요하다면 이 지팡이가 크다고 여겨질 게다. 그러니 이 지팡이는 큰 것도 아니요, 작은 것도 아니다. 결국 크니 작으니 하는 것은 욕망의 산물인 것이다. 번뇌는 이렇게 해서 일어나는 것이니라.

생활 속에서의 수행을 강조했던 아잔 차는 명상할 시간이 없다고 말하는 것은 부질없는 핑계라고 했다.

숨쉴 시간이 있다면 명상할 시간도 있는 것이다. 걸을 때도 숨을 쉬고, 서있을 때도 숨을 쉬고 누워 있을 때도 숨을 쉬지 않는가? 명상도 그렇게 하면 된다.

1934년 미국 시애틀에서 태어난 수메도는 처음에 그리스도교에 강한 믿음을 가지고 있었지만 믿음만을 강조할 뿐 수행법이 없는 것에 실망했다고 한다. 워싱턴 대학에서 극동학을 전공하고 다시 UC 버클리에서 아시아학으로 석사학위를 받은 그는 평화봉사단이 되어 타일랜드에 왔다가 1966년 아잔 차의 왓파퐁에 온 최초의 서양인이 되고 거기서 계를 받는다.

1977년 아잔 차는 영국 승가 후원회(English Sangha Trust)의 초청으로 영국을 방문했다. 이 때 10여 년 동안 키워온 영국인 수제자인 아잔 수메도가 동행했다. 아잔 차는 얼마 후 귀국했지만, 영국에서 다르마를 구하는 열기가 뜨거움을 감지했기에 아잔 수메도를 불교도가 보시한 아파트인 헴스테드 승원(Hempstead Vihara)에 남겨두고 갔다. 법을 전하되 태국에서 산림 수행자들이 하던 그대로 전하라고 명하는 스승에게 수메도는 물었다.

불법을 전혀 모르고 탁발이 무엇인지도 모르는 이 불모의 지역에서 꼭 탁발을 나가야 합니까?

스승은 탁발 말고 다른 어떤 방법으로 법을 전할 수 있단 말이냐고 되물었다. 그래서 수메도는 아침 명상을 지도한 후에는 매일 아침 아파트를 나와 주택가와 인근 공원으로 탁발을 갔다. 아무도 공양을 주지 않았지만 그는 탁발을 계속했다. 그렇게 해서 몇 달이 지난 어느 날 공원 안을 돌고 있던 그에게 한 노인이 다가왔다. 도대체 매일 같은 시각에 나와서 똑같은 코스를 걸어다니는 이유가 무엇인지 노인은 궁금했다.

예, 저는 불교의 사문입니다. 이렇게 아침마다 주변을 도는 것은 주민들을 만나 부처님 말씀을 전하고 주민들이 부처님께 공양을 올릴 수 있는 기회도 만들기 위해서입니다.

그렇게 얘기를 주고 받던 중 노인은 이들이 제대로 수행을 하려면 숲이 필요하다는 것을 알게 되었다.

"숨쉴 시간이 있다면 명상할 시간도 있는 것이다. 걸을 때도 숨을 쉬고 서있을 때도 숨을 쉬고 누워 있을 때도 숨을 쉬지 않는가? 명상도 그렇게 하면 된다."

그렇다면 나한테 스님이 쓰기에 딱 맞는 숲이 있는데 내가 그걸 기증하리다.

그렇게 해서 영국 남부의 웨스트 서섹스(West Sussex)에 소재한 아름다운 청정 림인 해머우드(Hammerwood) 숲에 수행자들이 법을 수행하고 전할 수 있는 터전이 생기게 되었던 것이다. 108에이커 규모의 칫타비베카(Chittaviveka ; '고요한 마음'의 뜻) 승원이 유럽 최초의 산림 승원이 된 것이다. 지성이면 감천이라는 말은 이런 경우를 두고 한 말일 게다. 1984년에는 두번째 승원인 아마라바티(Amaravati ; '無死界'의 뜻)를 설립하고 아잔 수메도가 승원장이 된다. 이어 영국과 다른 나라에 승원이 늘어나는데, 영국에 노섬버랜드(Northumberland) 승원과 드본(Devon) 승원, 스위스에 칸데르스탁(Kanderstag) 승원, 이태리에 세자로마노(Sezza-Romano) 승원, 뉴질랜드에 웰링턴(Wellington) 승원, 오스트레일리아에 서펜틴(Serpentine) 승원 등이 설립되었다.

미국에는 캘리포니아 주 샌프란시스코 시 근처의 멘도치노 카운티(Mendocino County)에 소재한 레드우드 밸리(Redwood Valley)에 120에이커의 숲을 기증받아 승원을 지었다. 이 땅을 기증해준 사람은 인근에 있는 중국 사원, 만불사의 수안 후아(宣化) 스님이다. 어느 날 밤 꿈에 육조 혜능이 와서 이름을 수안 후아(Hsuan Hua)라 지어주고는 서양으로 가서 불법을 펼치라고 명했기 때문에 서양으로 왔다는 수안 후아 스님은 샌프란시스코에 골든 마운튼(金山寺)을 짓고, 이어 만불사(The City of Ten Thousand Buddhas)를 지었다. 만불사는 유치원부터 대학원까지 모두 갖추고 있는 거대한 절이며, 그래서 이름도 절이 아니라 '도시'라고 지은 듯하다. 수메도와 친분이 두터웠던 수안 후아는 입적하기 전에 만불사의 땅 일부를 떼어 기증하며 이런 당부를 했다고 한다.

남방 불교와 대승 불교가 서로 화합하여 하나가 되어 부처님의 바른 가르침을 미국에 잘 심을 수 있기를 바랍니다. 그것이 제 평생의 꿈입니다.

수안 후아가 입적하면서 제자들에게 남긴 당부가 하나 더 있다.

내 몸을 화장한 후에는 재를 공중에 흐트려라. 그밖에 다른 것은 필요없다. 이 세상에 올 때 무로 왔으니 갈 때도 아무런 흔적을 남기고 싶지 않다. 허공에서 와서 허공으로 돌아가련다.

스승 수메도에게서 승원 건립 지시를 받은 아잔 아마로는 절의 이름을 '아바야기리(Abhayagiri ; '두려움없는 산'의 뜻)'라고 지었다. 오래 전에 스리랑카에 있었던 아바야기리 승원에서는 대승 불교와 상좌부 불교가 조화롭게 공존하면서도 화합된 공동체를 유지했었는데 이를 기리고 따르기 위해서 그 이름을 따온 것이라고 한다. 아바야기리에서 수행하던 스님은 4세기에 5,000명에 달했었다고 한다. 현재 아바야기리 승원은 아잔 파사노(Ajahn Pasano)와 아잔 아마로(Ajhan Amara)가 공동 승원장으로 있다. 파사노는 15년간 태국의 나나차트 사 승원장으로 있다가 아바야기리로 왔고, 아마로는 1978년 태국에서 아잔 차의 제자가 된 후 영국의 칫허스트 승원에 있다가 1996년 아바야기리로 왔다.

현재 아바야기리에 주석하고 있는 스님들은 위 두 사람 외에도 1990년 비구니 십계를 받은 오스트레일리아인 지틴드리야(Jitindriya), 1992년 비구 팔계를 받은 영국인 타누타로(Thanuttaro), 1998년 아마로에게 비구 10계를 받아 아잔차 법맥에서 미국 최초의 승원에서 계를 받은 최초의 미국인 스님이 된 카루나다모(Karunadhammo)를 비롯한 4명의 스님이 수행에 정진하고 있다. 이곳에서는 〈두려움없는 산(Fearless Mountain)〉이라는 잡지도 발행하고 있다.

아마로가 명상에 대해 설명한 것을 보면 아무것도 모르는 사람도 알 수 있을 만큼 명쾌하다. 그가 명상을 젊은이들이 자주 드나드는 실내 사격장에 비유한 말을 들어보자.

명상 수련회에 참석하거나 장기간 선방에 있는 것도 좋지만 그 단점은 명상과 생활을 분리시킨다는 것이다. 명상은 마음 안에 여유공간을 만들고 이를 광대하게 넓히는 것과 같다. 좀더 쉽게 말하면 실내 사격장에 가서 오리를 쏘아 넘어뜨리는 것과 같다. 다만 명상에서 쏘아 넘어뜨리는 것은 단순한 오리가 아니라 '생각'이라는 오리와 '감정'이라는 오리인 것이다.

그리고 장기 수련회에만 가끔 참석하여 명상을 하고 평소에는 하지 않는 생활의 단점을 게릴라전에 비유했다.

또 하나 명상 수련회에서만 명상을 하고 평소 생활에서 하지 않는 것의 단점은 거리에서 사격전을 벌여 적을 소탕하는 것과 같다. 사격이 끝난 후 거리는 깨끗해 보이지만 실은 게릴라들이 도처에 복병으로 숨어 있다. 마찬가지로 수련회에선 마음이 깨끗해진 듯 하나 세상 속으로 나오면 도로 혼탁해진다. 그래서 아잔 차가 늘 강조했듯이 같은 공동체에서 탁발도 하고 울력도 하며, 즉 몸에 흙을 묻히며 수행을 실천해야만 진정한 평화를 체험하는 것이다.

산림 승원의 스님들은 오늘도 전세계에서 그 개조(開祖) 아잔 차의 단순 솔직하고 직접적인 가르침과 생활과 밀접히 연결된 법을 전하고 있다. 이들은 오늘도 아잔 차가 평생을 가르침의 본산으로 삼은 왓빠퐁 입구에 세워진 팻말에 쓰여있는 의미심장한 질문을 인연있는 중생들에게 던지고 있다.

법을 실천하고 진리를 깨닫는 것, 금생에 오직 한 가지 가치있는 일입니다. 지금이 바로 시작할 시간 아닐까요?

55세에 출가하여 비구니를 최초로 단합시키다

아야 케마(Ayya Khema, 1923~1999)

독일에서 유태인으로 태어남. 55세에 출가하여 1987년 비구니계를 받았으며, 1989년 독일에 붓다 하우스를 설립. 1997년 독일 최초의 산림 승원인 '메타 비하라'를 뮌헨에 설립하여 독일어로 비구계를 집전한 최초의 스님을 배출했고, 1987년 세계 최초의 비구니 국제대회를 주관. 1987년 스리랑카에 '파푸두와 비구니 섬'을 설립하여 서양 여성들이 와서 머물며 수행할 수 있는 터전을 마련함. 저서로 《이 생명 다 바쳐서》《비움》《나는 누구인가(*Who is Myself? : A Guide to Buddhist Meditation*)》 등이 있음.

아야 케마는 독일에서 태어났고 스리랑카에서 계를 받아 스님이 되었다. 그의 조국 독일은 수행으로서의 불교가 아니라 철학, 문화로서의 불교가 가장 활발하게 토론되고 펼쳐졌던 곳이다. 독일은 일찍부터 불교와 인연이 많았고 불교 애호자, 지지자가 많았던 나라이다. 19세기의 위대한 독일 철학자 쇼펜하우어(1788~1860)는 말했다.

나의 철학을 진리의 기준으로 삼는다면 세계의 종교 중 가장 뛰어난 것이 불교라고 생각한다.

인도철학과 불교에 지대한 관심을 가졌던 그의 사상은 이후 니체 같은 철학자, 토마스 만 같은 문학가, 바그너 같은 음악가에 영향을 미치게 된다. 다른 철학자들이 모든 것을 포용하는 조화를 이야기하고 있을 때 그는 홀로 존재론적 차원에서 인간의 고통과 생의 딜레마를 깊게 숙고했으며, 융이 지적했듯이 인간을 둘러 싸고 있는 적나라한 고통과 그로 인한 혼란, 열정, 악을 이야기할 수 있었던 용기 있는 사람이다. 독일의 사회학자 막스 베버는 불교를 '내세 중심의 고행주의'라 고 보았고 '이 세상에 대해 무관심한' 종교이며 '외부세계로부터 물러난' 종교이 며 '행동하지 않는 윤리'를 중시한다고 했다. 베버 덕분에 서구에서는 불교를 이 세상에 관련된 행동을 하지 않는 허무주의로 보는 시각이 퍼졌고 오늘날까지도 그 흔적이 남아 있다.

1951년 헤르만 헤세는 소설《싯다르타》를 써서 불교와 힌두교 사상을 다시 한 번 독일과 세계에 전하였다. 쇼펜하우어는 집안에 불상을 모셔 놓았고 하이데거 는 말년에 일본식 선에 심취해 흑림(黑林) 속에 일본식 다실(茶室)을 닮은 초막을 지어 놓고 일본의 대선사들을 초대했다. 이로 인해 하이데거는 본국에서보다 일 본에서 훨씬 인기 있고 인정받는 사람이 되었다.

불과 150년밖에 안 되는 서양 불교의 역사에서 독일이 차지하는 위치는 특이하 다. 일찍부터 불교와 접하여 불교를 철학, 역사, 학문, 예술로 전하는 개척자와 전 달자 역할을 맡아서 한 긍정적인 면과 그들이 전한 불교의 이미지가 왜곡되어 있 었다는 부정적인 면이 엇비슷하게 존재한다. 그러면서도 독일이라는 땅에 뿌리 박고 불교를 수행하며 전하는 사람은 별로 없어 현재도 불교도 수가 서양에서 5 위이며 이중 반은 베트남 이민들이라고 한다. 독일에는 티베트 불교의 승원, 미국 의 젠 피스메이커 오더(Zen Peacemaker Order), 틱낫한의 접현종(接現宗)의 지부 가 설립돼 있다.

독일인으로서 티베트의 스님이 된 고빈다 라마(1898~1986)는 인도의 타고르 대학에서 공부하면서 불교에 심취해, 원래 독일의 음악가였다가 미얀마로 들어 가 스님이 된 니안틸로카의 제자가 되어 계를 받는다. 이후 티베트로 들어가 토 모 게세 린포체의 제자가 되어 티베트 불교로 전향한다. 고빈다 라마는 그러나 독일이 아닌 인도에 아리야 마이트레야 만달라 불교 종파를 세웠다. 화가이며 시인이었던 그는 각 지방을 돌아다니며 불교 강연과 전시회를 가지며 동양과 서양을 잇는 가교역할을 했다. 《구루의 땅》이라는 저술로 우리에게도 잘 알려져 있다.

독일인으로서 스리랑카에서 계를 받아 비구니가 된 아야 케마(Ayya ; '스님'의 뜻)의 일생을 보면 드라마보다도 더 극적이다. 나치가 득세를 하던 시절에 유태인의 딸로 태어나 불안한 어린 시절을 보낸 케마는 1938년 15세때 200명의 어린이 피난단에 섞여 영국으로 떠났다. 샹하이로 피난했던 부모에게 2년 후 찾아가 합류하지만 2차대전의 발발로 인해 다시 가족은 일본 포로수용소에 갇히게 되고 그곳에서 아버지가 돌아가신다. 미군이 진주하여 포로들이 해방되자 4년 후 케마 가족은 미국으로 이민을 간다. 결혼하여 1남1녀를 둔 아야 케마는 60년대에 남편과 함께 히말라야를 포함한 아시아 각국을 다니게 되고 거기서 명상을 배웠다. 그가 원했던 것은 깨달음으로 가는 정확한 길과 지침이었지만 아직은 그것을 찾지 못하고 있었다.

1973년 오스트레일리아에 살고 있던 케마는 영국의 비구 칸티팔로(Khantipalo)를 만났다. 그리고 비로소 자신이 이해할 수 있고 실천할 수 있는 실용적인 깨달음의 길을 발견했다. 수행에 방해가 되는 다섯 가지 장애를 배우고 그것들을 자신의 삶에서 하나하나 제거해 가면서 케마는 희열을 느꼈다. 3년 후 칸티팔로가 함께 가르침을 펴자고 권유하자 기꺼이 그를 따랐다. 1979년 55세라는 늦은 나이에 케마는 출가하여 스리랑카에서 니안포니카의 제자가 되었다. 오스트레일리아 시드니에서 차로 2시간을 달려 도달하는 다라그 국립공원 안에 있는 '왓 붓다 다마(Wat Buddha-Dhamma)'를 이전에 설립했고, 또 칸티팔로와 함께 전법을 했었기 때문에 케마는 스님이 되는 것이 당연한 절차라고 생각했다. 자신의 일생에서 스님이 된 것이 제일 잘한 일이었다고 회고하던 케마는 사미니계를 받은 후의 해탈감과 안도감을 이렇게 표현한다.

명상의 바위에 앉아 수행중인 아야 케마
"수행은 무언가 특별한 것이 아니다. 그저 자신의
온몸과 온마음일 뿐이다. 조금도 특별한 것이 아니
다. 그냥 자신일 뿐이다."

이제는 누군가가, 무엇인가가 되려고 애쓸 필요가 없어졌다. 예뻐질 필요도 매력적일 필요도 재미있는 사람이 될 필요도 부자가 될 필요도 없어졌다. 다만 가사를 걸치고 최선을 다하기만 하면 되는 것이다. 가사를 입은 나는 그저 사람일 뿐이다. 누가 나를 좋아한다면 좋은 일이다. 누가 나를 좋아하지 않는다면 그 또한 문제될 게 없었다.

1987년 로스엔젤레스의 시라이(Hsi Lai) 사(寺)에서 비구니계를 받은 케마는 1989년 독일에 '붓다 하우스'를 설립해 원장이 되었으며, 97년에는 독일 최초의 산림 승원인 '메타 비하라'를 뮌헨에 설립하여 독일어로 비구계를 집전한 최초의 스님을 배출하였다.

케마는 많은 비구니 제자를 키웠고 여성문제에도 관심을 기울였다. 여성들이 힘을 합치는 것이 중요하다고 믿었기에 1987년 세계 최초의 비구니 국제대회를 주관하여 열었다. 그로 인해 세계 여성 불교 단체인 '샤카디타' (Sakyadhita ; '붓다의 딸들'이라는 뜻)가 탄생했다. 1987년에는 비구니로서는 최초로 유엔에 초청되어 불교와 세계 평화에 대해 강연을 하였다. 1987년엔 또 스리랑카의 비구 섬 바로 옆에 '파푸두와 비구니 섬'을 설립하여 서양 여성들이 머물며 수행할 수 있는 터전을 마련하였다.

비구니 섬을 설립할 때 케마는 남성들의 횡포에 가까운 저항과 싸워야 했다. 처음에는 비구 섬에 너무 가까워 비구들이 헤엄쳐 건너올 수도 있으니 안 된다고 반대했다.

정말 건너오는 데 성공한다 해도 너무나 지쳐서 그밖에 다른 건 할 기력조차 없을걸요.

케마가 그렇게 응수하자 이번에는 산적들이 와서 도적질하고 비구니들을 강간할 것이라고 겁을 주었다.

여기 있는 서양 여자들은 토박이 산적들보다 체구가 두 배는 될걸요.

그 시절을 회고하며 케마는 시원하게 너털웃음을 터트렸다.

1987년 케마는 미국의 UC 버클리에서 열린 불교-그리스도교 대화에 참석하였다. 12일간 밤마다 1시간씩 1개의 강연을 했는데 이중 11일은 남성들이 발표했고, 단 하루만 여성들에게 돌아갔다. 그것도 그리스도교도 2명, 불교도 2명으로 4명의 여성이었으니 한 사람에게 15분의 시간이 주어진 셈이었다. 케마는 '한 개 가격으로 네 사람 말을 들을 수 있으니 여러분은 복도 많다'고 농담을 던졌지만 실은 불교계에서 여성들에게 실어주는 비중이 그 정도 밖에 안 되었다는 것을 꼬

집은 것이었다. 물론 주최측이 의도적으로 그런 것은 아니었지만 80년대 말 가장 개방적이라는 미국에서 그런 일이 아무런 거리낌 없이 일어나고 있으니 페미니스트로서 우려가 되었다는 것이다.

붓다는 말씀하기를 "다르마는 모국어로 배워야 하며 명확한 방법으로 가르쳐야 한다. 그 과정에서 가르침의 정수가 흐려지면 안 된다."고 했다. 전법자가 사람들의 생각에 맞추려 하고 사회적 인정을 구하려 할 때 해탈로 이끄는 법은 장엄과 광휘를 잃게 된다. 사회의 목적이 무언가를 얻고 무언가가 되려 하는 것임에 반하여, 해탈의 길은 놓아 버리는 것이며 그저 존재하는 것이기 때문이다. 그러므로 사회의 갈망에 영합한 희석된 불교는 부분적 진리만을 담고 있는 심리극, 정신병자를 치료하기 위해 쓰이는 심리극이 되기 쉽다고 케마는 경고했다.

쉽고 아름다운 말과 문체로 사람들의 가슴에 다가가는 아야 케마는 영어와 독일어 저술이 25종에 이르며, 이중 일부는 7개 국어로 번역되었다. 또한 1987년에 출간된 《비움(Being Nobody, Going Nowhere)》(한국에서 출판됨)은 크리스마스 험프리 상을 받았다.

아야 케마는 딸이 살고 있는 미국 캘리포니아 주를 자주 방문하여 명상을 가르쳤다. 그리고 그곳 사막의 불교센터에는 친구 루스 데니슨(Ruth Denison)이 주석하며 위빠싸나와 상좌부 불교를 가르치고 있었다. 케마가 말을 할 때는 놀라운 힘이 느껴진다고 한다. 커다란 눈을 더 크게 뜨고 자주 웃으며 대단한 열기로 이어가는 그의 설법은 거의 몸으로 그대로 다가오는 듯하다는 것이다.

유방암이라는 진단을 받았을 때 케마는 남은 생을 약물과 치료에 얽매이지 않고 하고 싶은 일을 하는 데 쓰겠다고 마음먹었다. 아무런 약도 먹지 않고 화학요법도 쓰지 않고 더 이상 움직일 수 없을 때가 오면 그냥 가리라 마음먹고 그저 전법에만 열중하며 살았다. 9년째가 되자 고통이 심해지기 시작했고, 진통제를 많이 먹어야 하는 상황이 되어 수술을 받았다. 병원에 있는 동안에도 간호사들이 다르마에 대해 물어왔기 때문에 행복한 시간을 보냈다고 한다. 또 병원에 있던 5

주 동안은 동분서주 하느라 한시도 쉬지 못했던 몸을 쉬게 할 수 있어 좋았다고도 했다. 이후 케마의 전법은 큰 변화를 겪게 된다.

이제 전법을 할 때 케마는 마음을 다 비웠다. 모든 것을 놓아 버렸고 아무것도 부족한 것도 원하는 것도 없는 마음이었다. 그 동안 병원에서 두 차례나 죽음에 임박한 체험을 했다. 힘이 다 빠져 나가고 말조차 안 나오고 모든 기능이 자신을 떠나가는 것 같은 근사(近死) 체험 말이다. 거기에 대해 아무런 미련이나 저항도 없었지만 의사와 간호사들이 너무 애를 쓰니까 자신도 보답으로 조금은 애를 써야겠다는 마음이 들었다고 한다. 병원에서 근사 체험을 하면서 이미 수자상(壽者相)을 놓아 버렸다는 케마는 병이 진정한 스승이라고 말한다. 이미 자신에게는 "유리가 깨졌기" 때문이다. 아잔 차가 언젠가 방에 왜 그렇게 물질문명적인 물건이 많으냐는 일반인의 질문에 했던 대답을 인용한 것이다.

당신에게는 이것이 유리잔으로 보이겠지만 내게는 이미 부서진 유리일 뿐이오. 탁자 위에 잔의 형상을 갖추고 존재할 때 나는 이 잔을 사용하오. 이 유리는 태양빛에 아름다운 색채를 드러내기도 하고 스푼으로 때리면 아름다운 소리도 나오. 그럼에도 불구하고 이 유리잔은 내게는 이미 부서진 것이오.

1999년, 자신이 설립한 독일의 붓다 하우스에서 입적한 케마는 자신의 삶이 모든 것을 '놓아 버리는' 하나의 커다란 과정이었다고 말했다. 드라마보다 더 드라마틱한 자신의 삶 구비구비에서 맞닥뜨린 어려운 일들은 바로 자신을 가르치는 자애로운 스승이었다는 뜻일 것이다.

2000년대를 맞아 불교계에서는 페미니즘이 거세게 일고 있다. 불교가 서양에서 융성하기 때문에 그러하고, 또한 70년대에 불교를 수용한 세대 중 다수가 대학 졸업자 내지 대학원 졸업자라서 '엘리트 불교'라는 말이 나왔고, 그러다 보니 더욱더 불교가 페미니즘에 기여할 수 있는 바가 무엇인가 원하는 여성 불자들이 많기 때문이다. 그러나 현재 이 분야의 스승과 비구니 스님이 많이 부족하다고 한다. 아야 케마는 세계 최초로 비구니를 단결시켰고 수많은 차세대 비구니를 키워 불교 페미니즘의 초석을 놓았다는 면에서 중요한 공헌을 한 사람이다.

남들이 은퇴하여 안락한 삶을 꿈꾸고 손자 볼 생각을 할 55세라는 나이에 모든 것을 버리고 출가했던 케마가 늘 되풀이 하여 일러주었던 수행이란 어떤 것일까?

수행은 무언가 특별한 것이 아니다. 그저 자신의 온몸과 온마음일 뿐이다. 조금도 특별한 것이 아니다. 그냥 자신일 뿐이다.

3. 티베트 불교

깨달은 사람을 더 많이 키우자

달라이 라마(Dalai Lama, 1935~)

제14대 달라이 라마. 1959년 인도로 망명하여 다람살라에 망명정부를 가진 티베트의 승왕. 21세기 사람들의 내면과 외면 평화를 위해 모든 종교가 함께 노력해야 한다는 초종파주의를 표명하며, 단순하고 실용적이며 이성적인 가르침으로 서구 사회의 모든 계층에 폭넓게 전법을 하고 있음. 저서로 《마음을 비우면 세상이 보인다》 《달라이 라마의 행복론》 《깨달음의 길》 등이 있음.

달라이 라마는 억압받고 있는 티베트 민족의 대표이다. 그러나 그의 모습에는 약자의 그늘이 없다. 전세계 정신의 대표 역할을 하고 있는 것이다. 서양에서는 오랫동안 교황이 정신의 표상이었다. 그러나 지금은 너무나 교조적이고 수직적, 권위적이며 이성에 위배되는 면이 많다는 이유로 교황을 이전처럼 따르는 사람이 많이 줄었다. 그런 회의 계층을 흡수하고 있는 인물이 달라이 라마이다. 세월을 두고 입증된 수행법이 존재하며 이성의 날카로운 칼을 댈수록 더욱 그 빛을 발하는 불교라는 종교를, 달라이 라마라는 인물이, 현실의 고난에도 약해짐 없이 부드러우면서도 힘찬 정신을 표상하는 행동으로 주변에 전하고 있기 때문이다.

그의 전혀 예사롭지 않은 삶은 몇번이나 영화화되어 불교를 모르는 사람들에게도 다가갔다. 티베트인들의 평생 소원이 달라이 라마를 한번 친견하는 것이라면 그러한 마음은 이제 서양인에게도 그대로 옮겨간 듯하다. 달라이 라마가 직접 축복을 내려주는 입문식에는 줄을 서서 며칠이라도 기다리는 사람들이 있기 때문이다. 불교가 늘 그러했듯이, 아름다운 본질은 변하지 않고 다만 좀더 현대화하고 일상생활에 다가간 모습으로 변신한 불교를 달라이 라마는 오늘도 전세계 구석구석의 민중을 직접 만나 달라이 라마라는 인물의 삶으로 전하고 있다.

달라이 라마의 목소리는 참 독특하다. 굵고 힘찬 목소리에서 전해지는 에너지는 사람들의 가슴으로 담박에 스며든다. 유창한 영어, 호쾌한 유머를 구사하는 그의 편안한 얼굴에서는 때로는 부드러운 웃음이, 때로는 뱃속까지 시원해지는 웃음이 번져 나온다. 대중에게 전하는 그의 불교는 어렵지 않다. 불교의 진리가 어렵고 때로 현학적일 수도 있다면 그것이 그의 삶 속에 녹았다가 다시 한 번 떠오를 때면 너무나 쉽고 친근한 일상의 용어로 다가온다. 성자가 살아 있다면 저런 모습이 아닐까, 사람들은 그렇게 생각한다.

티베트인들은 달라이 라마를 만나면 고통스럽고도 긴 윤회의 여정을 마칠 수 있는 힘을 얻을 수 있다고 믿고 있다. 달라이 라마가 관세음보살의 화신이기 때문에 평소에는 마니륜을 돌리며 관세음보살의 진언인 '옴마니반메홈'을 염송한다. 다람살라의 초등학교 어린이들도 아침에 등교하기 전에 마니륜을 돌리며 옴마니반메홈을 염송한다고 한다. 겉은 남루하고 초라하지만 내면의 정신은 누구보다도 살아 있는 사람들이 바로 티베트인인 것이다.

달라이 라마의 매력은 서구인 어느 계층이라도 다 흡수한다는 것이다. 그의 소박하면서도 빈틈 없는 지성은 대학 캠퍼스에서 환영받았고, 포용적인 박애 정신은 미국 상류층의 호응을 받았으며, 창조적 에너지는 영화계, 가요계 스타들과 친밀한 관계를 갖게 했다. 한 인간이 이렇게 전천후적으로 많은 계층의 호응을 받는 것은 드문 일이며, 게다가 그들의 삶의 스승 역할까지 한 것은 전례가 없는 일이다.

1980년대에 불교계 여러 곳에서 섹스 스캔들이 터져 물의가 생기자 1993년 달라이 라마는 불교계에서 가르침에 종사하는 사람들을 위한 수련회를 개최하였다. 달라이 라마 자신도 인도나 티베트에 있을 때는 그렇지 않던 사람들이 서구로 나와 따르는 제자들이 생기자 변하는 사람들을 자주 목격했다고 했다. 사람들이 따르고 돈이 쏟아지면 자만심만 늘게 마련이며 이런 문제가 더욱 불거지는 것은 술 때문이기도 하다고 달라이 라마는 말했다.

평화의 기도를 하는 달라이 라마

깨달은 사람은 적어도 자신의 삶에 만족한다. 그런 사람이 무엇 때문에 자신이 중요한 사람이라고 인정받고 싶어하나? 왜 술에 의지하고, 왜 여러 사람과 성관계를 가지는가? 깨달은 사람은 도덕에 매이지 않는다고 생각하는 것은 잘못이다. 공(쏘)의 진리를 이해한다는 것은 모든 생명의 연계성을 보는 것이기에 결국 경험에 바탕을 둔 도덕을 실천하는 것이다.

그룹 그레이트풀데드의 이전 멤버인 미키 하트는 1980년대 중반 이후 여러 번 달라이 라마를 만났다. 이들은 주로 티베트 스님들의 성스러운 염불에 대해 얘기했다. 어떻게 하면 '소리의 만달라'를 창조할 수 있는지, 어떻게 하면 소리의 우주 속으로 함께 등정하여 몸에서 모든 생각을 다 비워낼 수 있는지에 관해 말이다.

달라이 라마가 설하는 것은 전일한 깨어 있음이에요. 저는 늘 소리의 의미와 그에 관한 그의 견해를 묻곤 하지요. 달라이 라마는 제 눈을 마주보고 손을 잡고는 허심탄회하게 말씀하지요. 달라이 라마의 머리가 제 머리에 닿을 때 전율이 제 몸을 지나는 것을 느껴요. 이 분은 정말 남들과 달라요. 그리고 잘 웃죠. 대단한 유머감각을 지니고 농담을 하는데 그게 주변에 다 옮겨가요. 가는 곳마다 자비심을 퍼뜨리는 힘을 가졌죠. 그리고 삶에는 다른 귀중한 것이 있다는 것, 그리고 그것을 지켜줘야 한다는 걸 우리가 알도록 해주지요.

달라이 라마는 2001년 5월 미국 샌호세에서 대중 설법을 했다. 마음이라는 내면의 기술의 명장인 달라이 라마지만 지구를 움직이는 외면의 기술인 컴퓨터에 관해서는 그저 컴맹일 뿐이라고 샌호세 뉴스는 전했다.

컴퓨터에 관해서 저는 아무것도 몰라요. 컴퓨터는 삶의 신비이며 삶을 풍요하게 해주는 도구지요. 동시에 우리 마음을 삶에서 빼앗아가는 도구이기도 합니다.

겔룩파 불교를 유럽에 알리다

예세 라마(Yeshe Lama, 1935~1984) · 조파 라마(Zopa Lama, 1946~)

티베트의 겔룩파 불교를 서구인에게 맞게 전하는 데 처음으로 성공한 스님들. 네팔의 코판 승원을 기반으로 하여 전세계 겔룩파 수행원을 총괄하는 FPMT를 설립. 진지한 강의를 펼치는 조파와 가벼운 농담을 동원하는 예세가 힘을 합쳐 두 사람의 팀웍이 환상적인 가르침을 이루었다고 함. 저서로 《지혜의 에너지(*Wisdom Energy*)》 《탄트라 입문(*Introduction to Tantra*)》 등이 있음.

　　예세 라마와 조파 라마는 호흡이 잘맞는 팀웍으로 서구인에게 티베트의 겔룩파 불교를 전한 사람들이다. 조파는 예세의 수제자 중 하나였다. 이들이 카트만두의 히말라야 산자락에 위치한 코판 승원에 주석하고 있을 때 찾아오는 젊은이들은 대개 자신이 속한 사회에서 낙오되었거나 주류 문화를 저버린 사람들이었다. 서구의 길잃은 양들이 방황을 계속하면서 다람살라나 카트만두를 찾아들 때 이들을 동방으로 이끈 책에는 램다스의 《지금 여기 존재하라(*Be Here Now*)》나 헤르만 헤세의 《동방으로 가는 여행(*Journey to the East*)》이나 《싯다르타(*Siddhartha*)》 등이 끼여 있었다.

　　티베트인이었던 예세와 셰르파인이었던 조파는 먼 서구에서 온 젊은 나그네 구도자들의 불안과 삶의 체험을 이해해 줄 수 있는 비범한 재질을 갖추고 있었다. 비록 영어가 서툴러 어려움이 없지는 않았지만 이들은 문화, 언어, 성장환경이 자신들과 너무나 달랐던 서구의 젊은 보헤미안들과 마음으로 직접 통할 수가 있었다. 따스하고 유머감각이 풍성했던 예세와 조파의 가장 큰 장점은 자신들을 수련생들의 위에 두지 않았을 뿐 아니라 수련생들과 수평적인 거리도 두지 않고 바로 곁에서 이끌었다는 것이다.

예세와 조파는 개인적으로도 매우 강렬한 인물이며 훌륭한 교사였지만, 이들이 함께 서로를 보완하며 일할 때 그 팀웍은 실로 예술이었다. 코판 승원에서 매년 한 번 열리는 4주 정진이 시작되면 이들의 공조가 마술과 같이 빛났다. 150명이 넘는 학생들을 주로 지도하는 것은 조파였다. 전통적으로 내려오는 티베트의 단계적 수행법인 람림 가르침을 조파에게 받다보면 학생들은 존재의 냉혹한 현실을 마주하지 않을 수 없었다. 자신의 길들여지지 않은 파괴적 성향을 내면 깊숙이서 마주할 때 학생들은 고통의 심연에 잠긴듯 절망스럽다. 바로 그때쯤 예세가 등장한다. 그러면 갑자기 모든 것이 가벼워지고 웃음꽃이 만발한다. 자신이 어떻게 지옥을 만드는지 스스로 인식한 바로 그 순간에, 자신만의 극락을 마련하는 것이 가능하다는 것을 예세가 보여주는 것이다.

겔룩파는 티베트 불교의 4개 종파 중 가장 크고 또 현 14대 달라이 라마가 속해 있는 종파이다. 1975년 겔룩파의 전세계 수행 센터를 총괄하기 위해 FPMT (Foundation for the Preservation of the Mahayana Teachings ; 대승불교 가르침 보존 재단)를 설립하여, 현재 그 본부가 미국 뉴멕시코 주 타오스 시에 있다.

FPMT는 전세계 주요 도시에 수행 센터를 설립했는데 그 중 가장 많은 센터와 스터디 그룹이 있는 나라는 오스트레일리아, 미국, 이태리, 스페인이다. 2002년 FPMT에 속한 서구인 스님들은 200여 명 된다. 그리고 FPMT에서는 격월간지 〈만달라(Mandala)〉를 발행한다.

영국 런던의 FPMT센터는 2002년에 인터넷을 통한 온라인 강좌를 통해 불교기초교육을 시작했는데 영국, 프랑스, 스페인에 약 350명이 등록을 했다. 캠퍼스 교육과 온라인 교육을 적절히 안배하고 이전에 공부했던 사람들을 학습도우미로 기용하여 이메일을 통해 학생들을 돕도록 했다. 이들은 공식 웹사이트

FPMT에서 발간하는 격월간지 〈만달라〉

1 FPMT 런던 센터. 법원 건물을 사들여 불교 센터로 사용하고 있다
2 FPMT 런던 센터의 법당
3 FPMT 런던 센터의 게시판. '잠양'은 문수보살을 뜻한다

www.buddhistthought.org를 통해 한달에 한번씩 토론도 한다.

FPMT에서는 이전에 티베트인 통역사가 가르침을 통역했지만 지난 8년간 서구인들이 티베트어를 배워 통역을 할 수 있도록 훈련시키는데 중점을 두었다. 원어민 통역사를 양성하여 통역의 질을 높이자는 것이었다. 2002년 2월에는 겔룩파의 기본 교과서 2종을 아예 처음부터 영어로 가르치도록 개편하였다.

몽골의 울란바토르에 있는 FPMT센터에 2년째 주석하고 있는 오스트레일리아 출신 비구 툽텐 갸초는 2002년에 화계사에 와서 1주일을 참선정진하였다. 그는 1주일이라는 기간이 선불교나 간화선을 이해하는데 부족하다고 느끼지만 화계사 스님들의 진정한 우정과 너그러움에 감동하였다고 한다. 그는 한국사람들을 보며 몽골사람과 유사한 점을 느꼈다고 한다. 마음 속으로는 불교도이지만 가르침에 접할 수 있는 기회가 제한되어 있는 것, 또 적극적이고 공격적인 그리스도교도들의 압력을 받고 있는 것이 공통점으로 보였다는 것이다.

FPMT의 목적은 전세계에 불교의 자비와 지혜를 전하는 것이다. 일반인들의 교육은 물론이고 스님을 배출하고 또 스님들을 가르칠 수 있는 최고학자인 게세를 양성하는 데 목적을 두고 있다. 또한 가르침을 널리 전하기 위해 비영리 단체인 위스덤 출판사를 설립하여 활발한 출판 활동을 하고 있다. 인도 보드가야에 세계 최대의 미륵불상을 세웠고, 나병 환자와 소아마비 환자를 돌보는 건강 프로젝트도 진행하고 있다.

1960년대에 다람살라로 불교를 배우러 오는 서양 젊은이들이 늘어나자 달라이 라마는 43세라는 젊은 나이에 최고 불교학자가 된 랍텐 게세에게 이들의 교육을 맡겼다. 서구인 게세를 배출하고자 했던 이 원대한 계획은 그러나 2년이 지난 후 학생들이 거의 사라져 이름만 남아 있게 되었다. 그 이유는, 첫째 티베트라는 문화와 토양에서 자란 불교를 조금의 변화도 없이 그대로 서구인의 마음에 옮겨 심으려 한 것이었고, 둘째 가르침을 전함에 있어 거의 티베트어만 썼다는 것이다. 가르침을 서양인에게 맞게 전하는 것이 필요했는데 바로 이를 성공적으로 해낸 사람이 예세 라마였다.

오늘날 FPMT의 모태가 된 것은 카트만두의 코판 승원(Kopan Monastary)이다. 이곳에서 수많은 서양인 불교도를 길러 이들이 공부를 끝낸 후 본국에 돌아가 다시 티베트 불교 수행 센터를 세우는 과정을 거듭하여 현재 100여 개 센터를 가진 FPMT를 이루는 기반이 되었다. 이 코판 승원은 1967년 예세 라마와 그의 수제자 조파 라마, 그리고 지나 라체브스키(Zina Rachevsky) 세 사람이 세운 것이다. 라체브스키는 사회와 미디어의 주목을 받던 유명 여성이었다. 당시 34세였던 라체브스키는 러시아 망명 귀족의 딸이며 미국의 부자 상속녀였고, 비트 세대였으며, 신지학(神智學)과 불교에 관심이 많아 1967년 달라이 라마께 사미니계도 받았다. 이들이 힘을 합쳐 4년 정도 열심히 활동한 결과 코판 승원이 활성화되었는데, 그해 외진 곳에서 장기 명상 정진을 하던 중 라체브스키 스님은 알 수 없는 죽음을 맞는다. 더욱 흥미로운 것은 1992년 라체브스키가 프랑스에 환생하여 에두아르라는 소년으로 태어났다는 것이다. 조파 라마가 발표한 것이니까 확실한 얘기인데다 서양인 스님이 다시 환생했다는 것을 인가한 최초의 예라서 더욱 주목을 받았다.

70년대에 티베트 불교를 틀에 박히지 않은 살아 있는 현대적인 불교로 전파하는 데 성공한 스님이 세 사람 있다. 바로 예세 라마와 트룽파 린포체, 칼루 린포체이다. 예세 라마를 찾아 코판에 몰려든 젊은이들을 사람들은 컬트라 부르기도 했다. 이들은 서구 사회의 낙오자이거나 그 사회를 경멸하는 사람들이었다. 일부는 마약을 했을 때의 그 드넓은 마음과 해방감을 명상을 통해 찾아보려 오기도 했다. 예세 라마와 조파 라마는 자신들을 성자로 대하는 것을 거부하고 경계했고, 이들이 찾는 것은 오직 자신들의 마음 속에 있다는 것을 강조했다. 또 가르침을 비판적으로 검증할 것을 독려했을 뿐만 아니라 심지어 의심이 나는 것은 얼마든지 의심하고 회의하여 답을 찾으라고도 했다. 기존 사회의 도그마에 지쳐 있던 젊은이들에게 이들의 이런 자세는 아주 신선한 충격이었다. 그래서 학생들은 예

예세 라마가 환생한 오셸 린 포체(우)와 그 동생

세 라마에게 열광한 반면, 전통 불교계에서는 예세 라마를 '말 안 듣는 젖먹이 (infant terrible)'라고 부르기도 했다. 1974년 예세와 조파는 서구로 법문 순회를 떠났다. 이때 한 법문을 모아 《지혜의 에너지(*Wisdom Energy*)》를 출간했다.

예세 라마는 1935년 라사 근처에서 태어났다. 여기서 말을 타고 두 시간을 달리면 100명의 비구니가 수행하고 있는 겔룩파 비구니 승원인 키메룽 곰파가 있다. 예세 라마는 이 곰파의 승원장이 환생한 것으로 확인되었다. 예세는 세라 승원의 게셰 과정에 있던 숙부 나와 노르부로부터 지도를 받았다. 어려서부터 집을 떠나 승원에서 수도하기를 원했으며 스님이 방문했다 갈 때면 으레 따라가기를 고집하던 예세는 드디어 6살 때 라사 근처의 겔룩파 승원 세라제에 있던 기숙대학에 입학한다. 25살까지 세라제에 있던 예세는 이후 달라이 라마의 스승에게 람림을 배우고 여러 스승에게 탄트라를 배운다. 수많은 히피들을 위트와 통찰력 넘치는 방식으로 가르쳤다 해서 히피 라마라고도 불렸던 그는 1984년 49세라는 젊은 나이에 작고했다. 1959년 중국의 압력으로 인해 티베트를 떠났던 상황을 예세는 이렇게 표현했다.

중국인들이 우리에게 친절하게 말해 주었다. '이제 티베트를 떠나서 세상을 만날 때가 왔다' 고 말이다.

조파 라마는 1946년 네팔의 에베레스트 산 근처에서 태어났다. 그의 생가에서 산쪽을 바라보면 작고한 라우도 라마가 수행하던 라우도 석굴이 보인다. 닝마파 탄트라의 대가였던 라우도 라마는 생의 마지막 20년간을 라우도 석굴에서 수행하며 가르침을 폈었다. 그런데 조파는 기어다닐 수 있게 되자마자 그 석굴 쪽으로 기어갔다. 가족들이 억지로 데려오기를 되풀이하던 중 조파가 말을 할 수 있게 되자 그는 자신이 라우도 라마의 환생이며 그 석굴이 자신의 것임을 천명했다. 4~5살이 되자 그의 환생을 증명하기 위해 공식 시험이 치러졌고 그가 진정 라우도 라마의 환생임이 인정되었다. 어린 조파는 도모 게세 린포체가 주석하던 시킴의 둥카르 승원에서 공부하다 세라제에서 공부를 계속했고 이후 예세에게 오게 된다.

티베트의 고승들은 카트만두에 코판 승원, 다람살라에 투시타 수련원, 라우도에 에베레스트 산 센터를 세울 때 서로 공조할 수 있는 연결된 시스템을 만들어 최상의 교육을 할 수 있기를 바랐다. 오스트레일리아의 제자들과 뉴욕의 세계종교연구회의 센(C. T. Shen) 회장이 고승들을 초청했을 때 이들 승원을 더 향상시킬 수 있는 기회가 온 것으로 고승들은 생각했다.

FPMT에서 조파 라마

스페인의 그라나다 지방에 오셀링이라는 수도원이 있다. 이곳을 맨손으로 일군 파코와 마리아 부부는 예세의 제자였다. 1982년 달라이 라마가 축복을 하고 오셀링, 즉 '광명의 집'이라는 이름을 내렸다. 그런데 이들 부부에게 예세가 입적한 지 1년 후인 1985년 아들이 태어났다. 예세의 환생이었던 것이다. 예세가 서구에 불법을 좀 더 잘 전하기 위해 서구인의 얼굴 모습과 스페인어를 잘하는 사람으로 온 것이다. 현재 오셀 린포체(Tenzin Osel Rin-poche)는 인도의 세라 승원에서 게셰 학위를 취득하려 열심히 공부하고 있다.

2002년 오셀 린포체는 16살이며 14살 난 동생도 툽텐 쿤켄 스님이 되어 형과 함께 불교를 공부하고 있다. 그는 형이 정말 특별한 사람이며 예리한 통찰력과 지성을 가졌다고 평한다. 형이 행동하는 것, 거동도 형만의 것으로서 함께 수행하는 것이 행복하다는 그는 전생에 자신은 아마도 예세 라마의 개이지 않았을까 생각한다고 했다.

예세는 늘 '수퍼마켓 식 선'을 추구하지 말라고 경계를 했다. '뭐든지 이것 저것 좋다는 것은 다 사고 많이 먹으면 좋다'는 식의 생각은 안 된다는 것이다. 소화할 수 있는 만큼만 먹고, 내 것을 만든 다음 또 먹으라고 역설했는데, 가르침을 수행하여 내 것으로 하지 않고 자꾸 배우기만 하면 정신적 소화불량에 걸린다는 경계의 말이다. 그런 경계의 말을 안으로 자신에게도 늘 적용했는데, 일례로 법문이나 강의를 끝낸 후엔 "나는 언제나 말을 많이 해."라는 말을 자주 했다고 한다.

불교에 대한 이해가 지식이나 철학 차원에서 그치는 것에 대해 예세는 "그런 메마른 불교 이해는 가슴을 비옥하게 하지 못한다."고 매우 경계했다.

서구에서 불교를 수년간 공부하고 경전과 탄트라에 관한 책도 출판한 교수들이 있다. 이들 중 다수는 자신이 불자가 아니라고 하는데 바로 이 말이 이들이 가르침을 삶에 실현하지 못했음을 나타내는 것이다. 비록 최고의 저술을 놀라운 말로 해설하고 가르친다 하여도 그들에게 있어서는 오직 이론일 뿐이다. 반면 공(쏭) 마음의 작용 같은 기본 람림만 이해한 사람이라도 자신의 내면을 들여다보고 명상을 한다면 서서히 가르침이 자신의 일부가 된다. 그러나 지식인들은 공의 마음이 에베레스트 산 꼭대기처럼 외부 어딘가에 있다고 생각하고 자신과는 관련이 없다고 생각한다. 중요한 것은 초콜릿을 맛보는 것이다. 진정 맛을 보았을 때 아무리 작은 조각이라도 만족이 따르는 것이다.

조파는 예세와의 공저 외에도 《문제를 행복으로 전환하기(Transforming Problems)》《만족으로 가는 문(The Door to Satisfaction)》《금강보살 정진 법문(Teachings from the Vajrasattva Retreat)》을 저술했다.

고든 맥두걸은 엄하고 진지했던 스승 조파에 대해 이런 기억이 있다.

밤이 이슥하여 새벽 2~3시가 되면 우리 몸과 마음이 다 지쳐 쓰러진다. 강의를 듣고 있는 머리도 다 꾸벅거린다. 그런데도 조파 라마는 여전히 가르침을 멈추지 않는다. 모두가 마음 속으로 제발 그만하기를 빌고 있다. 그러다가 마침내 라마는 말한다. "오늘은 이만 하지." 모두가 안도의 한숨을 내뱉는다. 노트를 덮고 모든 것을 치우기 시작한다. 그때 라마가 말한다. "내가 한 말의 속뜻은……" 얼굴에 뜻깊은 미소를 띠우며 다시 시작된 강의는 족히 한 시간은 계속된다. 그럴 때 내 마음을 가로지르는 것은 우리 행복에 너무나 귀중한 무엇을 이해시키지 못한 채로 우리를 보낼 수 없어 하는 스승의 자애로운 마음이다. 마치 어머니가 사랑하는 외아들을 위하는 것처럼 말이다.

린다 게터의 기억 속에는 어머니같이 제자를 보살피는 라마의 모습이 있다.

캘리포니아의 약사여래 땅 승원에서 강의를 할 때 밤 12시가 넘어 끝나는 일이 잦았다. 강의가 끝난 후에도 나는 다음날 필요한 것을 준비하느라 사무실에 가서 더 일하다가 2시쯤 되어 잠자리로 가는 일이 자주 있었다. 그런데 그 깊은 밤의 고요 속에서 조파 라마를 자주 뵈었다. 라마는 마니륜 주변을 돌면서 열심히 기도하고 있었다. 모두가 지쳐 잠든 밤에 별은 하늘에서 빛을 던져 마술 같은 동화나라 빛으로 마니륜을 감싸고 있었다. 아이 침대 옆에서 밤을 하얗게 밝히는 부모 같은 조파 라마가 계신 그 승원에서 나는 바로 그 아이가 되어 안심하고 잠이 들고는 했다.

조파의 말 중 몇 가지를 보자.

삶의 고통과 문제를 반김이 마치 어린 아이가 아이스크림을 반기듯 해야 한다.

죽음을 잊고 사는 사람은 다르마를 잊고 사는 것과 같다.

매일 아침 염송해야 할 최고의 진언은, "나는 오늘 죽을 것이다." 이다.

빵 반죽이 손 안에서 어떤 모양으로든 변하듯이 마음도 분명히 우리가 원하는 방향으로 바꿀 수 있다.

불교에서 명상은 반드시 눈감고 가부좌 틀고 하는 좌선만을 의미하는 것이 아니다. 자신이 해야 할 일을 하면서 감각의 세계에 대해 자신의 마음이 어떤 반응을 하는지 살피는 것이 명상이다. 그러므로 모든 행위, 즉 걷고 말하고 쇼핑하고 하는 것이 다 완벽한 명상이며 완벽한 결과를 가져올 수 있다.

티베트 불교의 일곱 빛깔 무지개

최감 트룽파(Chögyam Trungpa, 1939~1987)

티베트 카규파의 11대 활불. 스루망 승원의 최고위 승원장. 18세에 신학과 철학의 박사학위에 해당되는 켄포 학위를 받았으며, 미국에서 티베트 불교 수행원인 삼발라 센터를 곳곳에 세움. 스즈키 순류와 공조하여 전법하였는데, 솔직대담하며 변화무쌍한 화법, 격없는 행동으로 수많은 일화를 남김. 저서로 《미치광이 지혜(Crazy Wisdom)》《자유에 대한 사회적 통념(The Myth of Freedom)》 등의 불교서적과 서도집인 《서예 : 천지의 합일(The Art of Calligraphy : Joining Heaven and Earth)》 그리고 시집인 《무드라(Mudra)》《처음 떠오르는 것이 최선이다(First Thought Best Thaught)》 등이 있음.

　　최감 트룽파 린포체는 티베트 카규파의 11대 트룽파 활불(活佛)이다. 활불이란 어떤 경지에 이른 불자가 입적한 후 다시 이전의 임무를 완수하기 위해 태어나 최소한의 교육으로도 이전의 경지에 이를 수 있는 사람을 말한다. 예를 들어 달라이 라마는 현재 14번째 환생한 14대 활불이다. 카규파는 우리나라에도 잘 알려지고 사랑을 받고 있는 밀라레파가 속했던 종교이다. 티베트의 4대 종파 중에 가장 오랜 것은 낭마파와 카규파인데 이 두 종파는 서로의 가르침 안에 상대방의 가르침을 포함해 전수했다. 그래서 양대 종파의 스님들 중에는 2개 법맥을 다 전수받은 경우가 많은데 트룽파도 그중 하나였다. 스루망 승원의 최고위 승원장으로서 18세라는 어린 나이에 신학과 철학의 박사학위에 해당되는 켄포 학위를 받았다. 1959년 티베트를 떠나 인도에서 프레다 베디와 함께 일하던 그는 1963년 아콩 린포체와 함께 영국으로 갔다. 이후 옥스퍼드 대학에서 공부하며 영국시민이 된 그는 1968년 스코틀랜드의 대도시 카알라일 부근에 있는 에스크달뮈어(Eskdalmuir)

삼예링을 감싼 강에 세운 탑. 가운데 보살의 모습이 보인다

에 삼예링 불교센터를 설립했다. 높고 낮은 언덕이 계속되는 아름다운 구릉지대에는 파란 풀들이 자라고 있고 그곳에서 풀을 뜯고 있는 양떼가 곳곳에 하얀 점들로 보이는 평화롭고 아름다운 지방이다. 삼예링의 뒷편으로는 강물이 흐르고 있어 그 강을 따라 사람들은 행선을 하기도 한다. 삼예링에는 공작새가 3마리 있는데 이들이 높은 나무 위로 올라가 울 때면 꼭 아이울음 소리 같기도 하다. 그리고 절 주변으로 수십마리의 야생토끼가 평화롭게 돌아다니는데 어딜 가나 그들을 목격할 수가 있다. 자유로운 삶을 사는 그 들토끼들은 진정 삼예링의 부처들같아 보인다.

그러나 삼예링을 설립하고 1년 남짓한 때인 1969년 트룽파는 교통사고를 당해 심한 부상을 입었고 오랫동안 요양생활을 하게 된다. 그의 육체를 통째로 흔들어놓았던 그 교통사고는 그의 마음 역시 가만두지 않았다. 오랫동안 그는 욕망을 감추며 그의 표현을 빌리면 '가사 뒤에 자신을 감추고 숨어사는 생활'을 해왔는데 이제 그 가면을 과감하게 벗어던지기로

삼예링을 감싸고 흐르는 강물

결심한다. 그는 가사를 벗었을 뿐만 아니라 당시 16세밖에 안된 영국의 상류층 여성과 결혼하고는 영국사회의 빈축을 피해 단돈 50달러만을 손에 쥔 채 미국으로 이주했다.

영국 삼예링에 세우고 있는 스투파

비록 트룽파가 삼예링에 있던 기간은 2년 남짓밖에 되지 않았지만 이후 아콩 린포체가 승원을 계속 일구어 2002년 현재는 유럽 제일의 티베트 승원으로 자라났다. 현재는 아콩 린포체의 동생인 예세 라마가 승원장으로 있다. 그는 스코틀랜드의 가톨릭 신부님들과도 좋은 유대를 가지면서 서로의 행사를 지원하고 참여하며 또 삼예링이 매입한 작은 섬 홀리 아일랜드(Holy Island)에 초교파센터(Interfaith Center)를 짓고 있다.

트룽파는 이후 수많은 일화를 남기며 미국에 샴발라 센터를 세우고 티베트 불교를 전하는 데 큰 역할을 하게 되며, 특히 선 불교 스님인 스즈키 순류와의 인간적, 법우적 교류로 미국에서의 전법에 박차를 가

삼예링의 법당

하게 되었다.

트룽파는 천재적 언어감각을 갖추고 있었다. 그는 분명 영어를 제2외국어로서 배웠지만 어찌된 일인지 본토인보다 영어를 더 잘했다. 게다가 다양하고 풍부한 감성을 소유하고 있었고 거기에 거침없는 성격까지 갖추었던 그였기에 그가 표현해 내는 언어들은 막강한 힘을 가지고 서구인들의 가슴을 파고 들었다. 그는 다만 영어를 한 것이 아니라 서구인들이 사용하는 언어를 말했던 것이고 그것도 그들보다 훨씬 더 잘 짚어주었던 것이었다. 그때까지 서구인들에게 제대로 전달되지 못했던 어려운 불교 용어와 교리들이 그의 입을 거치면서 쉽고 이해할 수 있는 것으로 바뀌었다. 이후 사람들은 불교 서적 번역에 그의 정의를 사용하고는 했다고 한다. 그는 대담하고 격식 없는 행동을 했으며, 때로는 상식을 벗어난 행동을 하여 사람들을 당황하게 했다. 전통적인 비구나 스승의 이미지에 맞추기를 단연코 거부했으며, 아시아와 미국의 문화를 창조적으로 혼합하여 사용한 트룽파는 분명 괴각이었으며 아마도 한국에서는 경허 스님에 비유할 만하다. 사람들은 그가 온 이후로 미국 불교가 사방에서 쑥쑥 자라 세인의 눈에 띄게 되었다고 말한다. 다시 말해서 1800년대에 소로우가 반은 일구어 놓은 미국불교의 밭을 60년대에 기존문화에 반기를 들었던 성난 젊은이들이 조금 더 갈아주었고 이후 이들을 불교권에서 흡수하면서 미국 불교가 전면적으로 일구어지게 되는 것이다. 이때 선불교의 스즈키 순류와 티베트 불교의 트룽파의 격식을 벗어난 본원적인 우정으로 말미암아 미국불교의 성장은 더욱 박차를 가하게 되었다. 불교 격월간지 〈샴발라 선〉 편집장 멜빈 메클리어드는 그를 일러 티베트에서 서구세계로 보낸 다르마의 대사라고 했다.

트룽파 린포체는 티베트 불교가 서양을 위해 특별히 마련한 선물이다. 빛나는 지성과 많은 재능을 겸비한 트룽파는 어린 시절부터 진보적이고 미래를 내다볼 줄 아는 스님들에게 교육을 받았다. 그들은 이미 알고 있었다. 천년을 이어온 전

매년 한번씩 삼예링 회원들이 함께 모이는 오픈데이에 참석한 스코틀랜드 신부 대표. 왼쪽은 아콩 린포체, 오른쪽은 예세 라마

통의 미래가 티베트 밖에 놓여 있었다는 것을…….

미국에서의 트룽파에 행적에 대해서는 논란이 많다. 그는 스승의 할 일이 선하게 사는 것이 아니라 제자들이 미망 속에 사는 것을 방지해 주는 것이며, 그런 과정에서 어떤 충돌이나 분노를 사는 일이 있다 해도 어찌할 수 없는 일이라고 말했다. 제자들을 가르침에 있어 단호했고 예측 불가능했던 그이기에 페마 최된 스님은 은사인 트룽파를 아무리 애써도 사랑할 수가 없어서 울었던 시절이 있었다고 한다. 트룽파는 어떤 틀에 매이는 것을 제일 싫어했다. 예불법이나 어떤 의식을 가르치고 난 후 제자들이 그에 익숙해져서 서로가 그건 틀렸다고 이의를 제기할 수 있을 때쯤 트룽파는 앞서 가르쳐준 것은 다 틀린 것이니 지금부터 가르쳐준 방식으로 하라고 했다. 황당하지만 스승의 말을 듣지 않을 수 없는 제자들이 다시 두번째 방식에 익숙해질 때쯤 트룽파는 다시 또 방법을 바꾼다. 그렇게 되풀이하다 보면 어느덧 제자들을 알게 된다고 한다. 절대적으로 옳은 것도 없고 변하지 않는 것도 없다는 것을…….

자신을 창피하게 여기지 말라. 그것은 자신이 인간임을 부끄러워하는 것과 같다.

그렇게 말하면서 대중 앞에서 최악의 행동을 스스로 해보였던 트룽파는 좋지 않은 생각이나 행동을 했을 때, 그냥 좋지 않은 생각이나 행동이라고 하면 그뿐인데 그런 자신을 부끄러워하는 것은 진정 부정적인 것이라고 했다. 이를 일러 트룽파는 '부정적 부정성'이라고 했고 아야 케마는 '이중고(double dukka)'라 했다.

트룽파는 불교 수행을 가르침에 있어 꿰뚫는 혜안이 있었다. 사람을 만나면 그가 지금 어떤 면에서 걸려 있고 그 치료법은 무엇인지를 그냥 보고 알았다. 찰스 프레비시 불교학 교수는 트룽파와의 만남을 회고하며 그를 진정한 불교의 명의라고 했다. 4시 정각으로 약속된 인터뷰에 맞추어 그는 나로파 대학의 트룽파 집무실로 갔다. 그런데 이미 손님이 있던 트룽파는 6시가 다 되어서야 프레비시를 맞아들였다. 자신이 '트룽파식 시간대'에 있다는 것을 그제서야 깨달은 프레비시는 5분의 인터뷰 시간을 위해서 2시간 가까이 기다렸다는 것이 못내 불쾌했다. 그러나 마주앉아 이야기를 시작하자마자 그런 마음은 봄눈 녹듯 사라져 버렸다.

그에게선 따스한 분위기가 풍겼다. 그리고 트룽파는 나에 대해 모든 것을 알고 있는 것 같았다. 자리에 앉아 1분도 지나지 않아 그는 나의 수행에 대해 말했다. 1분 동안 나를 가늠해 보고 나서 이후 30분간 나의 마음과 수행에 관해 이야기한 것이다. 10년간의 수행에서 나는 어떤 알 수 없는 정체 상태와 걸림돌을 만나고 있었다. 그런데 아무도 눈치채지 못했던 그 상황을 그는 꿰뚫어보았을 뿐만 아니라 꼭집어서 무엇을 해야 앞으로 나아갈 수 있는지도 알려주었다. 내 생애 최고의 불교 진단을 받았던 것이다. 터럭만큼도 남기거나 숨기지 않을 것 같은 그의 진솔함에 나는 정말 감동했다. 이제는 가려고 몸을 일으켜 손을 내밀었다. 그러나 그는 내 손을 잡더니 악수 대신 손을 당겨 나를 포옹했다. 정말 따스한 포옹이었다.

페마 최된 스님도 역시 명의 같은 스승이라고 트룽파를 말한다.

때로 스승에게 너무나 분노해서, 때로 스승을 받아들일 수 없어서 나는 번뇌했고, 그로 인해 금강승(金剛乘)도 남들보다 늦게 입문하지 않을 수 없었다. 그러나 몇 번을 되풀이해도 나의 현재 상태와 수행 문제의 해결 방법을 린포체보다 더 잘 알고 있는 사람은 없었다. 전혀 예기치 않은 곳에서 전혀 예기치 않은 시간에 스승이 내게 툭 던진 한 마디는 내 앞의 장막을 걷어 주었고, 내가 갇힌 감옥의 빗장을 부수어 주었던 것이다.

제자이든 아니든 상관없이 수많은 이에게 명의와 명선생 역할을 했던 트룽파에게 있어 스승이란 어떤 사람이었을까? 그는 스승에는 세 가지 종류가 있다고 했다.

첫째, 소승에서 스승의 개념은 혼란된 제자에게 어떤 절도 있고 현명한 인간상을 보여주어 제자를 안심시키고 세상을 좀 더 명확히 볼 수 있도록 해주는 사람이다. 이때 스승은 아이를 교육시키는 부모와도 같다. 그러므로 소승에서는 붓다를 인간의 아들이 대단한 노력과 인내를 통해서 깨달음을 얻었지만 인간의 몸은 유지하고 있는 사람으로 본다.

둘째, 대승에 있어 스승의 개념은 구도의 동반자이다. 여기서 스승이 갖추어야 할 덕은 세상에 난무하는 감정적 노이로제라는 똥을 썩혀서 비옥하게 된 풍요한 토양이며 본원적인 풍요함이다. 제자는 대단한 잠재력을 가진 청년으로서 다만 세상의 법을 모를 뿐이다. 대승의 경지에서 구도의 동반자인 스승은 제자보다 훨씬 더 큰 힘과 지혜를 지니고 있다. 스승은 제자가 자주 걸리는 정신적 질병에 대해 바른 처방을 내려줄 수 있는 명의와도 같다. 스승은 비록 온화하나 그 앞에서 제자의 프라이버시는 없다. 그는 제자의 구석구석을 다 들여다보고 있다. 때로 거울처럼 제자의 모든 부족함을 다 비쳐주는 그가 혐오스럽기도 하고 가학적으로까지 보이기도 하지만 그런 열려 있음이 진정한 동반자인 것이다.

셋째, 금강승에 있어 스승의 개념은 위대한 전사이다. 영적 동반자가 너무나 친해지고 그 다음에 무엇을 할 것인지 알아버릴 때쯤 사제관계는 정체성을 띠게 된다. 그러나 어느 날 그 스승이 갑자기 당신의 의자에 앉아서 늘 내오던 녹차 대신 맥주를 내온다면 어떨까? 그 황당함을 기점으로 정신적 동반자는 광기어린 지혜를 지닌 스승으로 변한다. 스승에게 제자는 에고를 주고 자신의 정수를 주어야 한다.

트룽파 린포체의 붓글씨 '다르마'

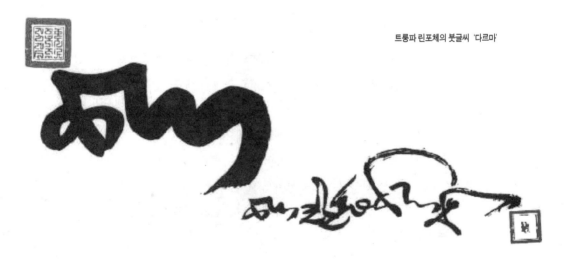

미술가, 시인이기도 했던 트룽파는 《미치광이 지혜(*Crazy Wisdom*)》《영적 물질주의 끊기(*Cutting Though Spiritual Materialism*)》 등 총 17권에 달하는 저서를 남겼고, 번역서도 많이 내었다. 제자들도 훌륭해서 릭 필드(Rick Field)는 7권의 책을 냈고, 페마 최된 스님은 5권을 내었으며 그밖에도 많은 제자를 배출했다.

1987년 트룽파가 세수 48세로 입적했을 때 그의 측근에서는 사후 환생을 미리 결정하는 '의식 있는 죽음'이었다고 말했고, 그를 비판하는 자들은 장기적인 알콜 남용에 의한 보통 죽음이었다고 주장했다. 트룽파만이 아니라 그의 두 아들도 칼마파로부터 활불임을 인정받았다. 그는 자신의 뒤를 아들이 아닌 서양인 제자 오셀 텐진(Osel Tendzin)으로 잇게 하여 샴발라 센터가 완전히 서양인 체제로 발전하도록 배려하였다. 종단에서는 1992년 환생한 것으로 밝혀진 12대 트룽파가 성장할 때까지 그가 섭정을 맡아볼 것을 기대하였지만 불과 3년 후인 1990년 텐진은 에이즈로 죽고 말아 다시 한 번 교계에 충격을 주었다. 샌프란시스코 선 센터와 마찬가지로 샴발라 센터 역시 제2대에서 본토인 체제로의 전환을 이루지 못한 것이다.

오셀 텐진은 본명이 토마스 리치(Thomas Rich)인 미국인이며 힌두 구루의 제자였다가 1971년 트룽파의 제자가 되었다. 그로부터 얼마 지나지 않아 트룽파는 그를 자신의 사후 섭정으로 임명할 것을 말하였고 1976년 섭정 임명식을 거행했다. 그는 텐진이 깨달은 사람은 아니지만 수행자의 본보기가 되는 최고 제자라고 말했다. 1987년 스승의 사후 텐진은 섭정의 역할을 잘해 나갔고 큰스님들만이 맡아했던 의식도 집전했다. 금강승의 가르침에 뛰어나다는 칭송도 받았다. 그런데 1년 후인 1988년 텐진이 에이즈에 걸렸는데 그것도 모르고 여러 명의 남녀 회원들과 섹스를 했다는 소문이 돌기 시작했다. 그러자 불교 집안의 전통적인 해결방식대로 그는 조용히 캘리포니아로 떠나도록 조치되었으며 명목상으로는 섭정직을 그대로 유지했다. 1990년 그는 입적했다. 그가 자기도 모르는 새 많은 사람의 생명을 위태롭게 했다는 사실은 모두의 가슴을 서늘하게 하였다.

크리스토퍼 퀸은 참여불교의 지도자들에게 두 가지 특징이 있다고 했다. 첫째, 동양과 서양을 잘 조화시킬 줄 알며, 둘째, 문화 쇄신 · 사회변화 · 초종파적 세계 불교를 이루기 위해 싸운 운동가라는 것이다. 트룽파는 이 두 가지 조건을 완벽히 갖춘 사람이다. 1970년 미국으로 온 트룽파는 100여 개의 명상센터를 전세계에 세우고 콜로라도 주 불더 시에 서양 최초로 인가받은 불교대학인 나로파 불교대학과 샴발라 센터를 설립하고 격월간지인 〈샴발라 선(*Shambhala Sun*)〉을 발간한다.

샴발라 센터에서는 명상뿐만 아니라 불교 정신이 배어 있는 다도, 꽃꽂이도 가르친다. 또한 가장 중요한 샴발라 교육을 실시한다. 샴발라 교육은 트룽파가 종교라는 틀에 들어가지 않고도 깨달은 사람을 키울 수 있도록 설계한 프로그램이다. 샴발라 교육은 현시를 통해 그에게 내려진 '테르마', 즉 숨겨진 비밀의 책에서 나온 것이다. 트룽파는 그 비밀의 책에 자신의 설명을 덧붙여 5단계의 교육과정을 만들었다. 그 과정을 마치면 이 사회에 만연한 지배의 정치학, 지배 중심의 인간관계에 종지부를 찍고 명료함, 온화함, 사랑, 건강한 정신을 키워 깨달은 사회를 만들 수가 있다고 한다. 그리고 이 교육은 세 가지 기본적 신념에 바탕을 두고 있다. 첫째, 인간은 기본적으로 선하다. 둘째, 이 세상은 기본적으로 성스럽다. 셋째, 이 세상의 종교 전통은 사회적 문제를 충분히 해결할 수 있다. 그는 이런 이상을 그의 저서 《샴발라 : 영적 전사의 성스러운 길(*Shambhala : The Sacred Path of the Warrior*)》에서 자세히 펼쳤다.

나로파 불교대학은 1974년에 설립되었다. 처음에는 여름 동안만 여는 서머스쿨로 계획하여 강사진으로는 트룽파, 비트 문인 앨런 긴즈버그, 심층 생태학자 그레고리 베잇슨, 하버드 교수였다가 구루가 된 램 다스 등을 확보했다. 과목으로는 명상 · 기공 · 탕카 · 다도 · 티베트어 · 산스크리트어 · 중관철학 · 심리학 등이 있었고, 밤에는 시낭송회 · 공연 · 토론 · 세미나 등을 하기로 했다. 200명 정도의 학생을 예상했던 그해 여름, 그러나 2,000명이 몰려들었고 릭 필드는 이를 '정신의 우드스탁 축제'라고 불렀다. 이로부터 2년 후 나로파는 일년 내내 클래스를 열게 된다. 약 23년이 지난 후에는 정식대학으로 인가를 받아 학사학위와 석사학위를 수여하게 되었다.

비트의 문인들이 대거 참여하였기 때문에 나로파의 문학 프로그램은 늘 성황을 이루었다. 나로파의 석사 학위는 불교학 · 글쓰기 · 노인학 · 참여불교 · 명상 심리치료학의 다섯 분야에서 주어진다. 나로파의 학생들은 전원 필수 명상과 선택 명상을 해야 한다. 그리고 주변도시의 병원, 양로원, 말기환자 보호소 등에서

페마 최된과 동료, 제자 스님들

실습을 하며 학점을 따도록 해 원리를 현장과 삶에 적용하는 교육을 병행하고 있다. 이런 교육 프로그램의 목적이 개인의 내면에 자비심을 일구도록 하는 것이라면 나로파는 확실히 성공하고 있음이 졸업생들의 활동에서 보인다고 한다. 개인과 사회의 변화를 위해 이론과 실천이 둘이 아닌 하나로 묶어주는 나로파의 명상 중심 교육 프로그램은 미국 문화에 깊숙이 스며들고 있다.

트룽파의 제자로서 미국 대중의 마음에 가닿는 설법을 하여 대중의 주목을 받은 이가 페마 최된(Pema Chödron) 스님이다. 페마는 '연꽃'이라는 뜻이고 최된은 '다르마의 횃불'이라는 뜻이다. 매우 잘 웃고 따스한 성품을 가진 그는 횃불보다는 은은한 화롯불 같은 분위기를 풍긴다. 1936년 뉴욕에서 태어났고 UC 버클리를 졸업했다. 티베트 불교에서 몇 안 되는 비구니 스님이며 금강승 수행을 완성한 최초의 미국인이다. 70년대 초 은사 트룽파를 만났고 1974년 37세에 칼마파에게 사미니계를 받았다. 3년 후 칼마파는 비구니계를 받으라고 독려했고 티베트 불교에는 그런 것이 없었으므로 최된은 프레다 베디의 조언을 받아들여 1981년 홍콩에서 집단 수계식을 통해 비구니계를 받았다. 트룽파는 최된에게 북아메리카 대륙의 승원 설립을 맡겼으며, 최된의 모금과 활동으로 캐나다 노바 스코샤에 감포 승원이 세워졌다. 1983년 승원이 완공되고 최된이 총무스님이 되었다. 감포 승원은 서구에 세워진 최초의 티베트 불교 승원이다. 그러나 감포 승원은 외면뿐 아니라 내면도 티베트 승원처럼 보이지 않는다. 아메리카 대륙에 필요한 것은 서구 승원이지 티베트 승원이 아니라고 트룽파가 처음부터 명시했기 때문이다.

28살이 될 때까지 미국 중상류층 가정의 딸에게 어울리는 삶을 살다가 변호사 남편과 결혼하여 2명의 자녀를 두었던 최된은 그 무렵 정신적인 눈을 뜨게 된다. 버클리에 살면서 대학에 복학했다가 60년대 미국을 휩쓸던 히피문화에 젖어들면서 다른 남자와 사랑에 빠져 버렸다. 이혼과 결혼이 이어지면서 서서히 자신이 원하는 것은 연인이 아니라 정신 수행이라는 것을 그는 알게 되었다. 물론 비구니가 되려는 최된의 결정을 가족들이 쉽게 이해했던 것은 아니었다. 친정 부모는 황당해하며 반대했지만 아이들은 의외로 쉽게 받아들여 주었다. 60년대에 십대를 맞이한 그들이 보기에 엄마의 행동은 시대가 원하는 여성상이었다. 아이들은 친구들에게 자랑스럽게 어머니를 페마 스님이라고 소개했다. 그런 일이 5년 전이나 5년 후에 일어났더라면 아이들의 반응은 전혀 달랐을 것이라고 한다.

사미니계를 받은 후 최된은 처음 3년간은 머리를 깎지 않았다. 낮에는 평상복을 입고 샌프란시스코의 학교에 나가 가르치고, 오후에는 아이들이 살고 있는 아빠집으로 가서 아이들을 도와주고, 밤에는 불교 센터에 돌아와 가사를 입고 승원 일을 했다. 아이들이 각각 18살, 20살이 되었을 때 비로소 콜로라도 주 불더 시의 샴발라 센터 승원장 자리를 맡아 승원에 머물며 일을 보았다.

최된은 미국 불교가 모든 전통을 다 받아들여 그 중 필요한 것을 골라 써야 한다고 생각했고, 동시에 미국불교는 전통불교의 범위를 확장하여 재가자와 여성을 받아들여야 한다고 생각했다. 칼마파가 독려한 것처럼 여성들이 비구니계를 받은 후 다시 다른 여성들에게 비구니계를 내린다면 수백년간 티베트 불교에 없던 전통이 새로이 수립될 수도 있다는 것이다. 최된의 가르침은 전통적인 면과 현대적인 면이 고루 균형을 이루고 있다. 출가생활이 삶을 단순화시키며 계를 지키는 것이 삶을 더 쉽게 해준다는 전통적인 면모와 더불어 은사 트룽파에게 물려받은 독창적이고 사람을 사로잡는 해설과 방편도 갖추고 있다.

트룽파는 술과 주변 여성들과의 섹스로 교계에 많은 가십과 눈총의 대상이 되었던 사람이다. 사람의 마음을 꿰뚫어보는 눈, 지금 극복해야 할 걸림돌이 무엇인지 알려주는 자비로움, 독창적인 언어 구사력과 아무런 구애를 받지 않는 자유로운 행동 때문에 그의 주변에는 늘 여성이 많았고 그는 또 그것을 즐겼다. 그가 다른 불교계 인사들과 달랐던 점은 자신의 그런 행위를 감추지 않았고, 공적으로도 자신이 금욕을 행한다는 가면을 쓰지 않았다는 것이다. 그의 이런 면모에 대해 여성 회원들과 제자들이 거부감을 느끼는 경우도 많이 있었다. 그러나 최된은 스승의 그런 행동에 조금도 영향을 받지 않았고 무어라 언급하지도 않았다. 다만 묵묵히 출가생활을 하며 계를 지켰다.

최된의 저서로는 《도피하지 않는 지혜(Wisdom of No Escape)》와 《지금 있는 곳에서 시작하라(Start Where You Are)》《모든 것이 무너질 때(When Things Fall Apart)》《당신을 두렵게 하는 곳(The Places That Scare You)》이 있다. 불교적 세계관과 인간관을 쉽게 풀어서 마치 믿을 수 있는 선배가 곁에 앉아 신뢰감 있는 목소리로 이야기를 들려주는 것 같은 느낌을 주는 그의 저서는 미국과 유럽에서 대중의 많은 사랑을 받았다. 피하고 싶었던 순간들을 회피하지 않고 직면했을 때 진정한 보리심과 접할 수 있었다는 최된은 인간이 겪는 무수한 감정의 미묘한 변화를 놓치지 않고 직시하여 삶의 다각적인 면을 생생하고도 섬세하게 풀어내었다.

최된이 스승 트룽파로부터 받은 가장 큰 가르침은 무엇일까?

스승은 가끔 복도에서 나를 불러세우고 다가오셔서는 난데없이 말씀하시곤 했다. "너무 종교적이 되지는 마라! 지나치게 종교인인 척도 하지 말구!" 처음에는 그 말이 참 모욕적으로 들렸다. 그러다가 그 말씀은 내가 풀어야 할 화두처럼 되어버렸다. 그리고 마침내 그 말씀의 뜻이 확실하고 분명해졌다.

20세기의 밀라레파

찰루 린포체(Kalu Rinpoche, 1905~1989)

20세기의 밀라레파라고 불린 카규파의 큰스님. 12년간 히말라야에서 독거 명상. 승원 중심의 수행원을 미국과 전세계에 설립. 7권의 영어 저서를 비롯하여 서구권 전법에 공헌을 함. 1970년대, 60대 후반의 나이에도 불구하고 서구 전법을 하기 위해 예루살렘 성지순례, 교황 면담 등을 통해 그리스도교를 배운 후 서구에서 활약함. 저서로 《부드러운 속삭임(Gently Whispered)》《심오한 불교(Profound Buddhism)》《빛나는 마음(Luminous Mind)》 등이 있음.

세계에서 가장 오랜 활불(活佛)을 가진 종파는 달라이 라마가 있는 겔룩파가 아니라 칼마파가 있는 카규파이다. 1283년에 태어난 제1대 칼마파에서 시작하여 지금까지 계속 환생한 활불로 17대까지 이어오고 있다. 겔룩파의 달라이 라마 활불은 이보다 100년 정도 늦게 시작된 것이라고 한다. 칼마파는 티베트 종교 지도자 서열에서 달라이 라마, 판첸 라마의 뒤를 이어 3위를 차지하고 있다. 제16대 칼마파는 티베트 정부의 망명과 서구로의 진출을 제일 먼저 예견하고 준비한 사람이다.

이 카규파에 금세기의 밀라레파라고 일컫는 칼루 린포체가 있다. '밀라레파' 하면 온화하고 자비로운 마음, 티베트의 모든 민중이 가장 가슴 가까이에 있다고 느끼는 성인, 자연발생적이고 꾸밈없는 마음에서 우러나는 지도력, 그리고 몸을 돌보지 않는 장기간의 석굴 명상이 떠오른다. 1989년 입적한 칼루 린포체는 심오하게 고요한, 빛나는 눈을 가진 은자였다. 그런 칼루를 밀라레파의 환생이며 위대한 성인이라고 선언한 사람은 16대 칼마파이다. 칼루가 히말라야 산 속의 석굴로 들어가 홀로 12년 명상을 한 것도 밀라레파와 닮은 점이다.

칼루의 부친은 의사이며 라마였고, 어려서부터 19세기의 리메 라마인 잠곤 콩트룰의 화신으로 인정받았던 사람이다. 이 잠곤 콩트룰(Jamgon Kongtrul)은 또 대학자·의사·외교관 등의 직업을 가지고 있었는데 하도 다재다능하여 티베트의 레오나르도 다빈치라 불리었던 사람이다. 칼루는 아버지한테 직접 가르침을 받다가 13세에 사미계를 받고 펠풍 승원에 들어갔다. 13세라는 어린 나이에 그는 스님들을 앞에 놓고 최초의 법문도 했다. 25세가 되었을 때 그는 내적으로나 외적으로나 모든 것을 놓아 버렸다. 친구도 하인도 가족도 물질의 안락도 말이다. 히말라야 산으로 들어간 칼루는 불굴의 인내로 홀로 12년간 명상을 하였다. 이후 펠풍 승원의 수련원장직을 맡아 50년대 말까지 그곳에 있다가 인도로 망명했다.

칼루가 12년 동안 계속한 독거 명상에서 사용한 장소는 야생이나 다름이 없어 보통 사람이라면 그런 곳에서 하루도 배겨나지 못할 곳이라 한다. 라둥푸 석굴은 입구가 하도 커서 매서운 바람이 쉴 새 없이 불어닥쳤다. 어두운 석굴 안에는 기어다니는 곤충들도 많았다고 한다. 한 번은 음식도 챙기지 않고 숲으로 명상을 나간 아들이 걱정되어 어머니가 음식을 싸가지고 길을 나섰다. 눈쌓인 산길에서 갈 곳을 몰라하는데 어디선가 작은 사슴이 나타났다. 그 사슴의 뒤를 따라갔더니 연기가 나는 석굴을 만났다. 칼루가 불을 피우고 있었던 것이다. 그런데 그렇게 어렵게 해서 찾아낸 아들은 음식이 필요없다고 하였다. 이후엔 이곳을 지나던 목동들이 자주 들러 칼루에게 먹을 것을 주었는데 나중에는 그마저 번거로워 자리를 옮겨 버렸다. 이번에는 커다란 나무 밑에 수북이 쌓인 낙엽 속에 몸을 묻고 얼굴만 내놓고 앉아 명상을 하였다. 거기도 한동안 시간이 흐른 후에는 다시 번잡해져서 또 자리를 옮겼다. 설산에서 홀로 명상하는 성자를 볼 때마다 지나는 사람들은 이름을 묻곤 했는데 그때마다 칼루는 다른 이름을 말했다. 후에 칼루가 수행자들을 위해 수련원을 지었는데 독거 명상방이 너무나 좁고 습기가 찬다고 불평하는 사람들이 있었다. 그럴 때면 "그 말이 맞네!"라고 응수해 주었지만 마음 한편으로는 웃음을 참을 수 없었다. 자신이 사용했던 장소에 비하면 너무나 사치스러운 장소였으니 말이다.

1971년 부유한 미국인 제자 제임스 에빈(James Ebin)이 칼루 린포체를 미국으로 초청했다. 여정을 떠난 칼루는 먼저 예루살렘에 들러 그리스도교 성지를 두루 참배하고 다음 로마로 가서 교황 바오로 6세를 만났다. 바로 이런 둥근 마음이 칼루가 티베트의 지방적 가치를 벗어나 세계적 가치를 추구하고 서양에서 전법할 수 있었던 토대가 되었던 것이다. 그때까지 티베트인들은 다른 종교의 영수를 만난다는 것이 불필요한 일이라고 생각했을 뿐 아니라 티베트의 캄 지방에 잠시 왔다가 실패하고 돌아간 그리스도교가 너무나 정복자적인 자세를 가지고 있다고 좋지 않게 생각하고 있었기 때문이다. 칼루는 세계를 이끌어왔던 그리스도교를 제대로 알고 싶었고 그간 자신이 접해온 책이나 사람만으로는 그 심오함을 다 알아내지 못했다고 믿었기에 그리스도교 성지를 순회하고 교황을 만났던 것이다. 이후 미국과 캐나다에서 1년을 보낸 후 프랑스로 갔다. 당시 카규파에는 젊고 서양에서 교육을 받은 스님이 둘 있었다. 바로 영국으로 가서 삼예링을 세운 아콩 린포체와 트룽파 린포체이다. 그러나 아무도 나이든 칼루 린포체가 서양으로 가서 전법을 하리라고는 상상하지 못했다. 그는 어떤 마음을 가지고 있었을까?

내가 오직 바라는 것은 누구든 나를 보거나 내 얘기를 듣거나 나를 접하거나 내 생각을 할 때, 즉 나와 어떤 방식으로든 관련이 있는 사람들은 다 성불하는 것이다. 내가 쓸모 있으리라고 생각하는 것은 바로 그런 것을 통해서이다.

티베트에서는 제자 스님들이 모든 재산을 은사 스님께 바치는 것이 전통이라

"다르마는 해나 달처럼 뭇 생명을 두루 비추어 준다."

고 한다. 칼루도 그런 보시를 자주 받았다. 그는 보시를 거절하는 법이 없었을 뿐 아니라 때로는 재물을 축적하는 인상도 주었다. 보시를 받으면 한 2~3년간 걀첸 라마에게 모으게 하였다. 모인 돈이 충분하다고 생각할 때 칼루는 그것을 불균등하게 삼등분하였다. 가장 큰 몫은 스님이나 삼보에 공양했다. 두번째 큰 몫은 가난한 이를 위해 썼고 제일 작은 몫은 동물에게 먹을 것을 주는 데 썼다. 그러나 자신을 위해서 남기는 것은 없었다. 인도에 있는 티베트 스님들은 모기 한 마리가 방 안을 날아다니면 피하려고 애를 쓰지만 칼루는 모기가 팔뚝을 실컷 뜯고 있을 때도 몸을 움직이는 법이 없었다고 한다.

칼루는 책도 여러 권 썼는데, 《부드러운 속삭임(Gently Whispered)》을 비롯한 7권의 저서가 서구권에 소개되어 있다. 칼루는 스님을 중심으로 한 카규파의 승원을 많이 설립했다. 뉴욕 주 와핑거즈 휠즈(Wappingers Falls)에 설립한 카규 툽텐 춸링 승원(Kagyu Thubten Choling Monastery)이 미국 동부의 18개 센터를 관장하고 있다. 그밖에 프랑스를 비롯한 유럽에도 그가 설립한 불교 센터가 있다. 카규 툽텐 춸링 승원의 활동은 높은 수준의 불자와 스님을 양성하는 것이다. 78년 설립한 이래로 지금까지 스님들을 배출하는 3년 정진 코스를 4번 되풀이했고 여기에서 50명의 졸업생을 배출했다. 이곳에는 노를하(Norlha) 라마가 상주하면서 단기 명상, 장기 명상, 티베트 불교, 티베트어 강좌를 하고 있다.

카규파에 KIBI(The Karmapa International Buddhist Institute)라는 부설 불교 대학이 있다. 학부의 4년 과정을 마치면 다음에 대학원 5년 과정이 이어진다. 강의는 티베트어로 하고 영어로 통역된다. 인도 뉴델리에 본교가 있고 러시아에 엘리스타 분교가 있다. 월간지 〈카규 라이프 인터내셔널(Kagyu Life International)〉은 〈부디즘 투데이(Buddhism Today)〉로 이름을 바꾸었다.

칼마파가 주석하는 법회에서 가장 세인의 주목을 끄는 것이 흑왕관 의식(Black Crown Ceremony)이라고 한다. 한 20분 정도 지속되는 이 의식에서 칼마파는 화려하게 장식된 옥좌에 앉아 걀링(오보에 같은 티베트 악기)의 신비한 소리가 울려퍼지는 가운데 황금관을 벗고 두 개의 금강저가 앞면에 장식되어 있는 칠흑 같은 흑왕관을 오른손으로 들어올려 머리에 쓴다. 다음 왼손에 수정 염주를 들고 관세음보살 진언을 108번 염송한다. 최고조에 달했던 걀링 소리가 잦아들면서 칼마파는 흑왕관을 벗어 다시 붉은 보자기에 싸놓는다.

이 전통은 1339년 6월 15일 보름날 달밤에 시작되었다고 한다. 중국의 마지막 몽골 황제였던 토간 테무르에게 스승 3대 칼마파가 입적한 다음날 밤 새벽에 흑왕관의 이미지가 보였다. 다시 1407년 명나라의 융로 황제가 5대 칼마파를 궁전으로 불렀을 때 1,000명의 다키니의 머리로 짠 흑왕관이 칼마파 머리 위에 떠있는 것이 보였다. 그때 보인 흑왕관을 그대로 만든 것이 지금까지 칼마파에게 전해내려오는 것이란다.

말년에 칼루는 "나는 내가 가진 모든 것을 다 다르마를 위해 주었다."고 회고했다. 1989년 세수 85세 때 그는 평화롭게 입적했다. 특별한 병도 없이 점점 힘이 없어지면서 누워 있는 시간이 많아지던 그는 이런 말을 했다.

낮이면 미망의 체험을 닦고 밤이면 꿈의 체험을 닦는다네.

5월 10일 그는 주변의 부축을 받고 명상 자세로 앉아 합장했다. 그 방에 있던 사람들이 깊은 평화와 기쁨을 체험하고 있을 즈음 서서히 그의 존재가 몸을 빠져나갔다. 고요히 그렇게 불규칙한 숨도 큰 숨도 없었다. 다만 열렸던 눈이 서서히 감겼을 뿐이다. 소박하고 소년같았지만 동시에 진정한 품위를 느끼게 해주었다는 칼루 린포체는 말했다.

다르마는 해나 달처럼 뭇생명을 두루 비추어 준다.

우리가 허공을 볼 때 여기까지는 비어 있고 여기서부터는 비어 있지 않다고 할
수 없듯이 마음도 원래 다 비어 있는 것이다.

유럽과 러시아에 재가자 중심 불교를 창조하다

올레 니달(Ole Nydahl, 1941~)

1951년 덴마크에서 태어남. 철학을 전공했고 복싱도 했던 그는 1969년 카트만두에서 칼마파를 만나 불교에 입문한 후 재가자 중심으로 이루어진 금강승 불교(Diamond Way Buddhism) 수행 센터를 전세계에 270여 곳 설립. 특히 기존불교가 외면했던 동구 유럽, 러시아, 라틴 아메리카 등에 활발한 전법활동을 하고 있음. 저서로 《호랑이 타기(*Riding the Tiger*)》《만물의 도(*The Way Things Are*)》 등이 있음.

　　20여 년간 서구에서 전법을 해온 올레 니달(Ole Nydahl) 라마는 재가자 중심으로 이루어진 금강승 불교(Diamond Way Buddhism) 수행 센터를 전세계에 270여 곳 설립했다. 니달은 1951년 덴마크에서 태어났다. 그는 전생에서부터 전사의 삶을 살아온 듯하다. 어린 시절 전생에서 티베트 동부에 살았으며 중국인들과 싸웠던 기억을 상기했었고, 또 자라나면서 복싱을 했는데 한 번도 진 적이 없었으며 친구들을 끝까지 지켜주었다고 한다. 그런 성향을 가졌으니 당연히 정부 기관이나 경찰과의 충돌도 많았다. 야성적이고 투사적인 기질과 끝까지 자기 사람을 돌보아주는 보스 기질을 지닌 그는 드물게도 지성까지 갖추었다. 코펜하겐 대학에서 철학을 전공하였고 대학원에서는 〈헉슬리(Aldous Huxley)의 인식의 문〉에 관한 논문을 썼다. 졸업 후 한나 니달과 결혼을 하여 1969년 네팔의 카트만두로 신혼여행을 갔다. 신혼여행지 역시 다른 신혼부부와는 달랐으니 이 선택에서 이미 이들의 운명은 정해져 있었다고 봐도 되겠다. 카트만두에 간 이들은 어느날 칼마파의 축복을 받기 위해 수많은 사람들이 줄을 선 것을 보고 자신들도 거기 줄을 섰다.

마침내 우리는 칼마파 앞에 섰고 그의 손이 머리로 다가왔다. 눈을 들어 그를 본 순간 그의 얼굴이 하늘보다 더 커지는 것이었다. 믿을 수 없을 만큼 광대한 황금빛 하늘…… 칼마파의 힘이 우리 삶 속으로 들어온 것이다.

신혼여행차 잠시 네팔에 다니러 갔던 니달 부부는 이후 3년을 거기 머물며 칼마파의 제자가 되었다. 칼마파에 대한 이들의 사랑은 끝이 없어 칼마파를 위해선 무엇이든지 하겠다는 마음이었고, 또한 금생에서 자신들이 무엇을 해야 한다는 목표의식도 이때 확고히 자리잡았다고 한다. 1972년 이들은 코펜하겐으로 돌아가서 서구인의 손으로 연 최초의 티베트 불교 센터를 설립했다. 니달은 미국과 서유럽같이 이미 불교가 들어간 곳 외에도 동구 유럽과 라틴 아메리카처럼 이전에는 불교를 몰랐던 곳에 불교 센터를 세웠다. 1995년 칼마파는 니달이 자격 있는 재가자 불교 교사임을 인정함과 동시에 라마 자격증도 수여했다.

지칠 줄 모르는 에너지로 거의 매일 다른 도시로 가서 설법을 하고 명상을 지도하는 니달의 2001년 8월 스케줄을 보면 러시아 · 스위스 · 폴란드 · 불가리아 · 유고슬라비아 · 헝가리 · 루마니아 · 체코 등 8개국에서 각기 3~6일의 수련회를 이끌었다. 2001년 3월에는 기차 2량에 106명이 함께 타고 러시아 대륙을 횡단하였다. 아예 한 량은 칸막이가 없이 전체를 한 방으로 하여 함께 자고 파티도 하며 여행하였다. 언제나 그러하듯이 바이칼 호에서는 섭씨 영하 26도의 물에서 수영을 하였다. 물론 니달도 빠질 수는 없었다. 스포츠를 좋아하는 그는 얼음물에서 수영뿐 아니라 스카이다이빙도 한다. 제자들과 스카이다이빙을 함께 하고 나면 그 결속감이 어떤 걸림돌도 넘어서게 해준다고 한다. 아우토반을 시속 220킬로미터로 달리기도 하는 그인지라 자연 아우토반이라는 초고속도로에서의 속도제한 도

입을 반대하기도 했다.

니달이 서구에서 펼치고자 하는 불교는 요기 (yogi)와 재가자를 위한 불교이다. 승원 중심의 불교가 서구인에게는 잘 맞지 않는다는 것이 다. 전통적으로 불교 수행자는 비구/비구니, 요 기, 재가자의 3종류가 있었다. 이 중 출가 생활

칼마파(Karmapa)와 라마 올레

과 소속 종단이 필요한 비구/비구니를 제외하고 나머지 두 그룹에 불교를 전하겠 다는 것이다. 요기는 사회적 통념이나 관습에 걸림이 없이 정신적 발전을 위한 수행에 전념하는 사람이다.

승원의 출가 생활은 현대 서구인에게는 별 매력이 없다. 만약 그런 서구인이 있 다면 삶의 풍요함을 피하려는 것이나 약함을 표현하는 것이라고 니달은 생각한 다. 또한 섹스를 하지 말라는 계율은 피임이 불가능하던 그 시절에 자식이 생겨 그를 부양하느라 수행에 지장을 받는 것을 피하게 하려는 것이었지 섹스 그 자체 를 금하려는 게 아니었다는 것이 니달의 주장이다. 그렇다면 요기와 재가자가 함 께 수행을 할 수 있을까? 오늘날 요기는 보시를 받기 위해 승가와 경쟁할 필요가 없으니 치렁치렁한 흰옷이나 야성적 헤어스타일을 할 필요가 없고, 또 재가자 역 시 노후를 위해 자식을 많이 나을 필요가 없어졌으니 요기와 재가자의 거리가 많 이 좁혀졌다는 것이 니달의 설명이다.

재가자와 여성을 위한 불교, 일상생활에 적용할 수 있는 실용적인 가르침이라 는 것이 서양 불교의 특색이지만 니달의 금강승 불교에서는 특히 여성들이 소외 감을 느끼지 않도록 신경을 많이 쓰고 있다. 역사적으로 왜 여성 라마들이 별로 없었느냐는 질문에는, 여성들도 남성만큼 높은 경지의 깨달음을 얻은 예는 많이 있었지만 여성들은 깨달음 이후에도 홀로 석굴에서 수행을 계속하는 것을 더 선 호하여 남성들처럼 많은 제자를 두지 않았기에 눈에 띄지 않았다고 답한다. 또 거의 모든 승원에 남성밖에 없었으므로 여성이 환생하여 활불이 되었다 해도 그

를 인정하기도 어려웠고, 또 인정했다 해도 받아들여 키우기 힘든 환경이었다고 했다. 또한 여성들이 공적 시스템 밖에서 살았던 것이 역사기록에 제대로 남지 못한 이유였다는 설명이다.

불교가 가장 우수한 종교라고 주장하는 그의 논리를 들어보면 그를 비난하는 말이나 편파적이라는 평에 아랑곳없이 직선적인 어법을 사용한다는 것을 짐작할 수 있다.

온순하고 겁 많은 사람들에게는 교회가 있고, 광신자들에게는 모슬렘 기도원이 있고, 달콤하고 사적인 정신수행을 선호하는 사람들에겐 힌두 구루가 있고, 차별을 원하지 않는 사람들에겐 뉴에이지 세미나가 있다. 그러나 똑똑하고 비평적 안목이 있는 사람들이 컴퓨터 작업과 동일한 투명성과 효율성을 불교 말고 다른 어디서 찾을 수 있겠는가? 논리적으로 분석할 수 있는 것만을 믿는 사람들, 그리고 이국적인 삶의 방식이 좀 불편한 사람들에게는 우리 불교 단체가 가장 알맞다.

서양 불교를 정립하는 것이 그에게 왜 그렇게 소중하냐는 질문에 그는 답했다.

약동적이고 매력 있는 사람들이 더 발전하기 위해 필요로 하는 도구를 주고 싶기 때문이다. 이들이 존경하고 사용할 수 있는 가르침과 방법, 그리고 그것을 실증하는 사람을 볼 수 있어야 한다. 불교가 죽지 않고 계속 살아 있도록 하면서도 삶에서 멀어지지 않게 유지하는 것은 간단한 일이 아니다. 불교는 박물관으로 사라져서도 안 되고 또 상아탑에 갇혀서 민중의 삶과 무관해져도 안 되기 때문이다.

전통적으로 티베트 스님들은 3년 정진 코스를 마쳐야 법을 전하는 교사가 될 수 있다. 그런데 니달 부부는 그런 과정을 거치지 않고 교사가 되어 세계적으로 가르침을 펼 뿐만 아니라 다른 교사를 임명하고 있다. 전생의 활동과 업적으로 니달은 칼마파에게 라마로 인정받았기 때문이다. 니달 부부가 설립한 270여 개의 센터를 총책임지는 임무를 칼마파는 이들에게 주었다.

초심자에게 금강승 불교 센터에서 가장 효율적으로 사용하고 있는 것이 인도 명상(guided meditation)이다. 명상의 주제와 방법을 아름다운 시구처럼 텍스트를 만들고 중간에 적절히 쉼표를 배치하여 전하는 것이다. 지성인들이 한 곳에 마음을 집중하면 언어의 전달을 받기가 쉽기 때문에 이 방식은 명상을 한 번도 해보지 않은 사람에서부터 숙련자까지 도움을 받을 수 있다. 틱낫한도 이 방법을 많이 사용하여 인도 명상용 텍스트를 출간했고, 다이아몬드 승가를 세운 로버트 아잇켄도 《잠들지 않는 용(The Dragon who Never Sleeps)》을 출간했다.

올레 니달이 주석하는 인기 수련 중 하나는 죽음에 임했을 때 의식 있는 죽음을 할 수 있게 해주는 포와(Phowa)이다. 한 번에 천명씩 참가자가 모이기도 하는 이 포와를 지난 10년간 100여 개 수련회를 통해 이수한 사람은 27,000명에 달한다. 그리고 이들 중 몇몇을 제외하고는 모두 수련 효과를 다 보았다고 한다. 포와가 이렇게 인기 있는 이유는 살아 있는 동안에 인간의 긍정적인 마음을 해방시키기 때문이다. 자기 중심적인 마음이 사라지고 남을 위해 무언가 해야겠다는 고귀한 마음이 살아난다고 한다. 죽음만큼 민주적인 것이 없기 때문이다. 포와는 보통 4 ~5일의 집중 수련으로 이루어지는데 아미타불이 수련자를 축복해주고 죽음 후에 서방정토에 도착한다는 증표를 준다고 한다. 증표는 외부증표, 내부증표, 비밀증표의 3가지로 나누어진다. 보통 두개골에 작은 구멍이 뚫리는데 머리 정수리 부분에 그 흔적을 볼 수 있다고 한다. 또 수련중 강렬한 정화와 희열의 체험을 하며 삶과 죽음에서 무엇이 진정 중요한지 이해하게 된다고 한다. 포와 수련을 받은 후에는 삶이 이전과는 달라지고 향상된다고 체험자들은 말한다. 참가자는 거의 다 지복의 희열을 경험하고, 일부는 자신의 몸을 떠나는 유체이탈도 체험한다고 한다.

직접적으로 청정한 마음을 인식하도록 해주는 것, 이국적 문화의 빛깔에 걸리지 않고 가슴으로 전해오는 광대한 마음과 지고한 기쁨을 느끼는 것, 현 사회에 응용할 수 있는 이상주의, 매임 없는 가벼움, 다른 사람들에게 소용되고 싶은 마음 등이 니달의 불교 센터에서 중점적으로 닦고 있는 수행목표이다. 니달은 또 다른 종교 지도자들처럼 평화만을 옹호하지 않는다. 많은 고수준의 고대문명이 자신의 가치를 지킬 선견지명과 힘이 없어 무너졌고, 달라이 라마 역시 강력한 군대를 가졌더라면 중국 군대에 쫓겨나지 않았을테니 말이다. 토마스 제퍼슨이 병법을 배운 것은 "내 아이들이 농사 짓고 손주들이 철학을 배울 수 있도록 하기 위해서"라고 한 말에 그는 전적으로 공감하고 있다.

니달의 불교 단체가 다른 곳과 다른 점은 성에 관한 가르침이 포함되어 있다는 것이다. 니달은 성관계로 인한 합일의 경험이 명상을 하지 않는 사람들에게는 불성에 가장 가까이 다가갈 수도 있는 길이라고 믿고 있다. 자신의 부친이 76세라는 나이에도 "여자는 역시 인류에게 주어진 최고의 선물"이라는 농담을 했고 어머니도 아버지의 그런 관심을 즐겼기에 성에 관한 건강한 관심은 가문의 내력이라고 말한다. 성에 관해 활기 있으면서도 긴장하지 않은 관계를 동시에 가질 수 있을 때만이 건강한 인간이 될 수 있다고 그는 믿는다.

히말라야 석굴에서 12년간 명상을 한 비구니

텐진 팔모(Tenzin Palmo, 1943~)

 1943년 영국에서 태어나 1964년 티베트 불교 비구니가 됨. 1976년 히말라야 석굴에 입산하여 12년간 수도. 1988년 이태리의 아시시로 가서 5년간 전법 활동을 함. 1998년 자서전, 《눈속의 석굴(*Cave in the Snow: A Western Woman's Quest for enlightenment*)》을 발간, 2002년 《산중 호수에 비친 그림자 (*Reflections on a Mountain Lake*)》 출간. 현재 인도 북부지방에 거주하며 동규 가찰 링 비구니 승원을 짓고 있음.

    텐진 팔모 스님은 1943년 영국에서 태어났다. 정신적인 가치를 중시하는 어머니와 단둘이 살면서 한때는 한 번 들어가면 영원히 밖으로 나오지 않는 카르멜회의 수녀가 되기를 소망하기도 했다. 언제나 예쁜 옷을 입고 다니며 남자친구도 많은 인기 있는 소녀였지만 내면으로는 수행자의 삶을 원했던 팔모는 18세에 불교도가 되었다. 처음에는 상좌부 불교를 믿었다. 이 시절 티베트 불교는 검은 마술과 성적 행위가 난무하는 타락된 것이라는 것이 일반의 인식이었는데 팔모는 우연히 티베트 불교 소개 책자를 보게 되었다. 그런데 티베트 불교에는 4개 종파가 있다며 각 종파의 이름이 소개되자 대번에, "나는 카규파야." 라고 중얼거리는 자신을 발견했다. 스스로도 놀란 팔모는 카규파에 대해 좀더 자세히 알아봐야겠다는 생각에 영어로 번역된 자료를 찾았지만 밀라레파의 전기를 제외하고는 아무것도 입수하지 못했다. 카규파의 대성인 밀라레파의 전기를 읽으며 이제는 나도 스승을 찾아 인도로 떠나야겠다고 마음먹게 된다. 인도에서 망명생활을 하다

막 영국으로 도착한 트룽파 린포체를 만나 명상을 배웠던 것은 이 시절이다. 아직 서구에서 명성을 떨치기 이전 무명 시절의 트룽파는 팔모에게 이런 말을 했다고 한다.

자네는 믿기 어렵겠지만 티베트에서는 내가 꽤 지위 있는 라마였다. 영국에 왔으니 제자 하나라도 키우고 싶다. 나에게 명상을 좀 배우지 않겠나?

1963년 20세의 나이에 카규파의 스승을 찾아 인도로 마음을 닦으러 갔던 팔모는 1964년 8대 캄트룰(Khamtrul) 활불을 만나 스승으로 모시고 사미니계를 받았다. 서구 여성으로서는 꽤 일찍이 계를 받은 팔모는 6년간 스승 밑에서 공부한 후 히말라야 산 계곡 마을인 라훌에 소재한 작은 승원으로 가서 좀더 강도 높은 수행을 6년간 하였다. 이후 히말라야 산 속의 석굴에 홀로 들어가 12년간 명상을 했다. 1988년 인도에서의 25년 수행을 마치고 팔모는 이태리로 떠났다. 아시시에 주로 머물며 여러 곳의 다르마 센터에서도 가르침을 폈다.

히말라야 석굴에서 홀로 수행하던 시절 그의 일정을 한번 보자. 주로 눈이 많이 내리는 11월에서 오뉴월까지는 명상 정진을 한다. 오뉴월에 눈이 녹으면 채소도 가꾸고 필요한 물품도 들여놓고 땔나무도 모으고 석굴의 보온을 위해 벽에 진흙도 바르고 한다. 때로 사람들이 찾아올 때도 있다. 이 기간에 팔모는 독서도 하고 그림도 그렸다. 10월에는 스승을 뵈러 아랫마을 타시종으로 내려갔다. 물론 이 기간에도 아침, 저녁 수행은 거르지 않았다. 석굴에서 홀로 정진하던 12년 동안 가장 힘든 게 있었다면 지루함이었다. 정진을 시작한 지 한 2주가 지나면 이것을 앞으로 몇달 동안이나 계속해야 한다는 생각이 비집고 들어온다. 하루에 네 번 하는 명상이 마치 똑같은 영화를 하루에 네 번씩 보는 것과도 같고, 그런 일을 내일도 모레도 내주도 그 다음 주도 내달에도 반복해야 한다고 생각하면 그저 막막하다. 이런 문제 역시 주변에 상의할 사람이 없으므로 혼자서 해결해야 한다. 이

때 중요한 것은 자신의 삶이 단조롭다는 것과 자신이 지루함을 느낀다는 것을 인정하는 것이다. 그 다음에는 그저 일정을 지켜나가며 계속 앞으로 나아가는 것이다. 일정의 리듬을 깨지 않는 것, 자신에게 명상을 하고 싶은지 아닌지 묻지 않고 그냥 하는 것이 중요했다. 그러다 보면 수행 자체에 탄력과 활력이 붙게 되고 이후에는 수행이 절로 되는 것이다.

석굴에서 수행하던 어느 해 겨울 눈보라가 7일 동안 계속된 적이 있었다. 그로 인해 라훌 지역의 여러 마을이 눈사태로 파괴되었다. 팔모가 수행하던 석굴에도 수십 톤의 눈더미가 덮쳤다. 굴 속에 갇혀 버린 것이다. 굴 안을 덥혀 주던 단 한 개의 난로도 굴뚝이 부서져 불을 피울 수 없었다. 칠흑 같은 어둠과 추위 속에서 석굴 문을 열었더니 끝 모를 빙벽이었다. 손바닥만한 공간에 갇혀 있음을 깨달은 순간 공기가 점점 더 희박해지고 있음을 느꼈다. 죽음을 예감했다. 그러나 오랜 수행을 계속했던 그에게는 폐소공포증이나 무서움이 느껴지지 않았다. 다만 침착하게 죽음을 맞을 준비를 했다. 자신이 귀의할 곳은 스승밖에 없음을 상기하고 가슴 깊은 곳에서 우러난 진심으로 스승께 마지막 기도를 올렸다. "중음(中陰)에서 저를 보호하고 인도해주십시오."라고 기도하던 중 이런 소리가 들렸다.

굴을 뚫고 밖으로 나가라!

문 앞을 가로막은 빙벽에서 얼음을 깨 나가기 시작했다. 깨어낸 얼음과 눈은 굴 안으로 들여왔다. 처음에는 삽으로 파다가 얼마 후에는 남비와 뚜껑, 손가락까지 사용했다. 석굴 안에도 곧 눈이 가득 찼다. 얼마 후에는 앞에도 까만 어둠, 뒤에도 까만 어둠 뿐이라서 좁디좁은 얼음 튜브 안에 갇힌 듯했다. 얼마나 그렇게 했을까. 앞쪽의 어둠이 점점 걷히며 조금씩 밝아졌다. 마침내 극적으로 바깥 세상을 만난 그는 깜짝 놀랐다. 석굴도 나무도 다 사라졌다. 석굴에 세워 놓았던 3미터 높이의 장대도 끝이 보이지 않았다. 오직 천지가 하얀 벌판이었다.

팔모는 어려서부터 영성이 발달했던 것 같다. 전생의 오랜 수행이 쌓인 것일 게다. 18세에 "나는 카규파야." 했던 것도 그렇고, 인도에 가서 캄트룰 린포체를 스승으로 정할 때도 스승만이 전생의 그를 알아본 게 아니었다. 팔모는 섬광처럼 그를 알아보았고, 오랫동안 만나지 못한 옛친구를 마주한 느낌이었다고 한다. 1980년 입적했던 스승이 다시 환생하여 2살 6개월된 아기 모습의 스승을 처음 만났을 때도 마찬가지였다. 아기 스승은 자리에서 벌떡 일어나더니 기뻐하면서 팔모를 알아보았다.

내 제자 비구니가 왔구나! 내 비구니가 왔어.

스승 캄트룰 린포체가 1980년 입적하기 전에 팔모에게 비구니 절을 세우라고 여러 번 말했지만 이루지 못했었다. 1992년 팔모가 몸담고 있는 타시종 승원의 스님들이 다시 한번 비구니절을 세울 것을 요청하자 그는 기꺼이 수락했다. 그가 인도 북부에 세우려는 동규 가찰 링(Dongyu Gatsal Ling) 승원은 비구니들을 위해 드룩파-카규파 법맥의 승원을 열려는 것이다. 드룩파-카규파는 토그덴마, 즉 밀라레파처럼 수행을 중시하는 스님을 키우는 전통을 가진 법맥이다. 팔모는 비구니를 위한 승원과 재가 불자를 위한 국제 여성 수행 센터를 세우고 싶었다. 동규 가찰 링 비구니 승원은 주변환경의 아름다움을 살리고 환경을 최대한 보전할 수 있도록 토속 건축방식인 흙벽돌과 돌을 사용해 지을 것이며 태양열 발전을 할 것이라고 한다.

불교 안에 약동하는 힘찬 여성 원리의 화신으로 일컬어지는 팔모는 여성의 몸으로도 깨달음을 얻고 성불할 수 있다는 것을 모든 여성에게 알리고 싶었다. 팔모는 21세기를 이끌어갈 비구니 수행자를 키울 기반을 마련하는 아주 중요한 일을 하고 있다. 그 동안 티베트나 아시아권에서 비구니들의 수행이 꽃피어날 수 있는 기반이 미비하던 것을 이 서양 여성이 보강하고 있는 것이다. 그의 프로젝트가 성공적으로 이루어질 때 자격을 갖춘 비구니 교사가 충분히 공급될 수 있을 것이다. 힘과 권위를 가진 것은 단지 비구들이며 자신은 그저 여자이기에 무언가를 할 수 없다고 생각하는 여성들에게 힘찬 메시지를 전하고 자신감을 줄 수 있는 역할 모델이 되고싶다고 팔모는 말한다.

팔모가 서양 여성으로서 인도에서 공부할 때는 사미니계를 받은 후 이수할 적절한 영어 교육체계가 없었다. 그래서 티베트어로 된 경전이나 법문을 받아 혼자 이해할 수 있는 만큼만 배웠다. 방임에 가까운 공부를 한 것이다. 오늘날에는 영어 교육체계가 발전했지만 대신 스승을 1년에 한 번 만나기도 어렵게 되었다. 그래도 스승 곁에서 늘 공부할 수 있었던 그 시절이 더 나은 공부 환경이었다고 팔모는 말한다. 동양 여성이 아니라 외부인이었기에 여성에 대한 불교의 전통적 차별에서 어느 정도는 자유로울 수 있었다. 스승 캄트룰 린포체의 비서였던 팔모는 가까이서 스승을 모실 기회도 많았다. 그러나 비구가 아니었기에 한계는 있었다.

전생에서는 너를 늘 내 가까이 둘 수 있었다. 그런데 이생에서는 네가 여성의 몸으로 왔으니 어쩌겠느냐? 나도 나름으로 최선을 다하고는 있다만 너를 가까이 두는 게 쉽지만은 않구나!

이전에 석굴에서 혼자 수행하던 시절과 동규가찰링을 짓기 위해 모금 순회강연을 하는 지금과는 너무나 다른 삶을 살고 있는 팔모에게 사람들은 어느 쪽이 더 좋으냐는 질문을 하곤 한다. 개인적으로 수행을 더 좋아하기는 하나 두 가지 생활이 다 필요하고 또 배울 점도 많다고 그는 말한다.

혼자 있을 때 수행자는 잡다한 일에 마음을 빼앗길 겨를이 없으므로 발전이 빠르다. 마치 압력솥에 모든 재료를 한꺼번에 넣고 빠른 시간에 요리하는 것과 같다. 반면 지금처럼 수많은 사람을 만나야 할 때는 혼자서는 기를 수 없는 덕성을

" '지금 이순간에' 깨어 있을 수 있는 최선의 방법은 모든 것을 처음 보는 어린이의 눈으로 보는 것이다."

배우는 시간이다. 관대한 보시정신, 인내심, 사랑, 자비 같은 것들은 주변에 다른 사람이 없이는 배울 수가 없기 때문이다. 마치 들숨과 날숨처럼 이 두 가지 생활은 조화를 이루어야 한다.

마음을 다스리는 법에 대해 팔모는 말한다. 사람들은 몸에 많은 정성과 시간을 쏟고, 내 집 뒷뜰에 쓰레기 매립장이 오지 못하도록 운동도 벌인다. 그러나 우리가 실제로 삶을 사는 것은 마음 안에서이다. 쓰레기장에서 살고 싶지 않다면 마음을 다스려야 한다는 말이다. 마음에는 수술에 임한 외과의사처럼 한 곳에 집중하는 마음과 허공처럼 넓고 여유 있는 마음이 동시에 필요하다. 허공처럼 넓고 여유 있는 마음에는 높은 산정에 오른 사람의 시야처럼 모든 것이 파노라마처럼 펼쳐진다. 집중된 마음은 순간 순간 무슨 일이 일어나고 있는지 알고 있다. 즉 여유 있는 마음의 큰 틀 속에서 현재 일어나고 있는 일을 다 인식하는 깨어 있는 마음이 매순간 필요하다는 것이다. "키우고 있는 소를 제대로 다스리려면 광대한 풀밭을 주면 된다."던 스즈키 순류의 말을 인용하면서 팔모는 우리 마음 역시 1m도 안되는 끈에 묶어 말뚝에 매어두지 말고 드넓은 초원을 주라고 말했다.

전에 내가 히말라야의 석굴에서 홀로 수행하던 때 일이다. 4,000m 높이의 그 산 속 풀밭에 어느 날 소년 목동이 나타났다. 한눈에도 초보였던 소년은 혹시 양 한 마리라도 잃어 버릴세라 매우 불안한 기색이었다. 그는 양떼가 흩어지지 못하도록 늘 빼곡이 모아 한 곳에 두었고, 잠시 후엔 이쪽으로 잠시 후엔 저쪽으로 양들을 몰고 다녔다. 날이 저물 무렵 양떼는 매우 신경이 예민해져 풀도 별로 뜯지 못한 상태였다. 소년 역시 지쳐 버렸다. 다음 날 본래 양치기가 복귀했다. 나이가 지긋했던 그는 풀밭으로 양떼를 몰고 가서는 그저 내버려 두었다. 조금 높은 곳에 앉아 맥주병을 한 손에 들고 마시면서 양떼를 바라보기만 했다. 양들은 이리저리 마음대로 다니면서 배불리 풀을 뜯더니 얼마 후 그냥 자리에 앉아버렸다. 양치기는 아무 일도 하지 않고 다만 양들에게서 눈을 떼지 않은채 하루를 보냈을 뿐이었다. 그리고 그 하루가 지났을 때 양들도 양치기도 다 행복했다.

인간 모두가 안고 있는 고통에 관해 팔모는 말한다.

누구나 겉으로는 용감하고 쾌활하고 능력 있는 모습을 최대한 보이지만 조금만 안으로 들어가면 거대한 혼란, 불확실, 분노, 상처를 가지고 있다. 어쩔 줄 몰라 불안한 것이 인간의 모습인 것이다. 누구나 고통을 겪을 때 남들이 자비로운 눈으로 보아주기를 바란다. 그런데 사람들은 왜 불교 수행을 시작하면 이전보다 더 냉정해지는 것처럼 보일까? 불교에는 자비심이라는 말이 무수히 나오는데 사람들은 왜 그렇지 않을까? 심지어 승가에서도 서로에게 예의바를지언정 자비심은 부족하다. 수행은 마음에서 나오는 것이다. 마음에서 나오지 않은 수행은 진짜가 아니다. 머리는 다만 컴퓨터에 불과하기 때문이다. 불교에서 마음을 말할 때 그 마음은 머리에서 관장하는 지적인 마음만을 의미하는 것이 아니다. 그것은 감성적이고 직관적인 마음, 존재의 심층에 자리하는 마음을 포함하는 것이다.

또 좌선과 생활이 하나가 되는 것이 매우 중요하다고 팔모는 말한다. 좌선을 위한 좌선은 필요없다. 왜냐하면 불교는 우리 마음과 삶을 바꾸려는 것이기 때문이다. 수행은 삶으로 옮겨가지 않으면 아무런 소용이 없는 것이다.

수행의 길을 걷는 사람은 토끼보다는 사자가 되는 게 낫다고 팔모는 말한다. 호랑이처럼 강렬한 감정을 가진 사람을 야성의 상태 그대로 두면 위험하지만 그 큰 에너지를 잘만 돌리면 깨달음을 쉽게 얻을 수 있다는 것이다. 그래서 티베트에서도 동부지역에 사는 야성인들을 캄파라 부르는데 이들 중에 위대한 수행자가 많이 나왔다고 한다. 이들은 매우 난폭하고 악당과 도적들이 많지만 이들이 정신의 길을 닦고자 하면 아무것도 무서울 것이 또한 없다는 것이다.

'지금 이 순간에' 깨어 있을 수 있는 최선의 방법은 모든 것을 처음 보는 어린이의 눈으로 보는 것이다. 그것은 나하고 늘 가까이 있는 가족의 경우 더욱 그러하다고 한다. 그렇게 할 때 몽유병자처럼 살아가는 삶에서 벗어날 수 있다. 홀로 있는 시간은 세상을 도피하는 시간이 아니라고 그는 역설한다.

사람들은 흔히 남들과 떨어져서 자신을 돌아보는 시간을 세상을 도피하는 것으로 보지만 실은 삶의 모든 것을 마주할 수 있는 유일한 시간인 것이다. 실은 사람들과 섞여서 이것저것 같이 하면서 몰려다니는 것이 도피 행위이다. 그런데 현대인은 그런 도피에 중독되고 익숙해져서 자신이 도피하고 있다는 사실조차 모른다. 현대인에게 절실하게 필요한 것이 홀로 있는 내면성찰의 시간인 것이다.

러시아의 강제수용소에서 불교의 등불을 이어가다

비디야 단다론(Bidiya Dandaron, 1914~1974)

러시아의 불교 중심지 부리아트리아에서 라마의 아들로 출생. 티베트 불교의 맥을 22년간 감옥에서 이어나감. 불교도 2위국인 러시아 불교의 등불을 지켜낸 사람 중의 하나. 레닌그라드 대학에서 항공공학과 동양학 전공. 울란 우데에서 많은 러시아인과 유럽인 제자들을 길렀지만 결국 숙청되어 감옥에서 생을 마감.

러시아는 서구에서 불교도 인구 2위의 국가이다. 공산정권의 탄압을 받던 시절 러시아의 주요 불교인은 거의 다 죽고 소수만이 살아남아 감옥에서 강제노동형을 당했다. 비디야 단다론 라마는 이때 함께 수용된 러시아 지성들과 함께 감옥 안에서 명상과 불교 공부를 계속하여 러시아 불교의 맥을 지켜낸 사람이다. 글라스노스트가 일어나기 불과 10년 전인 1974년 20여 년의 수감생활과 두 차례의 투옥 끝에 그는 끝내 감옥에서 숨을 거두고 말았다.

역사적으로 러시아는 몽골을 통해 불교를 받아들였기 때문에 티베트 불교가 성했다. 특히 바이칼 호 근처의 부리아트리아 공화국과 카스피 해 근처의 칼미키아 공화국에 불교도가 많았다. 그러다가 러시아 혁명이 일어나면서 종교탄압이 시작되었다. 처음에는 마르크스가 그리스도교만 표적을 삼아 비난했기 때문에 불교도는 별 탄압을 받지 않았다. 그러다가 스탈린이 집권하면서 1937년부터 대대적인 불교 탄압이 시작되어 수많은 불교인이 처형당하거나 수감되었다.

2차대전이 끝나는 1945년 이후에 러시아 정부는 대외 홍보용으로 울란우데와 치타 근처의 두 곳 사원만 남겨 놓았다. 이로부터 40년이 지난 1985년 글라스노스트와 페레스트로이카가 일어나면서 부리아트리아로 불교를 배우러 가는 러시아인들이 늘어났다. 그러다가 1987년 달라이 라마의 역사적인 레닌그라드 방문이 이루어지고, 카규파의 올레 니달은 러시아 곳곳을 방문하여 금강승 불교의 수행 센터를 설립했다. 숭산의 폴란드인 제자들도 울자노브스크에 불교 그룹을 만들었고, FWBO와 틱낫한도 러시아에 수행 센터를 설립했다.

1992년 달라이 라마는 러시아를 재방문하여 부리아트리아와 칼미키아에서 30명에게 사미계를, 13명에게 비구계를 내렸다. 또한 수천 명에게 입문식을 내렸고 사원을 짓기로 예정된 두 곳에 축복을 내렸다. 달라이 라마의 전생의 스승, 즉 13대 달라이 라마의 스승이었던 아그반 도르지에프의 탄생지를 찾아 '큰스님께 올리는 공양의식'도 올렸다.

아그반 도르지에프는 1854년 부리아트리아의 불교 집안에 태어나, 티베트의 수도 라사에 소재한 드레퐁 사원에서 공부를 하여 라람파 게셰 학위를 받았다. 13대 달라이 라마의 종교 자문도 했고, 후에 러시아가 티베트의 후원국이 되도록 주선하는 로비스트의 역할도 했지만 성공하지는 못했다. 도르지에프는 고국 부리아트리아와 카스피해 연안에 위치한 칼미키아에서 불교 개혁 작업을 벌였다. 칼미키아는 남러시아의 작은 공화국으로서 현재 체스 챔피언 대회가 열리기도 하는 곳이다. 17세기 초에 초원을 찾아 이주한 몽골족이 살고 있는 곳인데 겔룩파 불교를 믿는 칼미키아 인들은 우랄 산맥 서쪽에서 불교를 믿는 최초의 민족국가가 되었다.

1912년 티베트를 방문한 도르지에프에게 달라이 라마는 작별 선물로 성페테르스부르크 사원을 짓는 데 써달라고 5만 루불을 기증하였다. 1909년 시공하여 1915년 완성한 이 사원의 건축에는 당대 최고의 건축가와 화가가 동원되어 유럽 국가의 수도에 세워진 최초의 불교 사원이 되었다. 이 시절 성페테르스부르크는

러시아 부리아트리아의 현장불교학교 학생들

유럽 지식인과 정신의 중심이었다. 신지
학자, 인지학자, 구제프 추종자들이 활발
한 활동을 벌인 곳이기도 하다. 도르지에
프는 러시아의 2대 도시인 레닌그라드와
성페테르스부르크에 불교 사원을 세웠지
만, 1937년 불교인 숙청 때 체포되어 이듬
해 감옥에서 사망했다.

부리아트리아의 법당. 달라이 라마의 사진이 놓여 있다

국제적인 큰스님들의 방문과 러시아 내
의 해빙 분위기에 힘입어 이전에 몰수되
었던 레닌그라드 소재 도르지에프 라마
의 사원이 1989년 불교계로 돌아왔다.
1990년 이 사원의 원래 이름이었던 '다찬

쿤체초니(Datsan Kuntsechoney ; 지혜와 자비의 법당)' 라는 이름을 가진 동상이 공식 봉헌되었다. 또 1991년에는 러시아 불교 250주년 기념식이 열리기도 했다.

러시아 불교가 탄압받던 시절에 불교 명맥을 잇는 데 지대한 공헌을 했던 사람으로 도르지에프 외에도 비디야 단다론이 있다. 단다론은 1914년 부리아트리아에서 태어났다. 부친은 라마였고, 당대 최고 라마였던 체데노프(Lobsan Sandan Tsedenov) 라마의 제자였다. 체데노프는 부리아트리아의 불교 사절단을 이끌고 황궁을 방문한 적이 있는데, 알렉산더 3세 황제에게 절하기를 거부하여 추방을 당했을 뿐만 아니라 동료 불자들에게도 질타를 받은 사람이다. 이후 그는 외진 숲 속으로 들어가 20년간 명상을 하고 난 후 제자를 받았는데 단다론의 아버지도 이때 제자가 되었다.

1921년 체데노프가 투옥된 동안 겨우 7살이 된 단다론이 체데노프의 공식 후계자로 지정되었다. 장성한 단다론은 레닌그라드 대학에서 항공공학과 동양학을 공부하던 중 1937년 대규모 불교인 숙청 때 투옥되어 10년 강제노동형을 받았다. 종국에는 22년간이나 감옥에 갇혀 있어야만 했다. 그러나 그는 감옥에서 허송세월을 하지 않았다. 감옥 안에서 단다론은 명상을 계속했고 다른 라마들과의 토론을 통해 불교 공부도 계속했으며, 원하는 사람에게는 불교를 가르치기도 했다.

1955년 마침내 석방된 단다론은 울란우데의 사회과학연구소 연구원이 되어 경전과 불교 서적을 정리했다. 단다론은 불교를 다만 그의 고향 부리아트리아의 문화를 알리는 수준에서가 아니라 살아 있는 수행을 가르치는 수준으로 살리고 싶었다. 1965년 무렵 그에게는 유럽인을 포함한 많은 제자들이 있었다. 소련 정권의 물질지상주의에 절망을 느낀 사람들도 많이 몰려들었다. 단다론은 지적 탐구법과 전통적 교수법을 융합하여 금강승을 가르쳤는데, 때로는 강하게 때로는 별나고 특이한 방식을 활용했고, 학생들에게 충격을 주어 습관적 방식을 놓아 버릴 수 있도록 했다고 한다. 그는 제자들에게 말하곤 했다.

나를 찾아오도록 하는 것은 너희들 자신이 아니라 서구로 오고 있는 불교이다.

22년 동안 감옥에서 불교를 공부하고 수행하다가 자유의 몸이 되어 다시 불교 일을 하니 정말 감회가 깊었을 단다론에게는 그 후에도 어려운 일이 계속되었다. 1972년 단다론은 다시 체포되었다. 반러시아 불교 단체를 설립했다는 죄목이었다. 그의 수행 단체는 컬트 단체로 비하되었고, 그가 뒤집어쓴 죄목에는 동물을 희생하여 바치고, 섹스를 불교 의식에 사용했고 국제 시오니즘에 연루되었다는 것이 포함되었다. 그의 유럽인 제자 4명도 함께 체포되어 정신병원에 감금되었다. 친구·친척까지 '도덕적 타락자'라는 낙인이 찍혀 직업을 잃었고 저서도 몰수되었다. 글라스노스트가 오려면 아직도 10여 년을 기다려야 하는 때였으니 여명 직전의 짙은 어둠이라 할 수 있겠다. 부리아트리아 사람들도 당국이 두려워 단다론에게 불리한 증언을 하였다. 결국 단다론은 술주정뱅이에 바람둥이, 불교 골동품 투기꾼으로서 순진한 신도들을 심적·물적으로 이용한 사람이란 판결을 받아 5년 강제노동형을 받았다. 수감 2년 후인 1974년 단다론은 결국 러시아의 불교가 꽃피는 것을 보지 못하고 감옥에서 숨을 거두었다.

단다론이 숨을 거둔 13년 후인 1987년 달라이 라마가 레닌그라드를 방문했고 이어서 서구의 불교 단체들이 러시아에 수행 센터를 속속 세우게 되었다. 그리고 1992년 달라이 라마가 다시 한 번 러시아를 방문하여 사미계와 비구계를 내려 차세대를 기를 수 있는 스님들이 탄생하였다. 이로써 러시아 불교는 제2의 활성기를 맞게 되었다고 볼 수 있다. 불교를 믿고 전하다 감옥에서 목숨을 바친 두 사람의 티베트 불교 스님, 도르지에프와 단다론이 러시아 불교의 소생에 큰 공헌을 했음은 두말할 나위가 없다.

4. 세상이 버린 사람을
   내가 돌보다

재소자를 다르마로 이끄는 서구의 앙굴리마라 플릿 몰
세상이 버린 에이즈 환자를 거두어 돌보는 보살 이산 도시

재소자를 다르마로 이끄는 서구의 앙굴리마라

플릿 몰(Fleet Maull, ?~)

나로파 대학의 석사과정에 등록하여 공부하던 중 남미를 왕래하며 마약밀수를 한 혐의로 1985년 25년형을 언도받은 후 15년간 수감생활을 함. 재소기간 중 명상 그룹을 만들어 지도했고, 재소자 호스피스 프로그램을 만들어 재소자들이 말기환자를 돕는 과정에서 삶의 귀중함을 체험하도록 함. '젠 피스메이커 오더'의 글래스 맨 선사에게 비구계를 받았고, 재소 중 박사학위를 마쳐 출소후 대학 교수로 봉직하고 있으며 재소자를 위한 프로그램도 지도하고 있음.

플릿 몰 스님에게 있어 삶의 대전환점은 그가 마약밀수 혐의로 체포된 1985년 5월이었다. 7개월의 구치소 생활 끝에 25년형을 언도받아 중형자 수감소로 가게 된 그는 입소하던 그날부터 '다른 삶을 살겠다' 는 결심을 한다. 그는 무슨 일이 있어도 명상을 거르지 않았고, 수감자들이 고등학교 졸업 검정고시를 칠 수 있도록 공부를 가르쳤고, 재소중인 말기환자가 마음 편히 최후를 맞이할 수 있도록 재소자 호스피스를 결성하고 운영했다. 몰은 또 복역 중에 캘리포니아 코스트 대학 박사학위 과정에 등록하여 공부했다. 그가 그렇게 혼자 힘으로 180도 다른 삶을 살게 된 것은 체포되기 이전부터 트룽파 린포체 곁에서 수행한 불교의 힘이 뒷받침해주었기 때문이다. 은사 트룽파가 그의 수감기간 중에 입적했는데 그 다비식에 참석하지 못한 것을 그는 가장 애석해하고 있다.

끝간데 없이 푸르른 하늘을 볼 때마다 나의 은사 트룽파 린포체를 느낀다. 구름 한 점 없는 하늘이 깊은 청남빛을 띨 때면 그 푸르름이 나를 감싸는 듯, 스승의 곁에서 느끼는 환희를 느끼곤 한다. 13년을 감옥에서 지내는 동안 나는 감옥 뜨락을 거닐면서 많은 시간을 보냈다. 하늘의 광대한 드넓음으로 현현된 스승의 자취는 그 뜨락에서 특히나 더 강렬했다.

가톨릭을 신앙하는 중산층 가정에 태어난 몰은 60년대 후반에 성년을 맞는다. 60년대의 성난 반문화세대에 속했던 그는 기존의 종교, 사회, 정치에 아무런 동질감도 느낄 수 없었고, 대학에 입학한 후 방황을 계속한다.

대학에서 나의 전공은 마약, 섹스, 록큰롤이었고 부전공은 반전운동이었다.

1972년 중앙 아메리카를 거쳐 페루까지 간 그는 안데스 산자락에 작은 땅을 경작하며 살았다. 거기서 아들도 낳았지만 여전히 술과 마약에 절어 살았다. 1979년 미국으로 돌아온 그는 나로파 대학에 입학하여 명상심리치료 석사학위 과정에 등록한다. 세상에 절망하고 삶의 부정성에 짓눌려있던 몰은 거기서 트룽파 린포체를 만나 삶의 빛을 발견하고 자신이 태어난 소명을 느낀다. 월남전의 많은 상처를 가눌 길 없어 분노만을 안고 살던 안신 토마스(Anshin Claude Thomas)가 틱낫한 스님을 만나 삶의 소명을 느끼고 새사람이 되어 불교 일에 헌신한 것과 같은 경우였다.

그러나 오랫동안 마약과 술에 절어 있던 그는 그 습관을 놓을 수가 없었다. 게다가 이혼까지 하고 혼자서 아들을 키우자니 생활비를 벌어야만 했고, 그래서 남미로 마약밀반입 여행을 가끔 가게 되었다. 그의 이중생활은 5년 동안 계속되었다. 겉으로는 나로파 대학의 석사과정 등록생이고 장기수련회도 열심히 참석하는 진지한 불교도였지만, 속으로는 마약밀수를 부업으로 하는 알콜 중독자이며 코카인 남용자였던 것이다. 체포되기 훨씬 전부터 그는 자신이 수사 대상에 올랐다는 것을 알고 있었다. 어딘가로 도망쳐 버릴까도 생각해 보았다. 그러나 스승과 동료에게 자신의 잘못을 고백하자 도피는 아무것도 해결하지 못한다는 것을 알게 되었다.

아무리 두렵더라도 자신의 업을 직시하고 직면해야 한다.

재판을 기다리는 7개월 동안 구치소 생활을 하던 몰은 그 비좁고 시끄러운 곳에서 매일 명상을 계속했다. 재판은 3주일간 계속 되었다. 그는 마약밀수 조직의 보스가 아니었음에도 재판은 그쪽으로 귀결이 나고 있었다. 그의 동료들이 '협조하면 형을 감해 주겠다' 는 국선 변호사의 설득에 넘어가 그를 위해하는 증언을 했던 것이다. 마침내 25년형을 언도받은 그는 거짓말한 동료들과 불공정한 재판과정에 너무나 쓰라린 배신감이 들었다. 그러나 남의 탓을 하지 않기로 굳게 결심했다. 지금 처한 상황에 전적으로 책임을 지겠다는 것이었다. 이후 알콜과 마약을 끊으면서 명상을 계속할수록 그에게는 회한이 밀려 왔다. 그 동안 자신이 얼마나 에너지와 시간과 재능을 낭비했고 자신의 삶을 쓰레기로 만들었는지 절절히 느꼈다. 이제 그동안 잃어버린 시간을 다 메꾸고 보충할 때임이 분명했다.

25명이 한 방을 쓰는 상황에서 명상을 계속하기는 정말 어려웠다. 궁여지책으로 청소도구 보관실 하나를 치우고 그곳을 자신의 선방으로 사용했다. 여름에는 찜통 같고 겨울에는 얼음장 같은 그곳에서 2년 반 동안 명상을 계속하던 그에게 드디어 독방을 쓸 수 있는 기회가 찾아와 명상 환경이 조금 나아졌다. 감옥에 들어간 지 2개월 후에 그는 다른 사람에게도 명상을 알려주고 싶어 명상 그룹을 만들었다. 그러자 미국 내 전역에서 불교도 재소자들의 편지가 쇄도했다. 이들에게도 무언가 힘이 될 수 있는 단체와 불서를 보급할 수 있는 연결망이 필요하다는 생각에 재소자 다르마 연합(Prison Dharma Network)을 결성했다.

그가 배치되었던 스프링필드 감방은 재소자 병원도 겸하고 있었는데 1,100명

수감자 중 700명이 환자였다. 지팡이, 목다리, 휠체어 등에 의존하고 있는 사람들을 보면 자신의 고통은 잊은 채 다만 그들의 고통을 덜어 주고 싶다는 생각만 들었다. 이때는 에이즈가 막 세상에 알려지기 시작한 때라서 에이즈에 관한 일반인의 무지나 공포가 심했던 때였기 때문에 감옥 안에 에이즈 환자가 발생하면 곧바로 격리되었다. 몰이 재소자로 구성된 호스피스를 만들고 싶다고 신청하자, 감옥 측은 그 일을 추진하기 위해 호스피스 전문가를 외부에서 초빙해 시험 프로그램을 만들었는데 약 6개월의 시간이 소요되었다. 재소자로 구성된 호스피스는 미국 초유의 것이었다. 1987년 훈련을 시작한 재소자 호스피스 요원들은 1988년 1월부터 환자를 돌보기 시작했다. 말기환자들에게 따뜻한 친구가 되어 주는 것, 절절히 외로운 그들에게 다만 곁에 있어 주는 것만으로도 환자들은 큰 힘을 얻었다. 몰은 곧 다른 호스피스 요원을 훈련시키는 트레이너가 되었다. 그들이 돌보는 말기환자는 에이즈 환자와 암 환자가 반반씩 섞여 있었다.

"우리가 자신을 있는 그대로 받아들일 수 있는 힘은 바로 우리 삶에서 제외시키고 싶은 사람들과 치유적 관계를 이룰 때 나오기 때문이다."

우리가 돌보는 재소자 말기환자들은 분노로 똘똘 뭉쳐 있다. 어떤 면에서는 감옥에 갇혀서 죽는 것이 최대의 실패, 최악의 낙오라고 할 수 있다. 이 말기환자들의 희망은 오직 두 가지이다. 풀려나서 가족 곁에서 죽든지 아니면 끝까지 살아남아 두 발로 걸어서 감옥을 나가든지 하는 것이다. 무슨 일이 있어도 감옥에서 죽는 것만은 피하고 싶은 것이다.

플릿 몰의 호스피스 프로그램에서 가장 중요한 변화는 외부인이 아닌 재소자를 호스피스 요원으로 쓴 것이었다. 고통받는 동료를 돕는 일을 하면서 이들의 삶은 너무나 변해 버렸다. 다만 풀려날 날만을 무료하게 기다리는 수동적 입장이 아니라, 누군가의 삶에서 가장 중요하다고 할 수도 있는 죽음의 순간을 함께 하는 궁극적 경험을 통하여 삶의 성스러움을 체험한 것이다. 스프링필드 감옥의 한 군종신부는 이들의 변화를 가리켜 20년 동안 자신이 감옥에서 지켜본 것 중 '가장 위대한 갱생'이었다고 말한다.

감옥 내에서 '훔치지 말라'는 계를 지키는 데는 크고 작은 어려움이 따른다. 고급 식당에서 주문한 따끈한 식사에 하얀 천 냅킨까지 따르는 정식에서 작은 담배에 이르기까지 감옥 내 암시장의 범위는 광범위하다. 불자로서의 계를 지키는 것도 중요하지만 감옥에서 10여 년을 함께 살아온 가족 같은 동료들에게 사랑을 표현하고 의리를 지키는 것도 중요하다. 동료의 생일 파티를 해야 한다거나 하는 경우에는 어쩔 수 없이 암시장을 활용해야 할 때도 있으니 언제나 균형은 중요한 것이다.

우리는 왜 치우침 없는 자비를 행해야 하는 걸까? 왜 재소자에게도 자비를 보여야 하는 걸까? 그 이유는 우리들 모두의 내면에 말로 표현할 수 없이 혐오스러운 것들을 만들 수 있는 재료가 다 있기 때문이다. 우리가 자신을 있는 그대로 받아들일 수 있는 힘은 바로 우리 삶에서 제외시키고 싶은 사람들과 치유적 관계를 이룰 때 나오기 때문이다.

플릿 몰은 1994년부터 '젠 피스메이커 오더'를 이끄는 버나드 글래스맨 선사의 제자가 되었고 1997년에는 사미계도 받았다. 글래스맨 선사는 자신이 주창하는 고통을 '있는 그대로 보기(bearing witness)'에 있어 몰 스님이 선봉에 선 사람이라고 말한다. 1999년 11월 몰은 15년의 수감생활을 마치고 드디어 석방되었다. 그러나 석방 6개월 전에 다시 한 번 가슴이 찢어지는 아픔을 맛보아야만 했다. 스승 트룽파 린포체의 임종을 지켜보지 못한 것도 가슴 아픈 일인데 이번엔 아버지가 암으로 돌아가셨던 것이다.

이제 그는 젠 피스메이커 오더의 스님일 뿐만 아니라, 재소자 다르마 연합의 설립자이며 콜로라도 대학의 교수로서 분주한 삶을 보내고 있다. 그가 이전에 맹세한 '잃어버린 시간의 보충'을 200%이상 실행하고 있는 것이다. 그리고 그러한 그의 평범하지 않은 삶은 영화가 되어 나오기도 했다. 〈감옥경(監獄經): 스님과 함께 한 수감생활 (The Prison Sutras: Life Behind Bars With a Buddhist Monk)〉이 그것이며 이 영화는 1996년 NC 영화제에서 결선에 오르기도 했다.

보 로조프의 유명한 말처럼 우리 모두는 수감생활을 하고 있는 것이다. 감옥 내에서 정해진 시간을 살고 나오는 것이나 지구라는 한정된 땅에서 정해진 수명을 사는 것이나 결국은 마찬가지라는 것이다. 수감자가 나와 다른 사람이 아님을 알고 자비로 대해달라는 로조프의 이 말에는 분명 통찰력이 담겨 있다. 어떤 이의 고통을 제대로 알기 위해서는 그 사람이 처한 환경에 그대로 있어 보아야 한다는 글래스맨 선사의 말대로 재소자의 고통을 아는 데 있어 15년간이나 재소자였던 몰 스님보다 더 나은 사람이 어디 있겠는가? 그가 이제 불교의 자비와 지혜라는 최상의 방편을 갖추고 중생의 고통을 덜어주기 위해 삶의 불꽃을 태우고 있다. 몰은 그들만의 언어와 그들만의 몸짓으로 재소자들에게 친숙하게 다가가 붓다의 말씀을 전하고 그들 모두의 가슴 속에 담겨 있는 불성이 빛을 발할 수 있도록 빗장을 부술 것이다.

세상이 버린 에이즈 환자를 거두어 돌보는 보살

이산 도시(Issan Dorsey, 1933~1990)

게이였던 이산 도시는 1968년 스즈키 순류의 법문을 듣고 이후 샌프란시스코 선원에 거주하며 명상을 함. 사미계를 받은 후 샌프란시스코를 덮쳤던 에이즈 환자들을 돌보기 위해 하트포드 선원에 에이즈 호스피스 프로그램을 만들어 환자를 돌보다가 자신도 에이즈에 걸려 입적함. 에이즈에 대한 편견을 바로잡는 일, 에이즈 환자 곁에서 함께 죽음의 동반자가 되는 일에 생을 바침.

샌프란시스코에 소재한 하트포드 선(禪) 센터에 주석하던 이산 도시 스님은 현대판 문둥병자 취급을 받고 있는 에이즈 환자를 친구처럼 맞아들여 돌보았다. 그는 선원 내에 호스피스 프로그램을 개설해 최소한의 비용만 받고 그들이 죽음을 맞이할 때까지 곁에서 지켜 주었다. 마이트리 에이즈 호스피스(Maitri Aids Hospice)라고 불리던 이 요양시설에는 이들을 돌보는 사람과, 명상을 할 수 있는 작은 방이 있었고 또 스님들이 정기적으로 방문하여 삶과 죽음에 대한 법문을 하였다.

붓다는 인간의 계층이 5계급으로 뚜렷이 나뉘었던 인도에서 최상층으로 태어났지만 계급 자체를 인정하지 않고 인간 평등을 말했다. 또한 최하층 중에서도 하층이라고 여기던 똥치기를 거리에서 만났을 때도 존중받아야 할 인간으로 대했다. 붓다가 2천여 년 전에 그러했다면 오늘날 우리들이 가장 꺼려하는 계층인 에이즈 환자, 동성애자들을 어떻게 대해야 할지는 짐작이 가는 일이다.

이산은 바로 세상 사람들 모두가 근처에 가기를 두려워하는 에이즈 환자들, 죽음을 앞둔 에이즈 환자들을 위해 호스피스 일을 했고, 또 이들이 편안한 마음으로 인간답게 죽음을 맞을 수 있도록 불교에서 해줄 수 있는 일을 행하다 간 사람이다. 게이가 자신을 떳떳이 밝히는 것도 사회적으로 어려운 일인데, 게다가 불교 신앙 생활까지 함께 모여 하는 것은 우리 나라에서는 상상도 못할 일이다. 그러나 사람이 자신을 숨기고 산다는 것처럼 비극적인 일이 어디 있겠는가? 해바라기 꽃이라면 햇빛 속에 커다란 꽃을 피워야 하고, 달맞이꽃이라면 달빛 속에 꽃을 피워야 하는 것이다. 불교에서는 ‘나가 누구냐? 나를 찾아라’고 말한다. 그 나를 찾아가는 길은 나의 정체성을 있는 그대로 인정하는 것이 첫걸음이리라. 그것이 비록 남에게 돌을 맞는 일일지라도…….

　　어쨌든 역사적으로도 게이가 없었던 적은 없었다. 그것이 현대 서양에서 ‘떳떳이 인정받고 싶다’는 이유로 드러난 것이 다를 뿐이다. 이산 자신도 게이였다. 그렇기 때문에 다른 게이들을 좀더 잘 알고 그 아픔도 나눌 수 있었을 것이다. 자신이 그 자리에 서봤기 때문이다.

　　1933년 캘리포니아 산타 바바라 시에서 10남매의 맏이로 태어난 이산의 이름은 토미 도시(Tommy Dorsey)였다. 고등학교 재학 중 이미 자신이 게이임을 알았고, 그런 이유로 해군에 입대해서도 2년 후 게이 성행위가 적발되어 조기제대를 해야만 했다. 이후 1950년대에 그는 10년간 거리를 떠돌며 마약이란 마약은 다 해보았고, 시카고의 갱단과도 어울리는 등 극한의 삶을 살았다. 게이쇼에서 여장을 하고 여성 역할을 하여 드래그 퀸(drag queen)이라 불리던 그는 1964년 샌프란시스코로 돌아왔고 히피와 마약이 넘치는 거리에서 선 불교를 발견했다. 1968년 스즈키 순류 스님을 만나게 된 이산은 알 수 없는 무언가에 끌리는 자신을 발견한다. 그래서 ‘그 이상한 노인의 영어를 하나도 알아들을 수 없었음’에도 불구하고 스즈키 노사가 주석하는 강연과 법회는 다 참석하게 된다.

　　그 시절 그는 샌프란시스코 선원에서 튀는 존재였다. 자신의 과거를 전혀 숨기지 않았기에 그의 마약남용, 여장 남자 행각, 몸팔기의 행적과 게이라는 사실이 학생들 모두에게 알려졌는데, 정형화되고 엘리트적이고 중상류층 분위기의 샌프란시스코 선원에는 그런 그의 모습이 너무나 이질적이었기 때문이다. 이산은 일생을 통틀어 처음부터 끝까지 다 읽은 책이 딱 한 권 있다고 한다. 바로 스즈키의 《선심초심(Zen Mind, Beginner's Mind)》이다.

샌프란시스코 선원의 분위기상 이산은 남에게 존중받을 수 있는지 없는지 모호한 경계선에 존재했지만 그런 어정쩡함을 하나도 거북해 하지 않았다. 오히려 그의 존재가 선원에 새로 오는 일부 사람들, 이를테면 나이가 너무 많다거나 공부를 많이 못했다거나 하는 사람들에게 위안이 되었다. 때로는 광대가 되고 때로는 중재자가 되었던 이산은 새로 온 회원에게 편안한 관세음보살의 역할을 했고 사람을 차별하지 않았다. 엄격한 선 수련에 잘 적응해 나가는 이산의 모습은 선원 식구들에게 수행의 박차가 되기도 했다. 말 그대로 누구나 선을 할 수 있고 효과를 볼 수 있음이 이산의 존재로 입증되었으니 말이다. 70년대에 이산은 게이들과 더 이상 어울리지 않고 샌프란시스코 선원에서 참선을 하며 보냈다.

산 속의 수행 전문원인 타사하라 승원이 개원되자 이산은 거기서 주방장을 맡게 된다. 조동종에서는 주방장이 대단히 명예로운 직위이다. 1970년에는 스즈키 선사에게 보살계도 받았는데, 이때 이미 그는 마약을 완전히 끊었고 책임 있는 성생활을 했으며 사람도 완전히 변했다. 스즈키 사후인 1975년에는 리차드 베이커 선사에게 사미계도 받았다.

1980년 하트포드 가(街)에 '게이 불자 우의회(Gay Buddhist Fellowship)'가 생겼다. 이산은 이들의 정신적 지도자를 자처하고 나섰다. 그리고 열심히 활동을 했는데, 그로부터 5년이 지난 1985년 건강 검진에서 HIV 양성반응이 나왔다. 그걸 알게 된 이산의 반응은 어떤 것이었을까? 그는 아주 담담했다.

내가 에이즈에 안 걸릴 이유가 뭐야? 내 삶이란 게 원래 그런 거였는데. 당연한 거지. 그게 나만 빼놓고 지나가야 할 이유는 없잖아?

거리의 삶에 천재적 재능을 보였던 이산에게 이제 그 재능을 100% 쓸 곳이 생겼다. 샌프란시스코 시에 에이즈가 퍼져 사람들이 겁에 질리고 혼란에 빠져 있을 때였다. 에이즈에 걸린 청년들을 도와야 한다는 그의 마음은 그들을 '내 아이들'로 끌어안았다. 이들을 좀더 실질적으로 돕기 위해 이산은 자신의 선원 안에 호스피스 병원을 만들고 에이즈 환자를 월 500불에 24시간 돌보아주는 일을 시작했다. 샌프란시스코에서 월 500불이라면 방 한 칸 월세도 되지 않는 돈인데 그걸로 24시간 돌보는 서비스까지 한 것은 기적이라 할 만하다.

물론 이산도 죽음이 점점 다가옴에 따라 두려웠다. 이산의 장점은 거리라는 현장에서 살아온 사람답게 위선이 없었고, 순수하거나 청정한 척도 하지 않았고, 에이즈 환자를 돕는다 해서 천사인 척 행동하지도 않았다는 것이다. 그는 20여 년간 일과처럼 명상을 했음에도 불구하고 닥쳐올 죽음이 두렵다고 인정했다. 그리고 자신의 선 센터에 오는 마약복용자, 에이즈 환자들에 대해 누가 무슨 충고의 말이라도 할라치면 그를 막았다고 한다.

마약을 하지 말고 마음을 청정히 하라는 말은 그만두세요. 우리 모두가 가진 그 청정한 마음은 몰핀을 좀 했다고 해서 변하는 그런 것이 아니예요.

하트포드 선원의 학생 죠지 가유스키는 가까웠던 친구가 죽은 후 슬픔에 잠겨 이산을 찾은 적이 있다. 그러자 이산은 얼른 죠지와 함께 죽은 이를 위해 작은 의식을 시작했다. 함께 향을 피우고 《반야심경》을 독송하는 동안 지금 꼭 해야 할 일을 제대로 하고 있다는 마음이 들면서 조금 안심이 되었다. 이산은 어떤 최악의 상황이라도 '있는 그대로' 받아들일 수 있음을 삶의 마지막까지 보여주었다. 죽어가는 사람이 있는 방에 그 친지와 가족이 모여 있을 때 죽어가는 사람도 주변

사람도 죽음을 받아들이지 못할 때가 있다. 그
럴 때면 언제나 이산이 그들의 곁에 있으면서
그 상황을 인정하는 사람이 되어 주었다.

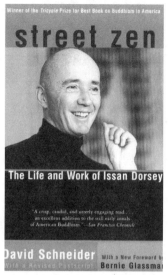

　이산 스님이 준 가르침을 사람들은 그가 죽
은 후에야 확실히 느꼈다고 한다. 그것은 바로
주변에 있는 무정(無情), 즉 사물에 보여준 그
의 사랑이었다. 그는 법복을 입든 평복을 입든
늘 옷자락을 사랑스럽게 감싸쥐고 바로잡고는
했다. 매일 얼굴뿐 아니라 파르라니 깎은 머리
에도 정성스레 로션을 바르던 그의 모습은 늙
은 여배우의 모습을 연상시켰다. 하트포드 선
원에 있던 자신의 방을 매일 구석구석 먼지를
털고 정돈하였고 그곳에는 언제나 꽃이 있었

이산의 범상하지 않은 삶을 표현한 책
《길거리 선 : 이산 도시의 삶과 일》

다. 샌프란시스코 선원에 그가 건물 책임자로 있을 때는 언제나 바닥이 반짝반짝
빛났다고 한다. 주변의 물리적 공간을 그는 늘 사랑하고 아끼는 마음으로 돌보았
던 것이다.

　언젠가 하트포드 선원에서 그의 법문을 듣고 난 젊은 게이가 이산에게 질문을
하였다. 자신은 6개월 동안 불교 공부를 하고 참선을 했는데 자신의 행동이나 사
고에 아무런 변화를 느낄 수 없다면서 이산은 20년 동안 참선을 했다던데 무엇
이 달라졌냐고 물었다. 매우 당황한 표정의 이산은 한참 동안 망설이더니 대답
했다.

　나는 이제 하이힐을 신지 않아요.

에이즈가 아직 잘 알려져 있지 않았던 초기의 일이다. 샌프란시스코 종합병원

에 에이즈로 입원해 있던 젊은 게이를 이산은 정기적으로 문병하였다. 한 번은 수간호사가 이산을 붙들고서는 그 게이 환자의 섹스 상대가 400명도 넘는다고 하더라고 말했다. 융통성 없는 도덕주의에 발끈한 이산은 쏘아붙였다.

겨우 400명밖에 안 돼요?

샌프란시스코에 에이즈가 만연하자 그리스도교 우익에서는 게이들의 죄에 대해 드디어 신의 분노가 표출된 것이라고 선동했다. 그러자 교회 연합에서 '에이즈는 신의 분노인가?'라는 주제의 심포지엄을 개최했고 이산이 불교측 대표로 참석했다. 이산은 에이즈라는 현실을 선과 악이라든지, 죄와 구원이라든지 하는 이원론적 패러다임으로 해석하지 말자고 호소했다. 마지막에 이산은 그리스도교도들에게 매우 충격적인 말을 했다.

에이즈는 신의 분노가 아닙니다. 에이즈는 바로 신입니다.

이산의 호스피스 프로그램의 제1번 환자였던 JD는 죽음을 맞기 전에 동료들에게 법문을 하고 싶다고 청했다. 이산은 흔쾌히 들어 주었다. 그러나 주변 사람들은 JD의 치매증세가 심하니 듣는 사람만 괴로울 것이라고 거부감을 보였다. 이산은 쾌활하게 말했다.

치매는 우리도 다 앓고 있잖아요.

JD는 최선을 다해 법문을 했고 그래서 죽음을 맞기 전에 정신적 이정표를 남길 수 있었다. 우리 모두가 치매를 앓고 있다는 말은 삼독의 미망에 빠져 허우적거리는 중생이 바로 우리 자신임을 모두에게 상기시킨 것이었다.

이산의 비판 없이 수용하는 자세는 샌프란시스코 선원에서 스캔들을 일으켜 쫓겨난 리차드 베이커 선사에게도 그대로 적용되었다. 베이커가 산타페로 간 후에도 이산은 그에게 변함 없는 애정과 충심을 지니고 있었다. 어떤 종류의 사람들이든지 다 수용하고 아무런 비판없이 그저 사람들의 고통과 함께 하는 그의 성향이 그대로 발로된 것이다.

자신을 찾는 불자들에게 진정한 사랑을 받고 인간적으로 흠모를 받은 이산 스님은 부처님처럼 누가 찾아오든 자비롭게 있는 그대로 사람을 수용했다. 진정한 보살이었던 것이다. 변변한 법문 하나 남긴 것 없는 스님이었지만 그는 진실로 자신이 살아낸 삶으로 법문을 하고, 부처님의 가르침을 구현한 사람으로 기억해야 할 것이다. 리차드 베이커는 이산의 다비식에서 이런 말을 했다고 한다.

스즈키 선사의 도를 가장 잘 이해한 사람이 바로 이산이다.

이심전심으로 내려온 선 불교의 전통을 생각할 때 이보다 더한 칭찬은 없으리라. 이산의 범상하지 않은 삶은 한 권의 책이 되어 나왔다.《길거리 선 : 이산 도시의 삶과 일(Street Zen : The Life and Work of Issan Dorsey)》이다. 그리고 하트포드 선원은 이제 이름을 이산의 이름을 따서 '이산지(홀로 있는 산 절)' 라고 부른다.

5. 한국 불교를 세계에
알리는 사람들

한국 불교를 서구에 정착시키다

승산(Seung Sahn, 1927~)

고봉 스님의 제자로서 화계사 조실. 1972년 미국으로 가서 관음선종을 설립하고 미국과 유럽에 수행원을 설립. 일본의 선 불교가 주류를 이루던 미국 사회에 한국의 선 불교를 알림. 저서로 《세계일화(*The Whole World is a Single Flower*)》 《선의 나침반(*The Compass of Zen*)》 《부처님 머리에 재를 털고(*Dropping ashes on the Buddha*)》 등이 있음.

숭산 스님은 미국에 거주하며 정착된 선원을 세우고 한국 불교를 전파한 최초의 스님이다. 1960년대 이후 몇몇 한국 스님들이 미국 땅을 밟아 전법을 했지만 모두 얼마 후에 한국으로 돌아왔다. 서경보 스님이 1964년 미국을 처음 방문한 후, 1965년부터 69년까지 템플(Temple) 대학에서 공부하여 박사학위를 받았고, 그 후에도 자주 미국을 방문했었다. 구산 스님은 1972년 캘리포니아에 삼보사를 봉헌하기 위해 미국을 처음 방문한 이후 LA를 자주 방문했었다. 1967년에는 삼우 스님이 맨해턴에 방을 하나 얻고 UPS에서 일하며 탁발도 하고 수행원을 일구려 했지만 잘 되지 않았다. 이듬해 캐나다 토론토로 갔는데, 바로 여기서 최초의 선원을 설립한다. 숭산은 미국 땅에 한국 불교 선원을 세우고 미국인 제자를 길러냈을 뿐만 아니라 한걸음 더 나아가 유럽에도 불교를 전파했다.

숭산이 미국 땅에 심은 불교는 한국의 조계종하고는 많이 다르다. 그래서 관음선종이라는 새로운 종파를 설립할 필요가 있었을 것이다. 서양인들이 선호하는

171

참선 외에도 염불, 매일 108배 하기 등이 추가된 것은 한국 불교와 같다 할 수 있으나 서양인들이 보기에는 정토종과 화엄종을 가미한 것 같다는 평을 듣고 있다. 재가자 중심의 수행이 미국적 환경이기에 그에 맞추어 숭산은 재가불자도 가사를 입을 수 있도록 했다. 또 조계종 계율이 금욕을 요하는 데 비하여 관음선종에서는 기혼, 미혼의 구별없이 재가자에게 모두 스님의 계를 내려주었다. 또한 임제선의 공안을 단순화하여 12개로 줄여 학생들이 각 단계를 차례로 통과하도록 했고, 법을 전수받아 '선사'가 된 제자도 많다.

프로비던스 선원을 방문했던 자명 스님은 "승가와 재가의 구분이 너무나 흐려져 버린 변질된 한국 불교의 모습을 보았다."고 했다. '출가 승려가 재가 불자에게 절을 올리는 현상은 본래의 승가상에서 동떨어져 있다'는 것이다. 머리를 깎았는지, 결혼을 했는지를 기준으로 재가와 승가를 구분하는 한국 선 불교 입장으로 보면 참 당혹스러울 수도 있다. 그러나 미국의 스님들을 보면 일본 불교 계통이든 한국 불교 계통이든 머리를 기르는 경우가 많고 또 결혼한 경우도 흔하다. 결혼의 경우 미국인의 자유로움과 열린 성의식, 섹스를 삶의 아주 중요한 일부로 인정하는 문화에 그 원인이 있을 것이다. 머리를 기르는 이유는, 보시로 운영되는 승가가 많지 않다 보니 대부분 스님들이 생계를 위해 다른 직업을 겸하여 가지게 되고 그렇게 직장을 다니려니까 머리를 깎기가 곤란한 점이 있다.

미국 땅에서 '선사님'이라고 더 잘 알려진 숭산의 제자 중 우리가 책을 통해 잘 알고 있는 현각은 실은 미국에선 그리 잘 알려진 스님이 아니다. 관음선종의 수제자로는 우선 숭산이 미국에 처음 갔을 때 아무도 알아주는 사람이 없는 그 어려운 상황에서 제일 처음 제자가 되어 힘을 보태준 성향 스님(Barbara Rhodes)이 있다. 성향은 간호사였으며 말기환자를 돌보는 호스피스 일도 했다. 현재 관음선종의 수석 지도스님이며 77년에 인가를 받았다. 프로비던스 선원(Providence Zen Center)를 건립하는 데 주도적인 역할을 했고 불교와 그리스도의 종교간 대화도 맡아 이끌었다.

우봉 선사(Jacob Perl)는 폴란드인이다. 원래는 스즈키 순류의 제자였다가 1972년에 숭산에게 왔는데 1978년 폴란드에 숭산의 수행 센터를 세우는 데 공을 세웠다. 브라운 대학에서 수학을 전공했고 부인 역시 관음선종의 지도법사로 있으며, 현재 유럽 관음선종의 수석 스님으로 있다. 대각 선사는 93년에 계를 받고 94년에 법을 전수받았다. 30년간 좌선을 해온 그는 1986년 켄터키에 소재한 500에이커 땅에 퍼니스 마운틴(Furnace Mountain) 승원을 세웠다. 임상심리치료학 박사인 그는 20여 년 간 진료도 계속하고 있다. 관음선종에는 2000년 현재 인가받은 선사가 8명, 가르침을 맡은 지도법사가 20여 명이 있다.

숭산이 1972년 미국으로 떠날 때 46세였다. 한국에서의 지위를 마다 하고 미국으로 간 그는 이미 떠나기 전에 미국의 청년들에게 불교를 전파해야겠다는 확고한 신념이 있었던 것 같다. 미국 젊은이들이 몰두해 있던 히피운동을 듣고 불교 전파 가능성을 본 그는 미국에 도착한 후 초심으로 돌아가 로드아일랜드의 프로비던스 근처에 방을 얻고 세탁소에 들어가 일하면서 영어를 배우며 포교 준비를 하고 있었다. 그러던 어느 날 인근 브라운 대학에서 동양문명사를 가르치는 리오 프루덴(Leo Pruden) 교수가 세탁소에 손님으로 왔다가 그를 알아보아 그때부터 학생들과 접하게 되었다. 숭산이 이민자들을 위한 수하물 불교 차원을 넘어서 미국 사회에 들어갈 수 있었던 것은 이렇게 초심을 가지기 쉬운 학생들을 먼저 불자로 만들고 그를 바탕으로 선원을 구성한 후에 한국 이민자들이 그 선원에 오기 시작했기 때문인 듯하다.

숭산식의 천진한 마음과 단순하고 유머러스한 표현이 잘 나타난 말이 '오직 모를 뿐'이다. 그는 보리달마가 동쪽으로 온 뜻도 '오직 모를 뿐 하는 마음(Don't Know Mind)'을 전하기 위해서라고 하며 선의 정수가 바로 이것이라고 말한다. 오직 모르겠다는 그 마음 하나로 그저 하면 생각이 끼어들 틈이 없고 그렇게 일념으로 수행할 때 무아를 체험하며 깨달음으로 다가간다는 것이다. 그렇기 때문에 염불을 할 때도 무엇을 염불하느냐 하는 그 자체는 중요한 게 아니고 염불하는 마음

숭산이 서쪽으로 간 것은 '오직 모를 뿐' 하는
그 마음을 전하기 위해서이다

이 중요하다고 한다.

　'오직 모를 뿐'이나 '아무것도 모른다'는 말은 오래 전부터 동서양의 현자들이 되풀이해온 말이다. 이는 노장사상과도 멀지 않고 유태교 신비주의, 수피 신비주의, 마이스터 에크하르트의 그리스도교 신비주의에서도 언급한 것이다. 스즈키 순류는 '아무것도 모른다는 초심으로 돌아가라'고 주창하였고, 버나드 글래스맨은 젠 피스메이커 오더(ZPO)의 제1교의로 '아무것도 모르는 마음으로 편견이나 선입관을 갖지 말 것'을 말했다.

　숭산이 자주 강조하는 '모른다'와 '그냥 하라(Just do it)'는 현대 미국의 젊은이들에게 어떤 의미를 갖고 있을까? '그냥'이라는 말은 현대 미국인의 기호에 맞는 말인 듯하다. 나이키 회사의 광고에서도 '그냥 하라(Just do it)'를 오랫동안 사용했고, 또 낸시 레이건 영부인은 마약퇴치 운동을 이끌면서 마약을 권하는 사람에게는 "그냥 '노'하라(Just say no)"고 말하여 국민의 호응을 얻은 바 있다. 현대를 왜 미니멀리즘(minimalism ; 단순주의, 최소화주의)의 시대라고 하는가? 너무 복잡해진 사고와 사회에 사람들이 지쳐있기 때문이다.

불교에서는 늘 '지금 이 자리에' '지금 이 시각에' 충실하게 존재하라고 강조한다. 그래서 옛 선사들의 말대로 숭산도 '걸을 때는 그냥 걷고, 배고프면 그냥 먹고, 참선할 때는 그냥 참선하라'는 말을 제자들에게 자주 했다. 그런데 어느 날 아침 식탁에서 식사를 하며 신문을 보고 있는 스승을 본 제자들이 항의를 했다.

"스승님은 선사님이십니다. 저희들에게는 먹을 때는 그냥 먹기만 하라고 말씀하시고는 왜 스승님은 식사하면서 신문을 보십니까? 한 번 저희가 이해할 수 있도록 설명해 보십시오."

"그건 간단하지. 식사하면서 신문 볼 때는 말야, 그냥 식사하면서 신문만 보면 돼."

결국 말 그 자체에 매이기보다는 말에 포함된 정신, 즉 지금 있는 곳에 좀더 많이 충실하게 있으라는 것을 실천하며 살자는 것이다. 지금 이 순간으로 돌아올 때 그 속에서 놀라운 힘을 발견할 수 있다는 것이다.

관음선종의 규모를 보면 현재 32개 국가에 130개가 넘는 포교센터를 가지고 있다. 미국에는 50여 개의 선원이 있는데 미국 동부 로드아일랜드에 있는, 프로비던스 선원(Providence Zen Center)을 비롯하여 캠브리지 선원(Cambridge Zen Center), 공문(空門) 선원(Empty Gate Zen Center), 모하비 사막 선원(Mojave Desert Zen Center) 등이 있다. 체코에도 프라하와 클라드노 시에 관음회가 결성되어 있다. 폴란드의 바르샤바에도 80년 이후로 관음회가 있다. 또 숭산이 직접 설립한 것은 아니지만 헝가리의 평화사, 폴란드의 조계선 불교회 등은 다 한국의 조계종 스님들이 설립한 것이다. 아프리카 대륙과, 남아프리카 공화국에도 관음회가 4곳에 있다.

숭산은 또 서양에서 불교를 전파하는 사람들과 공조관계를 잘 이루었다. 아잔

차 스님의 책《고요한 숲의 물(*Still Forest Pool*)》에 숭산이 서문을 썼고 트룽파 린 포체의 부도를 세울 때는 풍수를 보아 위치를 잡아주었다. 1982년에는 캠브리지 선원에서 '여성과 불교'라는 회의를 열어 미국의 여성불자와 불교 페미니즘 지도 자들과 친분을 쌓았다. 소노마 산 승원장인 중국계 미국인 자쿠쇼 쾅(Jakusho Kwong) 노사는 숭산을 만나 좀더 느긋하고 여유 있는 마음을 가질 수 있게 되었 다고 한다. 그는 중국계이긴 하지만 한 번도 중국에 가본 적이 없는 미국인이다. 그런데 일본 불교를 믿다 보니까 자꾸만 일본식으로 해야 한다는 강박관념이 들 어 마음이 불편했다. 그러다가 숭산을 만난 후 자신의 기질이 조용하고 형식적인 일본식보다는 열정적이고 떠들썩한 한국식에 훨씬 더 맞는다는 걸 느끼게 되었 다. 이제 자신의 뿌리에 좀더 자신감을 갖게 된 것이다. 이후로는 자신에게 좀더 관대해졌고 너무 완벽해지려고 애쓰지도 않게 되었다. 그런 인연으로 인해 소노 마 산에 스즈키 순류의 사리를 가져다 봉안할 때 숭산이 제일 먼저 독경과 염불을 하기도 했다.

관음선종에서는 프라이머리 포인트 출판사(Primary Point Press)를 설립하여 출 판활동도 활발하게 하고 있다.《부처님 머리에 재를 털고(*Dropping Ashes on the Buddha*)》는 인터넷 서점 아마존에서 18,000위대,《선의 나침반(*Compass of Zen*)》 는 22,000위대,《오직 모를 뿐(*Only Don't Know*)》은 43,000위대에 올랐다. 불교계 에도 달라이 라마의《행복의 예술(*The Art of Happniss*)》같은 것이 415위까지 오 르긴 했지만 그만하면 숭산의 책은 불교책으로서 대중에게 많이 읽힌 책으로 손 꼽힐 수 있다.

숭산 역시 다른 국제적 스님들과 마찬가지로 다른 종교를 인정, 포용하고 공존, 공조를 추구한다.

기독교나 불교나 다 본체로 돌아가 무엇을 할 것이냐 하는 공부이다. 본체로 돌아가면 대우주와 내가 하나가 되고 그러면 아랫배에 센터가 생긴다. 움직이지 않는 마음이 생긴다. 그럴 때 비로소 우리가 보고 듣고 느끼는 게 다 진리 아닌 게 없게 된다. 진리를 깨달아 대자연과 하나 되는 공부, 그것을 수도라고도 하고 신앙이라고도 한다.

수도의 목적은 보살행이요, 봉사이며, 2000년대를 맞아 종교가 해야 할 일은 인간성 회복이라고 말하는 숭산. 미국인들은 숭산의 말이 쉽고, 단순하고, 너무나 재미있으며 배꼽잡게 웃기지만 동시에 정곡을 찌르고, 가식을 벗기며, 마음을 잠근 빗장을 부수어 버리는 지혜가 있어 좋다고 한다.

코카콜라를 읊조리든 나무아미타불을 읊조리든 상관없다. 염불을 하는 그 마음이 중요하다.

보리달마가 동쪽으로 온 것도 '오직 모를 뿐' 하는 마음을 전하기 위해서요, 숭산이 서쪽으로 온 것도 '오직 모를 뿐' 하는 그 마음을 전하기 위해서다.

아메리카 대륙에 한국 불교를 전하다

삼우(Samu, 1941~)

1967년 미국으로 감. 1973년 캐나다 토론토에서 선방 시작. 1976년 이후 헌집을 사서 제자들과 함께 고쳐 선원을 설립하기 시작. 캐나다의 토론토, 미국의 앤아버, 시카고 그리고 멕시코에 선원 설립. 북미종교회의 주관.

시카고에서 14만 부를 발행하는 주간지 〈시카고 리더(*Chicago Reader*)〉는 1999년 1월 15일 삼우 스님을 소개하며 '망치를 들고 불자들과 함께 절을 짓는 스님'이라고 했다. 근처의 미시건 주 앤아버 시에 이미 절이 있었고 이제 시카고에 선원을 짓는 그의 행적을 자세히 소개한 것이다. 1967년 미국으로 건너간 삼우는 스님도 징병을 한다는 바람에 속인이 되었다가 일본으로 갔고 거기서 다시 미국으로 가게 된다. 어린 시절 아버지는 독립군이 되어 만주로 가고 어머니는 4남매와 식당일, 밭일을 하며 힘들게 살다가 몸과 마음을 너무 혹사하여 거의 미친 상태로 돌아가서서 삼우는 고아가 되었다.

1967년 뉴욕에 도착한 삼우는 맨하탄에 방 1개짜리 아파트를 얻고 UPS에서 일하며 탁발을 해보았지만 통하지 않았다. 1년 후 비자가 만기가 되자 캐나다의 몬트리올로 가서 4년을 살았다. 거기서 다시 토론토로 가서 토론토 대학 근처에 방을 얻고 우체국 직원이 되었다. 삼우의 미국에서의 포교생활은 이때부터 활기를 띠기 시작한다. 1973년부터 그의 지하실 방에는 참선을 배우겠다는 사람들이 오기 시작했고 1976년에는 제자가 15명이 되었다. 이제 선원을 마련할 필요를 느낀 삼우는 다 쓰러져가는 집을 인수해 제자들과 함께 보수에 들어간다. 그때부터 삼우에게는 망치가 신심의 도구가 되었고 아무리 피곤해도 몸으로 행하는 생활이 시작되었다.

그렇게 제자들과 합심해 보수한 집이 1979년 완공되었다. 1981년에는 미국 미시건 주 앤아버에 자혜 선원(Buddhist Soceity for Compassionate Wisdom)을 설립하여 메일링 리스트가 5,000명으로 늘었고 하주(Linda Murray) 스님이 선원장으로 있다. 91년에는 시카고에 선원을 설립하였다. 그리고 멕시코의 멕시코시티에도 선원(Centro Zen Budista)을 설립했다. 그리고 1986년 시카고에 미륵승가대학(Maitreya Buddhist Seminary)을 설립하여 불법을 전할 수 있는 사람을 양성하는 데 일조했다. 학생들은 이곳에서 숙식을 하며 배울 수도 있고 외부에서 다닐 수

미륵승가대학에서 학생들과 공부하는 삼우

파랑 스님과 그의 한국 순례기
《먼저 머리부터 깎아라》

도 있으며 과정은 3년이다.

또 불교 종파 및 타종교와의 교류 협력을 위해 1986년 최초의 선 불교 교사진의 모임인 '북미의 선 불교(Zen Buddhism in North America)'를 주관했고, 1987년에는 '북미 세계 종교회의'를 8일간 개최했다. 삼우는 100불 짜리 인쇄기를 사놓고 뉴스레터도 만들었고, 계간지 〈교차로의 불교(Buddhism at the Crossroads)〉도 발행했다.

삼우의 제자 중 파랑 스님은 '게리 라킨(Geri Larkin)'이란 이름으로 널리 알려진 비구니이다. 이미 《깨달음과의 우연한 조우(Stumbling into Enlightenment)》와 《선의 탭 댄스(Tap Dance in Zen)》를 베스트셀러에 올려 놓았고 요즈음은 정명(正命)의 원리로 경영하는 기업에 관해 자문과 강연도 하고 있다. 파랑은 원래 연봉 10만불을 넘게 받는 기업 자문가였다. 그러다가 어느날 눈에 경련이 왔는데 아무리 치료를 해도 잘 낫지 않자 주치의가 명상을 해보라고 권유했다. 그래서 명상처를 찾던 중 삼우와 인연이 되었고 후에 비구니계까지 받게 된 것이다.

1998년 4월 미시건 대학에서 MBA 학생들에게 파랑은 정명 기업에 대해 강연을 하였다.

정명 기업은 벤처 기업과 반대 개념이라고 생

각하면 됩니다. 고속 성장을 위해 모든 것을 쏟아붓는 벤처와는 달리 정명 기업은 자연스러운 성장을 원합니다. 더하여 정명 기업은 부처님의 계를 지키고 균형을 중시합니다.

〈보더스콤(*www.borderscom.com*)〉이라는 온라인 잡지에 실린 인터뷰에서 파랑은 가을에 한국 순례를 갔고, 승복 한 벌로 30일을 버텨야 했던 이야기를 하며 산 속의 스님들이 너무나 자애롭게 맞아주었다는 얘기, 그리고 80대의 위안부 할머니들이 산 속에 살다가 목요일이면 일본대사관 앞에 가서 데모를 했다는 이야기를 했다. 이들의 슬픈 인생 이야기를 두루 듣고 한 할머니는 파랑에게 일본군이 빼앗아간 내 딸이 되어 달라고 했다는 얘기도 했다.

10kg이나 나가는 삼우 스님의 책과 자신의 배낭을 짊어지고 가파른 산등성을 오르고 깨어있는 시간은 묵언을 실천하며 때로는 태풍 속에서도 행군을 해야 했던 그의 여정은 2001년에 한권의 책이 되어 나왔다. 《먼저 머리부터 깎아라(*First you shave your head*)》가 많은 이에게 감동을 주기를 기대해 본다.

세계에 불교를 알리고 있는 구산의 제자들
스티븐 배철러 · 마르티네 배철러(Stephen and Martine Batchelor, 1953~)

구산 스님을 은사로 송광사에서 계를 받음. 법천은 3년, 성일은 10년을 수행하던 중 구산이 입적하자 환속하여 둘이 결혼했음. 이후 영국으로 가서 가이아 하우스라는 불교 수행 센터를 운영하며 저술을 펴내고 있음. 특히 성일의 가르침과 저서에서 한국 불교에 대한 언급을 많이 볼 수 있음.

　　스티븐 배철러와 마르티네 배철러는 송광사에서 구산 스님으로부터 참선을 배웠다. 마르티네 배철러는 법명이 성일이며 한국에서 10년간 수행을 하였다. 스티븐 배철러는 다람살라에서 티베트 불교 수행을 하다가 참선을 배우기 위해 한국에 왔으며 법명이 법천이었다. 구산이 입적한 후 송광사 분위기가 변하고 방장직을 놓고 논란이 많이 일자 두 사람은 승가 생활을 접고 환속하여 결혼하였다. 이후 영국으로 가서 재가불자의 생활을 시작한 두 사람은 처음에는 영국 남서부의 드본으로 이주하여 크리스토퍼 티트무스의 샤르팸(Sharpham) 재가단체에 합류했다. 1990년 스티븐은 드본에 위치한 가이아 하우스(Gaia House)의 수석교사가 되어 지금까지 그 임무를 맡고 있고, 1996년엔 샤르팸 대학의 공동설립자가 되었다. 두 사람은 위빠싸나도 가르치고 강연과 출판을 통해 전법을 하고 있다. 송광사에서도 이들은 좋은 도반이었지만 환속해서도 생활 속에 불교를 수행하는 좋은 도반으로 살고 있다.

그 동안 마르티네가 펴낸 책을 보면 작건 크건 다 한국 불교와 관련이 있다. 《선의 원리(*Principles of Zen*)》에서는 선 불교를 소개했다. 한국선, 일본선, 중국선을 소개했는데 자신이 체험한 한국선이 가장 많은 부분을 차지하고 있으며, 은사 구산의 일화도 간간이 곁들여져 있다. 《연꽃을 밟고 걷기(*Walking on Lotus Flowers*)》에서는 전세계 비구니들의 삶과 수행, 활동을 소개했다. 총 18명의 삶을 작은 전기처럼 소개한 글에서 한국 비구니 스님이 송경·명성·해주·옥봉·정목·대행의 여섯 분 있으니 1/3을 차지한 셈이다. 또 《여성의 불교, 불교의 여성(*Women's Buddhism, Buddhism's Women*)》에서 마르티네가 소개한 한국 비구니 스님으로는 묘희·보명·도광이 있고, 캘리포니아에서 무용을 공부하고 김금화에게 내림굿을 받은 박희아 만신이 소개되고 있다. 스티븐은 《서양의 깨침(*The Awakening of the West*)》과 《믿음 없는 불교(*Buddhism Without Belief*)》로 불교계 전체를 다루는 책을 썼지만 한국 불교 소개는 별로 하지 않고 있다.

1953년 스코틀랜드에서 태어난 스티븐은 1960년대의 반문화 물결을 타고 18살 되던 해 인도로 갔었다. 다람살라에서 2개월 불교 코스를 듣고 1년 반 정도 지나고 나서 그는 스님이 되었다. 낭만적 이상주의자였던 그는 고통을 없애려면 깨달음을 얻어야 한다고 생각했고, 가장 알맞는 생활방식이 출가라고 생각했다. 스위스에서 랍텐 게셰에게 지도를 받았는데 모든 것을 티베트 어로 가르치던 시절이었으므로 지적, 학문적 훈련을 철저히 받았다고 한다.

솔트 레이크 시, 골든 브레이드 서점(Golden Braid Bookstore in Solt lake City)에서 대화를 나누고 있는 스티븐 배철러 그러나 티베트 불교를 한 6년 정도 배우고 나자 점점 공부가 자신의 수행과는 상관없어지는 것같아 절망감이 들었다. 토론, 공부, 암기만을 계속하는 것이 머리만 큰 불안정한 인간을 연상시켰다. 명상을 좀더 배우고 싶었던 그는 혼자서 위빠싸나를 했다. 1974년 굉카가 다람살라에 왔을 때 스티븐은 굉카의 위빠싸나 10일 정진에 참여했다. 다른 티베트 스님들은 위빠싸나를 하는 그를 이해하지는 못했지만 별것 아니라고 생각하고 묵인했다.

위빠싸나에서 수동적인 관찰을 해오던 그는 선 불교의 화두같은 역동적인 의심을 하고 싶었다. 존재론적 질문을 소중히 하는 선 불교에 마음이 이끌린 것이다. 그런 이유로 1981년 한국에 온 그는 자신이 원했던 것이 과연 한국 불교에 있음을 확신했다. 법천(法泉)이라는 법명을 받은 그는 1983년 12월 구산이 입적하기 전 마지막 3년 동안 구산의 가르침을 받았다. 그는 그 시절이 무척 행복했다고 회고한다.

마르티네는 1953년 프랑스에서 태어나 사회주의자가 되었다. 학생운동을 하던 그는 18살 되던 해 우연히 《법구경》을 접하게 되는데, 그것이 삶을 바꾸는 계기가 되었다. "다른 이를 변화시키기 전에 너 자신부터 변하는 것이 낫다."는 말에 충격을 받았던 것이다.

나의 분노도 변화시킬 줄 모르는 내가 어떻게 세상을 바꿀 수 있단 말인가?

한동안 명상을 배우다가 21세에 동양으로 여행을 가서 타일랜드에 잠시 머물던 중 한국에서 온 학승을 만났다. 참선을 배울 수 있다는 말에 무조건 1974년 한국으로 왔다. 송광사에서 수행을 하던 그에게 어느 날 재가 보살이 출가할 것을 권유하자 펄쩍 뛰었다. 그러자 보살은 말했다.

나는 남편도 있고 애들도 딸려 있어 스님이 될 수 없습니다. 당신은 자유롭게

출가할 수 있는데 왜 그런 복을
차버리려고 합니까?

듣고 보니 수긍이 가는 말이라서
마르티네는 1975년 출가하여 성일
이라는 법명을 받았다. 사회운동
가가 비구니가 된 것이다. 한국에
서의 선 불교 수행을 매우 열성적
으로 받아들였던 마르티네는 수행
이 정말 즐거웠다고 회고한다. 연
중 두 번의 안거가 진행되는 6달
동안은 매일 최소한 10시간씩 참
선을 했다는 마르티네는 구산 스

마르티네 배철러의
《삶을 위한 명상(Meditation for Life)》

님 밑에서 배운 송광사가 완벽한 가르침의 장소였다고 회고한다. 5년이 지난 후
에는 한글이나 한문을 읽게 되었고 그래서 구산의 통역을 하기도 했다.

마르티네가 구산의 통역을 하던 시절 구산을 찾아오는 사람은 여러 계층이었
다. 그런데 마르티네는 이상한 것을 하나 발견하고 실망하게 된다. 방문자가 한
국인이든 서양인이든 젊었든 늙었든, 농부이든 역사가이든 구산은 이들에게 늘
같은 질문을 던지고 같은 답을 하는 것이었다. 선사는 대상의 근기에 맞게 좀더
다양하고 즉발적인 질문을 던져야 하는 게 아닐까 생각했기 때문에 스승에 대해
실망했던 것이다. 그러던 어느 날 마르티네는 구산의 이런 면모가 실로 아름답고
도 교훈적이라는 것을 깨달았다. 그는 누구든지 이 방법을 수행할 수 있고 깨달
음을 얻을 수 있다고 생각했던 것임을 알게 되었던 것이다. 그러니 무엇하러 장
식을 더하고 사족을 붙이겠는가. 이후론 모든 이가 다 불성을 일깨울 수 있다는
대신심을 행동으로 보여준 스승께 감사하는 마음이 들었다.

오랫동안 지녀온 습으로 인해 우리가 스스로 한계를 만든다는 것을 설명하기 위해 구산이 자주 인용한 두 가지 일화가 마르티네가 저술한 《선의 원리》에 수록되어 있다. 첫째는 개구리의 등에 업혀가는 전갈이 강 한복판에서 개구리를 물어 개구리와 전갈이 다 죽게 되는 경우이다. 전갈은 개구리에게 물어 죽이지 않겠다고 굳게 약속했었지만 오랫동안 반복해온 습성을 참을 길 없어 개구리를 물었던 것이다. 둘째는 코코넛 구멍 속에 들어있는 단것을 움켜쥔 원숭이 이야기이다. 단것을 포기하고 놓아 버리면 손이 빠져 나올 텐데 그것을 놓지 못해서 결국 잡히고 만다. 인간도 마찬가지여서 어딘가에 매이면 고통스럽긴 하지만 그것이 너무나 매력 있게 보이고 간절히 원하기 때문에 놓지 못하고, 그래서 여전히 고통 속에 있다는 것이다.

서구에서 불교가 발전하는 것은 삶을 살아가다 자연히 맞닥뜨리는 질문에 대한 답을 기존의 서구 전통에서는 찾을 수 없었기 때문이다. 좀더 원융하고 만족스런 방식으로 세상을 보는 방식이 개인적으로나 사회적으로나 필요한 시점에서 불교가 등장했다는 것이 마르티네의 설명이다. 또한 불교를 전함에 있어 한 가지를 깊이있게 전하는 것도 필요하지만 다중가치 사회라는 점을 고려할 때 여러 가지를 두루 전하는 것도 동시에 필요하다고 본다. 지금은 서양에 깊은 수행을 달성한 이가 별로 없을지라도 이렇게 전법을 계속할 때 한국처럼 깊은 수행을 서양에서도 할 수 있으리라는 것이 마르티네의 생각이다.

세상의 고통을 없애기 위해서는 구산의 가르침대로 계정혜(戒定慧) 삼학(三學)을 닦아야 한다. 단지 지적 이해 수준에 그치지 않고 삶 속에서 수행하고 실천해야 한다고 마르티네는 말한다. 참선에는 치유력이 있고 참선과 심리치료는 서로 공통점도 있지만 본질적으로는 다른 것이다. 서양 문화에서 마음을 주로 다룬 분야가 심리학과 심리치료인 까닭에 현재 이 분야의 불교도가 많기는 하다. 그러나 심리치료가 종국에는 자기 중심적이고 너무나 개인적이 되기 쉬움에 반해 참선은 세상에 좀더 자신을 열 수 있게 해준다고 한다.

마르티네와 스티븐이 영국에서 크리스토퍼 티트무스, 크리스티나 펠드만(Christina Feldman)과 공동 운영하고 있는 가이아 하우스 명상원에서는 그룹 명상과 독거 명상을 다 할 수 있다. 은자의 집(Hermitage Wing)에서는 장기간 원하는 만큼 독거 명상을 할 수 있도록 시설을 갖추어 놓은 것이다. 또 샤르팸 하우스 내에 1996년 9월 불교대학을 세워 1년 코스를 갖추었고 기숙사도 있다. 현대생활에 알맞은 불교를 가르치려 하는 샤르팸의 불교 교육과정에는 심리치료, 서양종교, 서양철학, 요가도 포함되어 있다. 기숙사에 머무는 학생들은 정기적으로 하는 명상 외에도 정원에서 함께 일하고 지역사회 봉사도 함께 할 것이라 한다. 또 모든 교과는 불교도가 가르치기 때문에 샤르팸의 불교대학은 그저 학구적 분위기가 아니라 삶의 문제를 언제나 불교적이고 현대적인 관점으로 볼 수 있도록 분위기를 조성하고 있다.

사랑은 누군가를 위해 그리고 누군가와 함께 느끼는 것이지 자신을 위해 사랑을 느끼려 하면 그것은 이기적 사랑이다. 그러나 현대인은 늘 바쁘다. 무언가 정신없이 바쁠 때 우리는 하던 일을 멈추고 사랑과 자비를 줄 수 있을까? 성일은 은사 구산의 일화를 얘기한다.

언젠가 구산 스님이 급히 중요한 회의에 가야할 일이 생겼다. 종무스님들과 시자들이 모두 분주히 움직였고 어서 떠나야 한다고 재촉하고 있었다. 우연히 그 옆을 지나게 된 나는 안녕히 다녀오시라고 인사를 했다. 그랬더니 스님은 걸음을 멈추시고는 내 인사를 받으시더니 법천 스님이 아직도 독감을 앓고 있느냐고 물으셨다. 그렇다고 대답했더니 도로 방으로 가셔서는 오렌지 주스 병을 들고 나오시더니 법천에게 주라는 것이었다. 자신을 둘러싼 분주함에 매이지 않고, 멈추어서 염려와 자비를 전할 수 있는 여유와 시간을 보여주신 것에 감사한다.

받는 것도 사랑인데 사람들은 사랑을 잘 받아들이지 못한다. 누군가 우리를 칭찬하거나 감사를 표할 때 우리는 그저 아무것도 아니라고 그를 밀쳐버리거나 아예 받아들이지를 않는다. 누군가 우리에게 무엇을 줄 때 우리는 그것을 아름답게 받아야 한다. 그러나 빚졌다는 마음은 가지지 말라. 무언가를 받는 순간 답례로 무엇을 줄까 생각한다면 그 순간의 기쁨을 망치는 것이다. 받을 때는 그냥 받고, 줄 때는 그냥 주라.

또 가까이하기 어려운 사람들에게도 사랑을 주어야 한다. 물론 그건 어려운 일이다. 그러나 이들이 그렇게 딱딱하고 차가운 성격을 갖게 된 것은 삶에서 고통과 불안을 만났었기 때문이다. 과거에 받았던 고통과 불안이 성격에 표현되어 차갑고 딱딱해진 것이니 더욱 사랑을 주어야 한다.

불교도는 생사를 초월하고 탐진치를 초월하기 위해 마음을 닦는다. 수행이 진전됨에 따라 생사의 초월은 어느 정도 가능해지지만 사회에서 받은 교육이나 살면서 습득한 가치, 자신의 정신적 체험을 초월하기는 더욱 어렵다. 특정사회의 가치와 문화가 불교에 영향을 미치는 것은 당연하다. 그렇기 때문에 불교가 가부장적인 것은 역사의 산물이다. 모든 불교의 시발점은 같았지만 2,500년이 흐른 지금 비구니들의 위상은 나라마다 다르다. 성일은 1953년이라는 해에 자신이 프랑스에서 태어난 것에 감사한다고 했다. 여성으로서 누릴 수 있는 삶의 자유와 선택이 더 많았기 때문이다. 또 비구니의 지위가 비교적 상위인 한국에서 비구니 수행을 한 것도 감사한다고 했다. 성일은 한국의 비구니들이 비구들이 누리는 것의 90% 정도를 누리고 있다고 본다고 말했다.

법천의 저서 《믿음없는 불교(Buddhism Without Belief)》는 불교계에 큰 논란을 야기했다. 불교의 민주적이고 과학적이고 세속적이고 불가지론적인 것은 환영하는 반면 '종교적 불교'라고 정의한 특성은 다 배척하려 했기 때문이다. 불교의 가르침과 서양의 가치가 충돌을 일으킬 때는 당연히 불교의 가르침을 수정하거나 저버려야 한다는 것이다. 불가지론적 회의론이라 불리는 그의 주장에서 그는 업과 환생은 서양인 모두가 회의적인 눈으로 보아야 한다고 말했다. 환생에 대해서 붓다는 물론 확실한 언어로 말했지만 당시의 세계관으로 볼 때 붓다의 말을 액면 그대로 받아들일 수는 없다는 것이다. 다시 말해서 법천은 붓다의 깨달음이 완전한 것이 아님을 시사하는 것이며 현대의 물질적 세계관이 고대의 형이상학적 세계관보다 더 우위에 있다고 주장하는 것이다. 법천은 위 저서에서 불가지론이 불교의 가장 중요한 진리라고 역설했다. 단순한 회의가 아니라 정직하게 모름을 인정하는 것이라는 설명이다. 그는 또 종교적 불교가 불교를 다만 딱딱하고 정형화된 사성제로 축소시켰다고 비난했다.

십대부터 전문 사진작가가 되고 싶었던 스티븐은 그 소질을 살려 작품사진도 찍고 있다. 그의 작품은 2986년 출간된 《티벳 가이드(The Tibet Guide)》, 2001년 출간된 《삶을 위한 명상(Meditation for Life)》에 수록되어 있다. 그는 명상과 사진은 같은 원리를 가르쳐 준다고 말한다. 즉 새롭고 특별한 것에만 관심을 두는 마음을 안으로 다잡아 평범한 것을 새로이 발견하도록 해준다는 것이다. 그칠 줄 모르는 호기심으로 이 세상을 대하게 해주는 꿰뚫는 지혜, 바로 그것이 그가 사진을 통해 수련하는 것이고 그의 사진이 독자에게 알려주는 것이다.

UCLA에 불교학을 융성시키는 구산의 제자

로버트 버즈웰(Robert Buswell, Jr.)

1974년 한국 송광사에 도착, 혜명이라는 법명을 받고 구산 밑에서 선수행. 5년 후 미국으로 돌아가 UC 버클리에 복학한 후 환속하여 박사학위를 받고 UCLA의 한국학 연구소장, 불교학 연구소장을 역임. 그의 저서 《선 불교 승원 체험(*The Zen Monastic Experience*)》은 우리 나라에서 《파란눈 스님의 한국 선 수행기》로 번역되었음.

　　로버트 버즈웰은 태국에서 계를 받고 1년간 비구 수행을 했지만 한국 송광사에 와서 다시 비구계를 받았다. 그의 법명은 혜명이다. 한국에서 5년간 참선수행을 하며 정진하던 버즈웰은 송광사에 서양인 비구가 늘어나면서 자신이 이들을 통솔하는 일을 맡게 될 것 같자 행정일에 시간을 빼앗기는 것이 싫어 미국으로 돌아갔다. 학교로 돌아간지 얼마 후 그는 자신이 학계에 더 맞는다는 판단 하에 환속하였다. UC 버클리에서 원효에 대한 연구로 박사학위를 받은 후 UCLA에서 불교를 강의했다. 1994년 UCLA에 한국학 연구소를 설립하고 7년여 동안 소장직을 역임했다. 이때 그는 전임교수 두 사람을 5년 동안 임용할 수 있는 지원금을 국제교류재단(Korea Foundation)으로부터 받았다. 2001년 8월 버즈웰은 UCLA 내에 불교 학 연구소를 설립하여 소장으로 일하고 있다. 그는 또 한국학 연구소와 불교학 연구소가 속해 있는 국제학 연구소(International studies and Overseas Program)의 임시 부소장직도 겸하고 있다.

출가했을 때의 로버트 버즈웰

버즈웰은 1972년 버클리 소재 캘리포니아 대학에서 1학년을 마치고 학교를 휴학했다. 태국의 탐마유트 종단의 사미승이 되어 수도하던 중 기후가 몸에 맞지 않아 홍콩의 란다우 섬에 있는 암자로 가서 1년간 공부를 하였다. 다시 태국으로 돌아와 비구계를 받고 수행하던 중 한국에서 온 스님을 만나 한국불교에 대해 알게 되었다. 먼저 한국으로 갔던 동료의 편지를 통해 한국 선 불교의 전통이 살아 있음을 확인한 후 한국행을 결심했다. 1974년 9월 버즈웰이 한국 땅에 발을 디뎠을 때 그는 태국 스님의 가사를 입고 있었다. 성일이 송광사에 온 것도 1974년이니 버즈웰과 성일은 같은 해에 구산을 은사 스님으로 모시고 배우는 서양인 도반이 된 것이다. 실제로 버즈웰이 쓴 책에 성일이 발문을 쓰기도 했다. 후에 성일의 남편이 되는 법천이 송광사에 온 것은 이미 버즈웰이 캘리포니아로 떠난 후였다.

구산은 그때까지 한국에서 유일하게 외국인들을 받아들여 교육하던 사람이었고 로스엔젤레스, 카멜, 제네바에 송광사 분원을 세웠다. 구산이 송광사에 주석하던 14년간 그곳을 찾아 참선을 배운 외국 스님은 50명에 달했다. 1976년에는 불일국제선원을 설립하여 외국인 스님들을 따로 교육하게 된다. 버즈웰이 처음 한국에 왔을 때는 한국 말을 전혀 못했지만 이전에 중국 스님에게 공부하여 한자를 알고 있었기 때문에 한국 스님들과 의사소통이 가능했다. 한국에서 공부하는 데 이런 의사소통 기능은 커다란 장점이었으니 그런 면에서는 성일이나 법천보다 공부환경이 좋았다고 볼 수 있다.

1976년 구산의 법문을 영역하여 《구산(Nine Mountains)》이라는 소책자를 동료와 함께 펴낸 버즈웰은 이어 지눌 전서의 영역에 착수했다. 그가 송광사에서 수행을 시작한 지 5년째 되던 1979년 송광사에 외국인 전문 수행처가 생긴다는 말을 들은 버즈웰은 그렇게 되면 자신이 행정 일에 너무 시간을 뺏길 것 같은 두려움이 들어 지눌 전서를 미국에서 출판하겠다는 핑계를 대고는 송광사를 떠났다. 구산은 별다른 말없이 송광사의 외국 포교업무를 맡으라는 당부와 함께 비행기 표를 끊어 주었다고 한다. 1979년 미국으로 온 그는 학문의 길을 계속하기로 마음먹고 버클리 소재 캘리포니아 대학에 등록했다. 대학원에 입학할 무렵엔 학문의 길로 마음을 굳혀 작은 선방에서 환속 절차를 밟았다. 1980년 구산이 캘리포니아에 왔을 때 그의 환속을 꾸짖으며 송광사로 같이 가자고 권했지만 강요하지는 않았다고 한다.

버즈웰은 UCLA를 서구에서 한국학 연구의 메카로 키운 공적을 인정받은 사람이다. UCLA 한국학 연구소는 미국 내에서 한국학을 전공한 전임 교수진을 가장 많이 보유하고 있다. UCLA 재학생 중 10%가 한국계이며, 미국 내에서 한국학 박사학위 과정 등록생도 가장 많다. 이곳에서 매년 불교를 포함한 한국학 강의를 듣는 학생은 2,000여 명에 달한다고 한다.

영어권에 출판된 버즈웰의 한국 불교관련서는 《빛의 연원을 찾아서: 지눌의 한국 선(Tracing Back the Radiance: Chinul's Korean Way of Zen)》과 《중국와 한국에서의 선 불교 사상 형성(The Formation of Chan Ideology in China and Korea)》과 《선 불교 승원 체험(The Zen Monastic Experience)》이 있다. 특히 《선 불교 승원 체험》은 우리 나라에서 《파란눈 스님의 한국 선 수행기》라는 제목으로 번역되었다. 한국 선 불교의 내부 사정과 수행을 직접 체험한 당사자로서 송광사에서의 선 체험을 자세히 소개한 이 책은 한국 불교 역사와 사회상도 담고 있다. 구산 스님께 헌정한 이 책을 그가 쓴 이유는 살아 있는 전통으로서의 불교, 피부로 느끼는 불교의 실상을 서양인들에게 전하고 싶었기 때문이라고 한다. 특히 그가 시정해보고 싶었던 왜곡된 서양적 시각이 두 가지 있었는데, 하나는 승려는 세속 생활에 무관심한 저 세상 전문가라는 것이며, 둘째는 승려는 이 세상에서는 활동할 수가 없어 도피한 자라는 것이었다.

6. 초종파적
독립형 불교

정명기업을 설립해 자급자족형 승가를 세우다

상가락시타(Sangharakshita, 1925~)

16세에 《금강경》을 혼자 읽고는 자신이 언제나 불교도였음을 확신하여 미얀마 스님께 보살오계를 받음. 이후 인도, 스리랑카 등에 거주하며 상좌부 불교에서 비구계를 받음. 암베드카 박사의 불가촉천민을 박사 사후에도 지도함. 1967년 영국에 불자 단체인 FWBO를 설립하고 이듬해 이를 이끄는 종단인 서구불교종을 설립함. 정명을 중심으로 하는 윈드호스 무역사 등을 세워 그 수익금으로 독립형 종단을 운영하며 서구에 적합한 개혁적 불교를 만듦. 저서로 《보살의 이상(The Bodhisattva Ideal)》《암베드카와 불교(Ambedkar & Buddhism)》《영원한 전통(The Eternal Legacy)》 등이 있음.

서구에서 가장 흥미롭고 개혁적인 불교라면 상가락시타 스님이 세운 '서구 불교종의 친구들(Friends of the Western Buddhist Order: FWBO)'을 첫손가락에 꼽는다. 어느 종파에도 속하지 않고 다른 종파와도 특별한 교류를 하지 않는, 정신과 물질 양면에서 자급자족형인 불교이다. 불교의 팔정도 중에서도 정명(正命)을 중시하는 FWBO는 승단 내에 윈드호스 무역사 등의 정명기업을 세워 재정적 자립을 했고, 회원들에게도 정명의 원리에 맞는 직업을 선택할 것을 권유하고 있어 물심 양면으로 건강한 환경을 만드는 데 앞장서고 있다. 불교라는 정신으로 무장한 선물도매상인 윈드호스 무역사 직원들은 아침 일과를 청동 타라 보살상 앞에 앉아 티베트어로 독경과 염불을 하는 것으로 시작한다. 다음 그 날 할 일이 각자에게 배당되고 임무를 수행하기 위해 흩어진다. 영국에서도 유서깊은 대학이 자리잡고 있는 아름답고 고풍스러운 도시 케임브리지 시에 자리잡고 있는 FWBO의 주력산업인 윈드호스 무역사는 영국에서 고속 성장하는 100대 기업에 꼽힌다.

서구 불교종은 단순한 종교단체가 아니다. 전통적으로 승가는 국가의 지원이나 재가불자들의 보시로 운영되어 왔다. 그런 사정으로 인해 승가의 철학이나 방향과 관계없이 재정을 많이 지원하는 사람들의 의사를 반영하지 않을 수 없는 상황이었다. 그래서 FWBO는 우선 경제적 자립을 해야 정신적 자립이 가능하다는 전제 아래 수익사업을 벌였다.

서구인에게 알맞은 불교를 새로 창조하겠다는 생각으로 종단을 설립한 FWBO는 수익사업을 벌이는 것 외에도 기존 승가와는 다른 점이 많다. 서구인들 사이에서 서양인에게 맞는 불교를 새로 창조했다는 평을 듣는 FWBO는 어떤 종파에도 속하지 않는 보편적 불교를 가르치고 있다. 상가락시타에게 있어 다르마란 B.C. 6세기에 인도에서 나온 것이 아니라, 무시(無始)의 그때부터 셀 수 없이 많은 부처와 보살을 배출하며 전해내려온 살아있는 전통인 것이다. 서구 불교종에는 재가와 승가의 구분이 없다. 다만 회원은 십계를 받을 뿐이며 '다르마를 따르

FWBO 런던 불교 센터의 전경

지하철역에도 표시문이 있는
런던 불교 센터

는 자'라는 뜻의 이름을 받을 뿐이다. 그래서 남자회원은 다르마차리(Dharma-chari), 여자회원은 다르마차리니(Dharmacharini)라고 부른다.

이들이 추구하는 새로운 불교 운동을 지속하려면 개인의 사회 참여와 회원들 간의 영적 유대가 필수적이라고 생각하기 때문에 FWBO의 회원들은 대부분 거주 공동체에서 산다. 불교 센터 근처에 위치한 거주 공동체는 현대 산업사회에서 잊혀져 버린 옛날 농경시대의 대가족 제도, 또는 마을 공동체의 장점을 살리려는 의도로 이루어졌다.

회원들의 구성은 남녀, 기혼, 미혼 등 다양하다. 스님들처럼 금욕을 지키며 사는 사람도 있고, 직장을 가진 사람도 있고, 종단 내에서 시간제나 전업제로 일하는 사람도 있다. 거주 공동체에서 다소 의외인 점은 남녀가 분리되어 있다는 것이다. 그것은 어떤 교리적인 이유 때문이라기보다는 그런 방식이 가장 효율적이라고 생각하기 때문이라고 한다. 그러나 이러한 남녀 분리 거주의 뒤에도 가르침은 숨어 있다. 가장 주된 이유로는 서구에서 남녀 사이의 성은 거의 노이로제적이고 정신병적인 양상을 띠고 있는데 그러한 노이로제의 원인이 핵가족제도에 있다고 상가락시타는 생각하기 때문이다. 모든 성은 다 훈련된 것이라고 생각하기에, 이성간의 성은 정상이고 동성간의 성은 비정상이라고 단순히 단정지을 수는 없다는 것이다. 다만 서구인의 삶에서 성적 관계가 너무나 큰 비중을 차지하는 반면 여타 인간 관계, 즉 부모나 친구와의 관계가 지나치게 경시되고 있다는 것이다. 여성만의 거주지, 남성만의 거주지를 만들어 놓았을 때 이러한 훈련된 의존체제나 노이로제가 사라질 수 있다. 물론 이런 동성만의 거주지에서는 자연히 동성애가 발생할 수 있다. 그러나 이렇게 발생한 동성애는 우리 사회에서 정상이라고 여기는 그런 강렬하고 노이로제적인 방식의 성관계와는 달리 유연하다. 뿐만 아니라 동성간의 성적 관심은 인간 사이에 우정을 키우고 서로에게 인간으로서 가까이 다가갈 수 있게 해 주기 때문에 정신수행에 도움이 된다고 상가락시타는 말한다.

남녀의 분리는 거주 공동체에서뿐 아니라 FWBO의 모든 불교활동과 수익사업에 다 적용된다. 우선 FWBO에서 발간되는 계간지에는 총 3종류가 있다. 남자들의 계간지는 〈다르마 라이프(*dharma life*)〉, 여자들의 계간지는 〈로터스 렐름(*LOTUS REALM*)〉, 그리고 예술가들을 위한 계간지 〈어르소나(*urthona*)〉가 있다. 상가락시타가 한때 예술가가 되고싶은 강한 갈망을 가졌던 관계로 FWBO에는 문화 관련 행사가 늘 풍부하다. 그리고 수익사업 중 선물가게인 '에볼루션(Evolution)', 건강식품점인 '바디와이스(Bodywise)', 채식 전문식당인 '와일드 체리(Wilid Cherry)'도 다 남자들만이 하거나 여자들만이 하거나 한다. 그렇다고 해서 이들이 조선시대처럼 내외를 하는 것은 아니다. 불교 센터에 가면 늘 남녀를 다 볼 수 있고 남녀가 함께 하는 명상이나 장기수련도 많다. 다만 상가락시타의 생각은 여성들은 내면에 남성적인 면을 더 개발해야 하고 또 남성들은 내면에 여성적인 면을 더 개발할 필요가 있는데 기존의 혼성체제로는 그것이 어렵다는 것이다.

상가락시타가 설립한 혁신적이고 실천적인 불교에 가장 많은 영향을 준 사람은 암베드카(Dr. Ambedkar) 박사이다. 그가 암베드카를 만난 것은 자신이 25세 젊은이였던 1950년이다. 1956년 암베드카는 정식으로 불교로 개종을 하고 그 뒤를 이어 38만 불가촉천민이 전향을 했다. 원래 암베드카는 자신이 불자가 되는 의식을 상가락시타가 집전해줄 것을 요청했었다. 그러나 상가락시타는 인도에 있는 가장 높은 스님이 그 의식을 집전해야 암베드카에게 더 의의가 있을 것이라 생각해서 그렇게 권유했다. 그런데 이 많은 개종자를 제대로 지도하지도 못하고 불과 6개월만에 암베드카는 죽음을 맞이했다. 불가촉천민 운동은 이제 막 시작되었는데 말이다. 이후 상가락시타는 불가촉천민 운동에 중요한 역할을 하게 된다. 법문을 하고 세미나를 이끌고 명상을 가르쳤을 뿐만 아니라, 결혼식을 주재하고 명명식도 집전했다. 그가 손수 의식을 집전하여 개종시킨 불가촉천민만도 20만 명에 달한다. 그런 인연으로 현재에도 FWBO의 지부가 인도에 많이 있다.

영국인 상가락시타는 1925년 데니스 링우드(Dennis Ringwood)라는 이름으로 노동 계급의 부모에게서 태어났다. 어려서부터 병약했기 때문에 학교에는 다니지 못했고 거의 독학을 했다. 아마도 이때부터 이미 그의 창의적 사고, 천재적인 조직력이 배양되었던 것 같다. 15세때 당대의 저명한 신지학자 마담 블라바츠키(Helena Blavatsky)의 책을 접하게 되었다. 자신을 스스로 티베트 불교도라고도 불렀던 블라바츠키는 '서양의 요기' '빛의 사자' 로 불리기도 했다. 블라바츠키의 저서를 두 번이나 정독한 후 상가락시타는 스스로 결론을 내렸다.

나는 과거에도 그리스도교도였던 적이 없고, 지

1 FWBO의 예술 계간지 〈urthona〉
2 FWBO의 여자 계간지 〈LOTUS REALM〉
3 FWBO의 남자 계간지 〈dharma life〉

금도 그리스도교도가 아니다.

이듬해 16세 때《금강경》과《육조단경》을 구해 읽고는 다시 선언했다.

　나는 과거에도 불교도였고 지금도 불교도이다.

　그리고는 1943년 영국 불교회에 연락을 하여 런던에 살고 있던 미얀마 스님 우
티틸라(U Thittila)에게 삼귀의를 하고 오계를 받았다. 16세라는 어린 나이에 인생
의 방향을 확실히 잡은 것이다. 1943년 그가 18세 되던 해 영국군에 징집되어 통신
병으로 인도의 델리로 갔다. 군복무보다는 불교에 관심이 집중되어 있었던 그는
그곳에서 불교에 대한 흔적을 별로 찾지 못하자 실론의 콜롬보로 전역을 신청했
다. 그런데 거기서 한 불교 공부도 별로 성에 차지 않았다. 그래서 제대한 후에도
고국으로 돌아가지 않고 아시아 곳곳의 불교단체를 전전했지만 실망만 하게 되었
다. 종교단체라는 것이 중생을 돕기는커녕 더 괴롭히고 방해만 하고 있다고 느꼈

에볼루션 선물가게

기 때문이다. 그래도 계를 받으려고 했지만 인연이 맞지 않았던지 바로 받지 못하고 우여곡절을 겪으며 실론과 인도 곳곳을 떠돌다가 드디어 부처님이 입적한 쿠시나가라에 이르러 찬드라마니 스님께 1949년 사미계를 받았다. 이로부터 18개월 후에 그는 부처님이 처음으로 전도를 시작한 사라나트에서 비구계를 받았다.

쿠시나가라와 사라나트는 부처님의 일생에서 매우 의미있는 두 성역으로서 아나가리카 다르마팔라(Anagarika Dharmapala)가 일생을 바쳐 이곳을 불교도의 손에 되돌리려고 노력했던 곳이기도 하다. 그가 계를 받은 인도의 승가는 인도라는 외국에 거주하는 상좌부 불교의 아주 작은 승가였으며, 하도 작아서 상가락시타가 계를 받으려면 10명의 스님이 필요했는데 그만한 숫자를 한곳에 모이게 하는 일이 어려워 비구계를 받는 일이 지연되었을 정도였다.

상가락시타는 상좌부 불교에서 비구계를 받았지만 후에 티베트 불교로 전향했다. 이전에 고빈다 라마(Lama Anagarika Govinda), 알렉산드라 데이비드-닐(Alexandra David-Neel)이 그러했듯이 상가락시타도 상좌부 승원의 교조주의, 형식주의, 민족주의에 동감할 수가 없어 결국 티베트 불교로 전향했던 것이다.

보통 계를 받은 후에는 스승 옆에서 5~10년은 공부를 하는 게 관례다. 그런데 상가락시타는 공교롭게도 계를 받을 때마다 다른 나라에 꼭 해야 할 일이 생겨서 스승이 그곳으로 파견했다. 어려서 서양의 학문도 독학을 해야 했던 것처럼 불교 공부 역시 사미계를 받은 후에도, 비구계를 받은 후에도 혼자서 해야만 했던 것이다. 오직 자신만을 믿고 독자적인 공부를 해야 하는 운명이었던 듯하다.

스승이 없었다 해서 영향을 받은 친구나 도반도 없었던 것은 아니다. 처음에 가장 가까운 정을 느낀 것은 《구루의 땅》을 저술한 고빈다 라마였다. 두 사람은 불교가 어떤 역사적 환경, 문화적 배경에 구속된 것이 아니라 '살아 있는 체험'이라는 데 동의했다. 또 하나 예술과 문학에 대한 열정을 두 사람은 공유하고 있었다. 예술에 강렬하게 이끌리는 자신의 성향에 대해 상가락시타는 자신이 극단적인 두 사람으로 분열된 기분이라고까지 말했다.

한 사람의 상가락시타는 자연의 아름다움을 감탄하고, 시를 읽고 쓰고 싶으며, 한가로이 누워 꿈을 꾸고, 이곳저곳을 다니며 사람들을 만나고 싶다. 또 한 사람의 상가락시타는 진리를 깨닫고, 철학을 하고, 계를 지키고 이른 새벽에 일어나 명상하고 기도하는 절제된 생활을 하고 싶다.

그런 그에게 고빈다 라마는 깊은 차원에서 두 분야는 연결되어 있는 것이니 주저하지 말고 두 가지를 다 하도록 하라고 충고해 주었다.

암베드카 사후에 인도에서 불가촉천민을 지도하던 상가락시타는 1964년 영국 불교 후원회의 초청을 받는다. 비구승으로 인도에서 살아온 15년의 삶을 마치고 그는 햄스테드 승원으로 와서 2년 정도 일했다. 그러나 개혁자적인 성품을 가진 그였기에 보수적인 후원회측과 갈등이 많았다. 1966년 잠시 일을 보러 인도를 방

FWBO 런던 불교 센터와 붙어 있는 와일드체리 채식식당의 외부 전경과 내부 정원의 모습

문했던 그에게 영국 불교 후원회는 해임통지서를 보낸다. 이듬해인 1967년 상가 락시타는 영국에 FWBO를 설립했다. 그의 나이 41세에 꿈을 이룬 것이다. 1년 후 에는 9명의 비구, 3명의 비구니를 배출해 '서구 불교종'을 창립했다.

서구 불교종이 중심 원리로 삼은 것은 부처님이 설하신 팔정도 중에서 정명(正 命), 즉 바른 직업으로 생계를 삼는다는 것을 실천하는 것이다. 생활 불교가 별로 발달되지 않은 한국과 동양에서는 정명의 개념 연구나 실천 수행이 없었다. FWBO는 이렇게 아무런 전통적 모델이 없는 상황에서 바른 직업으로 바른 가르 침에 따라 사는 것이 가능하다는 것을 보여주는 새로운 이상 사회를 건설하고자 했다.

FWBO 회원들은 어떻게 정명(正命)을 실천하고 있을까? 첫째 소극적으로는 해 롭지 않은 청정한 직업을 가지려 한다. 이는 불교적 견지에서 개인적으로나 사회 적으로나 건강하고 유익하며 기술적인(kusala) 직업을 말한다. 유익하지 않은 직업에는 경박한 사치품과 열등한 제품을 만들거나 파는 것도 포함되어 있다. 또한 광고계에 종사하는 것도 별로 건설적이지 못한 것으로 본다. 개인의 영적 발전과 사회에 공히 유익한 직업, 기본적이고 유용한 상품이나 서비스를 최고 수준으로 제공하는 직업을 중시한다. FWBO 협동조합의 제품은 품질 좋고 믿을 수 있고 정직하다는 것 자체가 광고가 되어야 한다는 것이다.

적극적인 정명의 실천으로는 일하는 시간을 자신의 영적 발전을 위해 건설적으로 쓰고자 하기 때문에 생산이나 서비스 활동은 혼자 하지 않는 것을 원칙으로 한다. 같은 이상을 가진 그룹 내에서 서로 격려하고 영감을 주며 활동할 기회를 주는 것이다. 또 권위적 서열 체계 없이 행동하고 관리하는 법을 배우고 민주적 분위기에서 자신이 책임을 지고 결정을 내리는 법도 배우게 된다. 협동조합이라는 체제와 원칙 하에서 일을 하면 강제적 규율이 없어도 효율적이고 긍정적 근로 환경이 조성되어 즐겁지 않은 일조차도 웃음지으며 할 수 있게 된다고 한다.

그렇다면 급료는 다른 회사에 비해 괜찮은 편일까? 협동조합에서는 작업을 효율적으로 하여 근로자를 착취하거나 지치게 하지 말아야 하고, 동시에 근로자가 생활을 영위할 수 있도록 급료도 지불해야 한다. 또 조합이 다른 불교 복지사업을 도울 수 있도록 돈도 벌어들여야 한다. 보시와 소득에 대한 FWBO의 원칙은 '사업장은 줄 수 있는 만큼 주고, 근로자는 필요한 만큼 가져가라' 는 것이다. 런던의 한 불교 식당에서 9년간 일해온 수바드라마티 회원의 말에 의하면 "매주 모든 사람은 일정한 주급을 받는데, 먹고 살 수는 있지만 저축할 만큼은 아닌 그런 정도의 급료"를 받는다고 한다. 돈이 더 필요한 경우에는 요청할 수 있고, 팀 내에서 의논을 해서 지급한다고 한다. 그런데 수바드라마티는 여태까지 돈을 더 달라고 하지 않는 것을 미덕으로 알고 살았다고 한다. "거짓없이 온 마음을 다해서 산 삶" 이라고 자랑스러워 하는 그녀는 일하는 것을 일종의 보시행으로 생각한다.

이렇게 일의 장과 수행의 장이 같아지면 참으로 이상적인 환경이라 할수 있다. 그렇다면 사회활동은 어떠한가? FWBO 회원에게 있어서 '불교도' 라는 정체성은 일을 하면서 자신과 사회발전에 기여하는 것이며, 거기에는 정치사회적 활동을 하는 것도 포함되어 있다. 서구 사회를 다르마를 수행하기에 더 나은 사회로 만드는 것이 바로 정치사회적 참여로 해석되는 보살의 이타행인 것이다. 따라서 협동조합은 속되고 탐욕스런 환경과 회원들의 영적 세계를 이어주는 다리인 동시에 외부인들을 불교의 가르침으로 끌어들이고 그들에게 불교를 알리는 가교 역할도 한다. 선물 가게인 이 사업장에는 누구나 드나들 수 있기에 그들에게 불교를 간접적으로 알릴 수 있다는 것이다.

상가락시타의 불교 개혁은 어떤 의미가 있을까? 서구에 존재하는 승원이나 승가를 보면 전통 고수형과 개혁형이라는 양극단이 있고 그 사이에 무수히 많은 변화가 스펙트럼처럼 존재한다. 상가락시타의 경우는 극단적 개혁형에 가깝다. 그는 아시아의 불교를 서구에 맞게 조금 바꾸기보다는, 아예 불교라는 종교를 서구인에게 맞게 개혁하려는 쪽이었다. 상가락시타는 아잔 수메도의 칫허스트 승가처럼 전통 문화적 승원 중심주의도 비판하지만 위빠싸나 승가처럼 개혁적, 합리적인 비승원 중심주의도 비판을 하고 있다. 전통 고수형 승가에 대한 그의 비판은 서구인들에게 '무질서한 옷이나 관습'이 필요없을 뿐 아니라 '타일랜드 정글이나 티베트 고원'의 생활방식을 그대로 답습할 필요도 없다는 것이다. 위빠싸나에 대한 그의 비판은 "수행체제에서 사마타를 없애는 것은 다르마의 이성적 이해를 전적으로 없애고 초월적 지혜로만 대체한다는 것인데 이는 분명 잘못되었다."는 것이다.

상가락시타는 불·법·승에 귀의하는 것을 아주 중요하게 생각한다. 모든 생명은 저차원 형태에서 고차원 형태로 진화해 가고 있고, 인간의 경우는 고차원의 진화가 부처님이 되는 것을 뜻한다. 고차원 형태, 즉 부처님께 귀의한다는 것은 섬김도 아니고 영적 전환의 체험도 아니며, 다만 존재의 신비를 푸는 열쇠일 뿐이다. 보리심에 대해 그는 이렇게 말한다.

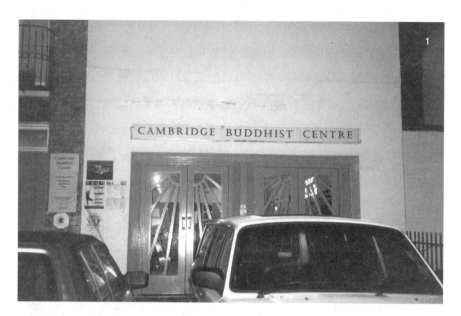

1 FWBO 케임브리지 불교 센터 입구
2 케임브리지 불교 센터 법당의 목각부처님
3 런던 불교 센터 내 정원과 분수

보리심은 우주에 내재하는 '깨달음의 정신'으로 우리를 더욱더 높은 정신의 완성으로 이끌어준다. 보리심은 광대하고 우주적이며 오묘한 것이다. 보리심은 그를 받아들일 준비가 된 사람이라면 누구에게나 다가오고 그 존재를 관통한다.

FWBO의 규모를 살펴보자. 1997년 서구 불교종에서 십계를 받은 다르마차리와 다르마차리니는 700명 정도였다. 팀 단위로 결성한 수익사업에는 건강식품 가게, 채식 전문 식당, 인쇄소, 보험사, 조경사가 있다. FWBO의 주력산업이며 캠브리지에 소재한 윈드호스 무역회사(Windhorse Trading)의 경우 92년에 성장률 37%를 기록해 고속성장 100대 기업에 꼽혔고, 96년에는 매출 37% 신장, 이윤 101% 신장률을 보였다. 97년에는 영국, 아일랜드, 스페인에 18개의 선물 가게를 두고 불교도 170명을 전업직원으로 고용했다. 또한 윈드호스 출판사는 영국에 본사, 미국·호주에 지사를 두고 불교와 관련 분야의 출판 사업을 하고 있다.

1978년에는 서부 인도에 암베드카의 신불교도를 지원하기 위해 카루나 자선재단, 협동조합, 공예품 산업공장을 설립하여 FWBO 회원 수천 명이 일을 할 수 있도록 했다. 80년대, 90년대에는 오스트레일리아, 뉴질랜드, 말레이지아, 스리랑카, 네팔, 북아메리카, 남아메리카, 유럽 각국에 FWBO 프로젝트가 진행되었다. 97년 현재 영국에는 50개의 FWBO 도시 불교 센터가 있고, 15개의 수련장이 있으며 다양한 정명(正命) 협동조합이 있다. FWBO의 후원자와 친구들은 10만명 정도 된다.

상가락시타가 70대 후반에 접어든 지금 후임자가 궁금해질 때다. 97년에 상가락시타는 종정 자리를 내놓고 13명의 원로 지도자로 구성된 '지도 위원회(Preceptor's College Council)'에 수계(授戒)와 종단의 지도를 의뢰했다. 설립자가 부재한 경우에나 사후에도 종단이 제대로 운영될 수 있도록 미리 준비해두는 차원에서 그렇게 한 것이다.

서구형 선 불교, 불교명상종을 설립한 개혁가

지유 케넷(Jiyu Kennet, 1924~1996)

영국 불교회 회원과 강사가 됨. 1962년 일본으로 가 고호 방장스님 밑에서 공부하여 견성을 인가받고 비구니계를 받음. 전법을 받고 일본의 절에서 주지도 하다가 1970년 미국 캘리포니아 주에 샤스타 수도원을 설립하고 불교명상종 창립. 서구인 문화에 맞게 영어독경, 영어식 법명 등으로 바꾸었으며, 선 불교를 주축으로 한 독립형 불교를 설립함. 자신의 수련과 견성체험을 몇권의 저서로 남겨 후학들을 도움. 영국에 트로셀 홀 수도원을 세우고 30개 명상 그룹을 지도함. 저서로 《사자후(*Roar of the Tigress : The Oral Teachings of Reverand Master JiyuKennet*)》 등이 있음.

선 불교가 그리스도교 문화권인 서구로 가면 용어나 색채가 아무래도 그쪽 분위기를 따라가게 마련이다. 서구에 맞는 선 불교를 만들기 위한 개혁을 시도한 사람 중에 조동종의 비구니 지유 케넷 선사가 있다. 조동종의 정규 코스를 두루 통과하며 정통교육을 받고 비구니가 되기 위한 계도 받았던 지유는 그러나 서구로 돌아온 후에 선 불교가 아닌 독립형 불교 수행단체를 세웠다. 그가 설립한 '불교 명상종' 은 다른 종파와 별로 교류를 하지 않으며 이들이 수행하는 불교도 여타 승원에서 행하는 것과 많이 다르다. 그런 점에서는 상가락시타의 FWBO와 닮았다고 할 수 있다. 또 독경을 할 때는 영어 경전을 그레고리안 성가 같은 음악에 맞추어 읽고, 스님들의 법명은 서구인의 귀에 낯선 일본 이름이 아니라 영어 이름으로 짓는다. 고풍스런 영국 이름인 에드문드(Edmund)나 기포드(Gifford)가 불교 명상종 스님들의 법명이 되는 것이다.

지유는 조동종의 본산 총지사(摠持寺)의 고호 방장 스님이 그 가능성을 인정하여 제자로 받아들였을 뿐 아니라 고호 선사가 직접 견성을 인가하고 법을 전해주었다. 그럼에도 불구하고, 일본 조동종 내부에서는 외국인이며 여자라는 이유로 질시를 받았고, 자신의 조국인 영국에서는 '진짜 스님'이 아니라는 이유로 거부를 당했다. 영국 불교회의 크리스마스 험프리가 일본 스님이 아니라는 이유로 지유를 받아들이지 않았던 것이다. 수도의 길에서 힘이 되어줄 도반의 부재와 주위의 질시라는 어려운 환경에도 불구하고 오로지 깨달음을 얻겠다는 마음 하나로 정진한 지유는 후에 미국 캘리포니아에 샤스타 수도원(Shasta Abbey)을 설립하여 그가 창건한 '불교 명상종(Buddhist Comtemplative Order)'의 본산으로 삼는다. 그리고 영국에도 트로셀홀 수도원을 설립하고 무려 100여 명의 서구인 제자에게 계를 주어 서구에 불교를 전파하는 데 큰 역할을 하였다. 말년에 죽음이 다가와 선정에 들었던 지유는 기적적으로 살아났다. 이때 겪은 것을 지유는 제3의 견성체험이라고 불렀고, 이를 글과 그림으로 자세히 설명한 책을 발간하여 후학들이 자료로 참고할 수 있게 하였다.

지유 선사는 페기 케넷(Peggy Kennet)이란 이름으로 1924년 태어났다. 불교를 처음 접한 것은 아버지의 서재에 있던 《아시아의 등불(The Light of Asia)》을 읽었을 때이다. 또 초등학교 때 강당 벽난로에 무슨 이유에서인지 몰라도 작은 불상이 놓여 있었는데 마음이 괴로울 때마다 그 불상에서 많은 위안을 받았다고 한다. 지유는 장학금을 받고 학비를 벌어가며 트리니티 음악대학을 졸업했다. 이 무렵 교회에서 오르간 연주를 하던 지유는 그레고리안 성가를 좋아하게 되는데 후에 그가 창립한 불교 명상종에서 그레고리안 성가에 맞추어 독경을 하는 것의 연원이 되었다고 볼 수 있다. 1954년 영국 불교회에 가입하여 회원이 된 지유는 곧이어 강사가 되었고 1958년에는 관리위원이 되었다. 그렇게 열심히 불교활동을 하다가 그곳을 방문한 고호 선사를 만나 제자가 되었다.

지유가 일본 조동종 본산과 좋지 않은 관계인 것은 무슨 연유일까? 그가 일본에 가서 수행을 시작한 1962년은 아직은 불교가 서구권에서 크게 발전하지 않은 때이다. 따라서 일본 총지사에 외국인 수행자도 아직은 드문 때였다. 그런 환경에서 비구승밖에 없는 절에 외국 여자가 왔으니 자연 놀림, 질시, 외면의 대상이 되었다. 그런 반감은 지유가 선사가 되어 서구로 활동무대를 옮긴 후에도 나아지지 않았다. 조동종에서는 결혼을 허락하고 있는데 지유는 결혼 자체가 수도에 장애가 된다고 공공연히 말했기 때문이다.

높은 차원의 깨달음을 얻으려면 섹스가 장애가 된다. 결혼은 하되 섹스를 하지 않으면 괜찮을까? 아니다. 결혼했다는 사실 자체가 어딘가에 내가 매인 것이다. 그러므로 결혼은 깨달음을 이루는 데 방해가 된다.

지유는 100여 명의 제자에게 계를 내렸는데 서양인 스님으로서는 놀라운 숫자라할 만하다. 그런데 조동종에서 그 제자들을 정식 등록시켜 주지 않으니 스스로 종단을 창립하지 않을 수 없었다. '불교 명상종(Order of Buddhist Comtemplatives)'에서 '컨템플레이션(contemplation)'은 가톨릭에서 '묵상'이라는 뜻으로 쓰이는 말인데, 불교 명상종의 이름에도 그리스도교적 색채가 묻어 있다고 할 수 있겠다.

필립 카플로 선사가 자신의 선원에서 영어로 독경하겠다고 했다가 은사 야스타니 선사가 허락하지 않을 뿐만 아니라 그로 인해 끝내 스승으로부터 전법을 받지 못했던 것을 생각해볼 때 불교 명상종의 영어 독경은 파격적인 것이라 할만하다. 수행장의 이름도 '승원(monastery)'이라는 불교적 이름 대신 '수도원(abbey, priory)' 같은 가톨릭적 이름을 쓴다. 예불에도 '아침기도(matins), 저녁기도(Vespers)' 같은 가톨릭 용어를 붙였다. 그러나 지유는 이런 변화가 문화권에 적응하기 위한 편리한 방편일 뿐 다른 의미는 없다고 한다. 또한 도겐(道元) 선사가 남녀 평등을 말한 것에 근거하여 비구나 비구니의 호칭을 따로 구분하지 않고 모두다 그저 '스님(monk)'이라고 부르고 있다. 선사의 호칭 역시 전통대로 '선사(禪師, zen master)'나 '노사(老師, roshi)'를 쓰지 않고 '성직 지도자(reverend master)'

라고만 부른다.

지유는 '선은 삶의 방식이 아니라 직관적인 종교'라고 말하여 선 불교의 종교성을 강조했다. 또 "부처님은 신이 아니다. 그러나 신이 아닌 것도 아니다."라고 말했는데, 그가 말하는 신의 개념은 인격적 하느님은 아니라고 한다. 지유는 또 서양인들이 익숙히 알고 있는 평범한 이야기를 불교적으로 재해석하여 들려주는 재치도 지니고 있었다. 윈스턴 처칠이 불교의 무상의 원리를 이해하고는 있었으나 모든 이에게 영원한 불성이 빛나고 있었다는 것은 몰랐다고 유머러스하게 말했던 지유의 이야기를 들어보자.

술에 약간 취해 나타난 윈스턴 처칠에게 한 여성이 말했다.
"처칠 경, 당신은 취했군요. 꽤나 취했군요. 구제불능으로 취했군요."
그러자 처칠이 말했다.
"부인, 당신은 못생겼군요. 꽤나 못생겼군요. 구제불능으로 못생겼군요. 내일 아침이면 제 취기는 말끔히 사라지겠지요. 그러나 당신 얼굴은……."

이 일화는 그저 듣고 웃어넘길 일이 아니라는 것이 지유의 설명이다. 처칠은 '모든 것은 변화한다'는 무상의 진리는 이해했지만, 영원한 불성이 그 여성의 내면에서 빛나고 있는 것은 보지 못했기에 그녀의 진정한 아름다움을 이해하지 못했다는 것이다. 너나 나나 오늘은 엉망진창일지라도 내일은 엄청난 변화가 일어나 전혀 다른 사람이 될 수도 있는 것인데 말이다.

총지사에서 지유를 믿어주고 밀어준 사람은 고호 선사밖에 없었다. 그런데 방장 스님인 고호 선사를 자주 뵐 수는 없는 노릇이었다. 그래서 지유는 늘 외로웠고 적군에 둘러싸인 것 같았지만 오히려 그런 역경을 수행의 박차로 삼았다고 한다. 짓궂은 장난의 대상도 많이 되었던 것 같은데, 1962년 총지사의 뜰에서 한 스님이 지유의 머리 위에 사마귀를 올려 놓았던 적이 있다. 깜짝 놀라거나 울음을 터트릴 것이라 예상했던 그 스님은 오히려 실망했다고 하는데, 아무도 모르게 지유는 이미 깨달음을 얻었던 까닭이라고 한다.

나는 조심스레 그 사마귀를 잡고 머리에서 떼어내었다. 그 몸을 둘러싸고 있는 황금빛 광휘에 찬탄이 절로 나왔다. 역시 황금빛 광휘를 뿜고 있는 풀잎에 그 사마귀를 올려 놓았다. 우리가 살고 있는 이 세상은 얼마나 단순하면서도 완벽하게 아름다운가!

장난의 경계를 넘어서 악의적 학대도 받았던 것 같다. 지유를 미워하던 한 스님이 발코니에서 그를 밀어 버린 적이 있는데 다른 스님의 도움으로 위기를 모면했다고 한다. 어려운 일이 계속 일어나면서 최악의 상황이라고 판단했던 어느날 밤 더 이상 참을 수가 없었던 지유는 총지사를 아예 떠나기고 작정하고 짐을 꾸렸다. 그런데 길을 떠난지 얼마 되지 않아 내면의 소리를 들을 수 있었다.

지유! 네가 틀렸을 수도 있잖아!

그래서 다시 돌아왔다. 이후 지유는 '일상의 삶' 이라는 화두를 가슴 깊이 받아들였다. 깨달음이라는 것은 삶과 죽음이 주는 유한성 그리고 그에 수반되는 고통 속에서만 일어날 수 있다는 것을 간파한 것이다.
총지사에 있던 그 시절에도 지유는 페미니스트였지만 그 접근법이 여타 페미니스트들과는 달랐다.

모든 여성들이 마치 자신들은 권리가 없다고 가정한 듯, 오직 남성들만이 그 권리를 줄 수 있다고 생각하는 듯 했다. 그러나 인간의 권리는 빼앗아갈 수가 없는 것이다. 여성들은 이미 권리를 가지고 있다. 그러니 그 권리를 취하기만

하면 되는 것이다. 총지사에서 모두가 나를 미워하고 푸대접할 때도 나는 그렇게 했다.

"체! 해볼테면 해봐라. 너희들이 무슨 짓을 해도 나는 깨달음을 얻을 거야. 오래 전부터 내 것이었던 깨달음을 얻을 권리를 나는 이제 취하겠다."
나의 뜻을 간파한 은사 스님의 얼굴에 참을 수 없는 미소가 번져 나가더니 급기야는 시원한 너털웃음으로 변했다.

총지사의 복도를 걷던 중 지유는 전생 체험을 한 적이 있다. 갑자기 사방의 벽이 다 사라져 버리고 자신이 들판에 서있는 것을 발견했는데, 그것이 과거생의 한 장면이었음을 알았다는 것이다. 한국에서 현각 스님이 주지가 되었듯이 지유도 견성을 인가받은 후 1964년 5월 운푸쿠지라는 작은 절의 주지가 되었다. 세수 40세에 지유는 처음으로 서양인 제자를 받아들여 수련시킬 수 있게 되었던 것이다. 고호 방장 스님이 주위의 반대에도 불구하고 지유를 키운 속내는 무엇이었을까? 서양으로 불교를 전법할 준비를 늘 해오던 그는 그 주역을 담당할 인물로 지유를 생각했던 것이다.

한 종교가 국경을 넘어 다른 나라로 전해질 때는 오직 그 기본만이 살아남는다. 불교가 서양인들에게 가닿으려면 일본에서도 그랬듯이 서양인들 스스로 좋아하는 색칠을 해야만 한다. 그렇게 해서 서양에서 새로 태어난 불교는 동일한 진리의 흐름을 담고 있기에 완전히 새로운 것도 아니요, 새로운 형식과 방법, 관습, 문화를 형성할 것이기에 완전히 옛것도 아닐 것이다. 서양이 준비가 되었을 때 진정한 스승을 스스로 찾아낼 것이다. 그 스승은 일본에서 공부를 했을 수는 있겠지만 분명 자신의 문화를 속속들이 알고 있는 서양인일 것이다.

지유 선사는 고호 방장 스님이 생각한 범주에 꼭 들어맞는 사람이었던 것이다. 그러나 조동종의 정통 교육을 다 마치고 신학박사 학위에 해당하는 '세이' 학위까지 받고 고호 방장 스님의 기대를 한몸에 모으던 지유가 서구에 와서 일본 불교의 색채를 어떻게 지우거나 흐리고 혁신적인 불교를 만들 것인지는 그도 전혀 예기치 못했을 것이다. 지유의 유일한 희망이었던 고호 방장 스님이 1968년 입적하자 지유는 캘리포니아로 와서 샤스타 수도원을 건설한다.

캘리포니아에 샤스타 수도원을 설립한 지 3년 후인 1973년 몇 명의 영국인 제자들이 영국 중북부의 노섬버랜드(Northumberland)에 트로셀홀 수도원을 설립한다. 현재 불교 명상종의 유럽 본산인 트로셀홀 수도원에는 계를 받은 스님 32명이 수도하고 있다. 5년간 수련을 한 후에 이들은 법을 가르치는 교사가 될 수 있다고 한다. 견성을 인가받은 사람은 '선사'가 될 수도 있다. 현재 영국 내 신도는 천 명이고, 리딩에 작은 수도원이 있으며, 30개 재가 명상 그룹이 있다. 유니테리언교의 불교우의회에서 재정을 담당하고 있는 제임스 포드(James Ford) 목사도 지유에게 계를 받은 사람이다.

지유가 총지사에 있을 때 일본 내 한국인이 당하는 부당한 처사에 매우 분노한 적이 있다. 어느 날 1500년대에 일본이 한국의 왕실 도공들을 납치해다가 도자기를 만들게 했다는 것을 알게 되었던 것이다. 그는 개탄했다.

바로 거기서 나온 스타일이 오늘날 전세계에 일본 고유의 것이라 떠들고 있는 '일본' 도자기라는 것을 알게 되었다. 자기 것이 아닌 것을 자기 것이라 떠들고 있을 뿐만 아니라, 한국의 후손이 아직도 일본에 발이 묶여 있는데 여권도 주지 않고, 시민권도 주지 않고, 공립학교도 갈 수 없고, 오직 할 수 있는 일이라고는 도로건설 노동밖에 없다는 것이다. 그런데도 총지사에서는 세상이 한마음이고 경이롭다느니, 일본이 외국인들을 사랑한다느니 하는 위선을 벌이고 있다. 오늘 나는 거리를 걷다가 순박해 보이는 한국 여인들이 쭈그리고 앉아 타르와 삽으로 아스팔트 보수공사를 하는 것을 보았다. 그들은 그 곁을 지나가는 일본 행인의 발에 금방이라도 채일 것만 같았다. 나는 더이상 참을 수가 없었다. 분노를 폭발하는 나에게 총지사의 큰스님이 말했다.

"분노는 아무리 정당하다 하더라도 옳지 않다. 이 상황을 먼저 받아들이고 그리고 난 다음 사람들의 의식이 바뀌도록 교육해야 한다."

그리고 후에 지유 선사도 세상을 바꾸는 길은 수용과 교육밖에 없다는 것을 받아들이고 제자들에게도 그렇게 가르친다. 그리고 모든 인간이 실수를 할 수 있다는 것, 깨달은 사람도 역시 실수를 할 수 있다는 것, 심지어 부처님도 깨달음을 얻은 이후에도 치명적인 실수를 했다는 것을 말하며, 지유는 그러니 부처님을 신으로 변화시키지는 말라고 당부한다.

깨달음을 얻은 이후에도 부처님은 한동안 굶주리고 살았다. 별로 열심히 따르는 제자가 없었기 때문이다. 그러다가 오늘날이었다면 모든 신문의 헤드라인을 장식할만한 큰일이 발생한다. 너무나 피곤했던 부처님이 "한 2주 동안 나는 선정에 들 것이니 너희들은 몸의 불완전함에 대해 명상하거라."고 말씀하고는 선정에 들었다. 그런데 2주 후 부처님이 돌아와보니 수많은 제자들이 '몸에 매이지 말라' 는 가르침을 글자 그대로 해석하여 자살을 하고 말았던 것이다. 그래서 지혜의 방편이란 것이 생겼다. 영원한 진리를 보고 깨달았다 하더라도 실수는 할 수 있는 것이다.

다양성이 존중되는 복합적인 사회에서 가장 중요한 점은 상대방이 나와 다르다는 것을 인정하고 내 것만이 옳다고 주장하지 않는 것이다. 그러기 위해서는 어떤 마음자세를 가져야 할까?

기둥이 하나 있다. 그 기둥을 어떤 방향에서 보느냐에 따라 그 기둥은 각기 다르게 보일 것이다. 그러니 서로 다른 의견을 가진 우리는 '모두 옳은' 것이다. 저쪽에 있는 사람에게 "당신의 생각은 틀렸어. 내 생각이 옳아."라고 말할 권리는 내게 없는 것이다. 내 생각이나 견해가 옳은 것은 바로 내가 여기 이곳에 있기 때문인 것이다. 또한 어떤 사람이 내 마음에 들지 않는 행동이나 말을 했을 때 "나는 저렇지 않아."라고 말한다면 대단히 비판적인 말이다. 그러나 "나는 저렇게 하지 않기를 기도한다."라고 말한다면 나도 그렇게 될 수도 있음을 인정하는 것이기에 포용적인 말이 되는 것이다.

지유의 열린 자세는 게이 문제에도 그대로 적용되었다. 수도원 안에서 다가오는 스님을 볼 때 '저기 오는 것은 게이 스님이고, 저기 오는 것은 정상적 성을 행하는 스님이고, 저기 오는 것은 금욕을 하는 스님'이라고 못박고 보지 않는다는 것이다. 다만 그냥 스님일 뿐이다. 중요하지 않은 것에 집중을 하거나 신경쓰지 말자는 것이다. '성'이라는 것도 관련있는 것에만 적용할 일이지, 모든 곳에 다 적용할 필요가 없다는 것이다. 성이라는 것은 삶이라는 거대한 산에 붙어 있는 아주 작은 일부분일 뿐이기 때문이다.

바하의 음악을 화두로 내어주는 스님
모린 묘온 스튜어트(Maurine Myo-On Stuart, 1922~1990)

미국인과 결혼, 세 명의 자녀를 둠. 전문 연주회 피아니스트였다가 불교를 만나 소엔 나카가와 노사에게 사석에서 '노사' 타이틀을 받음. 초종파 승원인 캠브리지 불교회(Cambridge Buddhist Association)를 운영하고 주로 여성들을 위해 장기수련회를 엶. 자녀를 둔 여성으로서 어떻게 불교를 수행할 것인가에 대해 여타 여성들에게 역할 모델이 되었으며, 일본에 한번도 가본 적이 없이 미국인들을 위한 미국적인 불교를 만드는 데 노력함. 음악을 화두로 삼는 등 독창적인 개혁을 많이 함. 저서로 《신비한 소리(Sutble Sound : The Zen Teachings of Maurine Stuart)》가 있음.

캐나다에서 태어나 프랑스로 음악 유학을 하고 연주회 피아니스트로 활약했던 모린 스튜어트 노사는 임제종의 소엔 나카가와 노사를 은사로 하여 불교를 배웠지만 후에 독립하여 초종파 승원을 운영했다. 미국 매서츠세츠 주 캠브리지 시에 소재한 캠브리지 불교회(Cambridge Buddhist Association)에서 참선과 수행을 가르쳤던 그는 주로 여성들을 위한 장기수련회를 개최하였다. 그런 그를 제자들은 '어머니 스님(Ma Roshi)'이라고 불렀다. 서구의 스님들 중에 매우 특이하다고 할 수 있는 몇가지를 스튜어트는 가지고 있다. 첫째, 그는 한번도 일본에 가서 수행을 한 적이 없다. 임제종의 노사 중에 그런 사람은 드물다. 둘째, 그는 임제종이 뿌리이지만 조동종의 스님에게도 배웠다. 셋째, 그는 선 불교를 뿌리로 가지고 있지만 거기 머물지 않고 각 종파의 불교에서 좋다고 생각되는 것들은 다 도입해 수행과 의식에 사용하고 있다.

나는 선 불교에서 공부한 선생이긴 하지만 캠브리지 불교회는 선 불교 선원이 아니다.

스튜어트에게 '수행(practice)'이라는 말은 피아노 연습과 불교 수행 두 가지를 다 의미한다. 그의 승원에는 음악에 관한 비유가 풍부하다.

나는 늘 내가 피아노 같은 악기라고 느꼈다. 선 불교를 수행하면서 그 느낌은 더욱 깊어졌다. 음악가가 되려면 피아노 같은 기술적 도구가 필요하듯이 선 불교도가 되려면 참선이라는 기술적 도구가 필요하다.

캠브리지 불교회를 찾는 회원이나 방문객에게 스튜어트는 말하곤 한다.

저는 다른 선사들처럼 서예는 하지 않습니다. 그렇지만 저희집에 오시면 서주와 푸가를 연주해드리지요.

스튜어트의 피아노 은사인 나디아 블랑제르(Nadia Boulanger)는 열정적이고 독창적인 가르침으로 유명한 여성이다. 모든 작곡가의 말과 음악을 자유자재로 인용하며 연주기법과 음악을 가르쳤던 그는 이미 2차대전 이전에 세계 굴지의 교향악단을 처음으로 지휘했던 여성이다. 런던 필하모닉, 파리 필하모닉, 뉴욕 필하모닉을 비롯해 보스턴 심포니, 필라델피아 오케스트라를 지휘했던 나디아 블랑제르의 천재성은 자기 자신을 음악의 매체, 음악을 위한 악기로 감각적으로 사용함에 발휘되었다.

그런 은사에게 공부한 제자답게 그에겐 음악과 선(禪)의 경계가 따로 없었다. 한번은 제자에게 바하의 음악(The Well-tempered Clavier)을 화두로 내어주고는 다음 인터뷰에서 공부의 정도를 판단하겠다고 한 적도 있다. 그 제자의 말을 들어보자.

그건 피아노 레슨이 아니었어요. 스님은 연주회 전문 피아니스트였으니까 저의 연주를 평할 수도 있었지만 그렇게 하지 않았어요. 저는 그저 내어주신 화두를 참구한대로 보여드렸고 스님은 제 연주를 통해서 나오는 본질적인 것에 관해 몇 마디 하셨어요. 저는 집에 돌아와서 스님의 말씀에 근거하여 화두를 좀더 참구했고, 다음 인터뷰에서 스님은 제게 화두를 통과했다고 말씀하시고는 다른 음악을 화두로 내주셨어요. 다른 사람이 그랬다면 이상할 수도 있겠지만 스님이 그렇게 하시는 것은 하나도 이상하지 않아요. 실은 스님의 그런 창조성과 융통성이 제가 가장 좋아하는 부분이예요.

이것이 과연 선 불교인가? 이것이 일본에서 전수받은 임제종의 모습인가? 스튜어트가 주석하고 있는 매서츠세츠 주 캠브리지 시에 위치한 캠브리지 불교회(Cambridge Buddhist Association)를 방문한 사람은 잠깐 어리둥절하게 된다고 한다. 필요없는 형식을 거부하는 스튜어트 노사의 파격은 어느 정도일까? 성직자의 법복 대신 때로 그는 화장을 하고 화려한 옷을 입고 보석을 걸칠 때도 있다. 일본 문화가 묻어 있는 선 불교의 형식을 하나하나 점검해가던 그는 어느날 자신에게 질문을 던졌다.

가사는 왜 입는 거지? 염불은 왜 일본말로 하는 거지?

그의 선방에서는 죽비를 쓰지 않고 참선을 하다가 졸음에 빠지는 수행자가 있으면 어깨를 가만히 어루만져준다. 어머니 스님이라 불리는 그이기에 제자들은 남녀를 불문하고 그 앞에서 쉽게 울 수도 있고 속내를 쉽게 열어보일 수도 있다고 한다. 그러나 스튜어트는 진정 필요한 형식도 있음을 안다.

진정한 자유는 형식에 있어요. 형식을 버린다면 선(禪)도 음악도 되지 않아요. 심지어 아이를 기르는 것처럼 삶의 일상에 뿌리내린 듯 보이는 것도 형식없이는 안돼요.

스튜어트는 1922년 캐나다에서 태어났지만 미국인과 결혼하여 미국에서 40년 이상 살다가 1990년 세상을 떠났으니 문화적으로는 미국인에 가까울 것이다. 1949년 프랑스에서 선 불교를 처음 접했던 그가 불교수행을 시작한 것은 그로부터 거의 20년이 지난 1965년 뉴욕의 선학회(Zen Studies Society)에서였다. 이미 만 9살을 시작으로 자녀가 셋이었지만 그는 열심히 수행했다. 이곳에 주석했던 임제종의 에이도 노사 뿐 아니라 나카가와 소엔, 야스타니 노사에게도 배웠다. 1970년 스튜어트 가족은 매서츠세츠 주로 이사를 가는데 여기서 전설적인 엘지 미첼(Elsie Mitchell)을 만나게 된다.

서구 선 불교의 역사에서 미첼은 비록 작지만 매우 명예로운 역할을 한 사람이다. 1926년 태어나 보스턴에서 자라난 미첼의 조상에는 불교와 가까운 사상을 지녔던 초절주의자가 있다. 대학 시절 종교시간에 실망만을 느끼던 미첼은 도서관에서 《동양철학 이야기(The Story of Oriental Philosophy)》를 읽고 불교를 알게 된다. 스튜어트 역시 이 책으로 불교를 처음 접했으니 두 여성의 인연도 작은 것은 아니다. 미첼은 1957년 일본을 방문하여 불교를 공부하고 1959년, 스즈키 다이세츠, 히사마츠 박사, 스튜어트 홈즈와 함께 캠브리지 불교회를 설립했다. 캠브리지 불교회는 미국에 설립된 승원 중에서 극히 초기의 것이라 할 수 있다. 1961년 미첼은 조동종의 득도의식으로 사미계를 받았다.

1970년 남편의 장난감 공장이 보스턴으로 옮기면서 스튜어트는 보스턴 근처로 이사를 가게 되었다. 보스턴에 같이 수행할 사람이 없을까봐 걱정하는 그에게 소엔 노사는 엘지 미첼을 만나면 모든 게 잘될 것이니 괜찮다고 했다. 그 말을 들을 때는 엘지 미첼이 도대체 어디 있는지도 모르던터라 답답하기만 했지만 캠브리

엘지 미첼(Elsie Mitchell)의
《일면불 월면불(*SUN BUDDHAS MOON BUDDHAS*)》

지 시로 이사한 후 스튜어트는 곧 미첼을 만날 수 있었다. 뉴욕의 선학회에서 수행을 시작한 지 5년차되던 스튜어트는 계속 정진하여 1972년에는 학생들을 가르치기 시작하였다. 1977년엔 사미계를 받았고 다른 선방에서 가르침을 펴다가 1979년에 미첼의 캠브리지 불교회를 이어받았다.

1977년 임제종의 에이도 노사에게 사미계를 받았던 스튜어트는 불과 몇년 후 스승을 떠났다. 그런 파격적인 결심을 한 이유는 첫째 집중수련을 할 수 있는 대정진에 에이도 노사가 여성을 빼놓았기 때문이고, 둘째 에이도 노사가 여성 제자들과 성적 관계를 맺은 것이 착취적이라고 느꼈기 때문이었다. 스튜어트는 그러나 소엔 노사만은 여전히 스승으로 존경하며 따랐다.

1982년 여름 소엔 나카가와 선사는 아무런 증인도 없는 사석에서 스튜어트 스님에게 '노사(roshi)'라는 호칭을 주는 수계의식을 거행했다. 그리고는 '내가 너를 노사로 만들었음을 모두에게 알려라'고 말했다. 스튜어트가 사미계를 받은 지 5년이 지났고 캠브리지 불교회를 이어받은 지 3년이 지난 때였다. 당연히 이 약식 수계의식에 대해서 일본 본산에는 아무런 기록도 남지 않았다. 심오한 동시에 장난스러웠으며 엉뚱한 장난을 잘하던 소엔 노사였기에 사람들은 이를 글자 그대로 받아들여야 할지 아니면 미국제자들이 이 화두를 몇년간이나 끙끙대고 풀라고 얼토당토 않은 역설로 제시한 그의 마지막 장난으로 받아들여야 할 지 알 수가 없었다. 그렇지만 스튜어트는 '노사'라는 타이틀을 기꺼이 사용했다. 그는 '수평 전법(傳法)'과 '수직 전법'이라는 구분을 했다. 수평 전법은 그저 스승과 제자 사이에 이루어지는 전법이고, 수직 전법은 계보와 법맥의 문제라고 했다. 다시 말해서 수평 전법은 본질적으로 사적이고 내면적이고 정신적임에 반해, 수직 전법은 사회적이고 외면적이며 공적이라는 것이다. 스튜어트는 수평 전법을 더 선호했기에 자신의 타이틀에 회의가 없었음은 당연하다고 볼수 있다.

소엔 노사를 처음 보았을 때부터 스튜어트는 자신의 스승임을 알아보았다고 한다. 무엇이 그렇게 오랜 인연의 끈을 알아보게 했을까?

그것은 소엔 노사가 노사라거나 존경받는 승원장이라는 것하고는 상관이 없었다. 태양에 경건하게 경배하는 스님의 모습, 차 한잔을 마실 때도 차와 찻잔과 차를 따르는 사람을 정말 소중히 생각하는 스님의 모습을 보면서 나는 그 분만이 나의 진정한 스승임을 마음속으로 확신했다.

소엔 노사가 음악과 예술을 좋아했다는 것도 스튜어트와의 일체감을 더해주었을 것이다. 뮤지컬 영화 "지붕위의 바이올린"을 적어도 8번 이상 보았다는 소엔 노사는 또 베토벤을 좋아했다. 그는 여러 번 말하고는 했다.

베토벤은 진정한 선 불교인이야. 모든 고통과 슬픔을 다 초월했잖아.

베토벤의 〈장엄미사곡〉에 대해 스튜어트는 이런 말을 했다.

베토벤은 가톨릭의 미사곡이라는 형식을 일단 채택한 후에 그것을 넘어섰다. 그 형식으로부터 자유롭기 위해서 그는 곡의 모든 미세한 부분까지 다 파악하고 씨름해야만 했다. 마치 수행자가 쉬임없이 참선에 들어 정진하는 것과 같이 옛 교회음악에 자신을 몰입했던 베토벤은 이후 그 형식을 초월하고는 모두 다 버렸다. 그리하여 미사곡은 베토벤이라는 인물을 통하여 다시 살아나 완전히 새로운 형식을 갖게 된 것이다. 그런 과정을 거쳐 태어난 〈장엄미사곡〉은 듣는 이 모두에게 진정한 종교적 체험을 주고 있다.

선 불교의 역사를 보면 특히 초기에 여성불자나 비구니들이 얼마나 힘이 들었는지 자명하다. 그러나 스튜어트는 선 불교 스승이 할 일은 장애를 긍정하는 일이 아니라고 했다. 그는 개인적으로나 선 불교 스승으로서나 음악가로서나 자신이 여성임이 문제가 된 적은 한번도 없었다고 말한다. 1984년 숭산의 관음선종이 프로비던스 선원에서 주최한 "여성과 불교" 회의에 스튜어트는 연사로 초청되어 서양에 불교를 들여오는데 공헌한 중국 비구니와 미국여성에 관해 강연을 했다. 이 회의에 참가한 300여 명 여성불자들은 남성중심, 승가중심의 삶의 방식을 재가여성들에게 부가하는 것의 문제점을 이야기했을 뿐만 아니라, 아이를 기르는 것 역시 수행이라고 보기에 '수행으로서의 아이 기르기'에 대해서도 다각적으로 토론을 벌였다.

스튜어트는 미식가이다. 그의 서가에는 전세계 요리책이 300여 권 꽂혀있는데, 이런 요리에 관한 관심 역시 선사로서는 드문 일이다. 음식에 관한 한 그의 열정은 가히 추종할 사람이 없다. 새로운 요리법, 어떤 야채의 식물적 역사, 다른 문화권의 음식문화와 습관 등등이 다 그의 관심사이다. 사람들은 스튜어트를 일러 '사자와 고양이를 반씩 섞어놓은 사람'이라고 한다. 그런 대조적 경향은 성격이나 스타일 뿐 아니라 그의 얼굴에도 나타난다. 새침하고 얌전한 제스처와 굵고 진한 눈썹, 모난 턱이 대조를 이루고 있기 때문이다.

1986년 스튜어트가 '중등교육의 하버드'라고 불리우는 명문 엑스터 아카데미(Exeter Academy)에서 명상을 가르치던 어느 날, 추운 날씨에 눈까지 많이 내려 길바닥이 얼어붙었던 적이 있다. 오늘만은 위험하니 가지말라고 제자가 만류했지만 64세의 스튜어트는 기다란 검은 코트를 걸치고는 로버트 브라우닝의 시를 답으로 던지며 길을 나섰다.

우리 함께 노년을 보내세! 최상의 날은 아직 오지 않았으니……

재가자 중심불교를 강력히 옹호하는 스튜어트는 학생들의 가정이나 직장을 방문하는 것을 중요하게 생각한다. 그렇게 할 때 가정과 선방, 일상생활과 좌선의 경계가 녹아든다는 것이다. 그가 불교에 입문했을 때 어린 세 자녀들은 겨우 4살, 7살, 9살이었다. 에너지가 아주 많았던 그는 모든 것을 남보다 빨리 많이 하고 싶어했고, 불교 수행 역시 그러하였다. 그러나 가정을 버릴 수도 없고, 수행을 놓을 수도 없고 그 사이에서 갈등이 많았었다. 선방에서 수행할 때는 가족에게 충실하지 못한 것 같아 마음이 무거웠고, 집에 있을 때는 수행을 해야 하는데 못하고 있다는 죄책감이 생기는 것이었다. 그러다가 결국 스튜어트는 깨달은 것이 있다.

《신비한 소리(SUBTLE SOUND)》

나의 삶에는 다른 사람들도 포함되어 있는 것이며, 수행이든 가정이든 양보다는 질이 더 중요하다. 또한 모든 것을 버리고 나가는 것은 아주 쉽지만, 돌아와 모든 것을 직면하는 것은 훨씬 어렵고 큰 수행이다.

스튜어트는 전통적 승가처럼 거주 공동체를 만들지 않았다. 그곳을 채우는 거짓된 동질성의 분위기가 싫기 때문이라고 한다. 미국에서 거주형 불교 공동체는 미성숙한 사람들을 끌어들인다는 것이 그의 견해이다. 거대한 가부장제 구조 속으로 보호의 그늘을 찾아드는 사람들에게는 성숙한 인격을 별로 찾아볼 수 없다. 자신이 누구인가 하는 자아감이 강하지 못할 때 그에 수반하여 자기를 놓아버리는 수행의 큰 목표도 이루어질 수 없다. 미국의 선 불교 학생들이 혼돈하고 있는 것은 열린 마음을 가지는 것과 다른 사람들에게 치어 좌지우지당하는 것이 같은 것이라고 알고 있다는 것이다. 또한 거주 불교 공동체가 가지기 쉬운 배타성으로 인해, 삶의 풍요성에 자신을 열지 못하고 권위적 정형화에 희생되기 쉬우며 불교에 관한 한 자기 중심적 유아론적 접근을 하기 쉽다는 것이다.

학생들은 이곳에서 배운 것을 사회로 돌아가 가정이나 직장에서 실천해야 한다. 나 또한 자신과 마주할 수 있는 공간, 음악을 만들 수 있는 공간이 필요하다. 내게도 약간의 프라이버시는 있어야 하지 않겠나. 평생을 사람들과 함께 살아왔으니 말이다.

그러나 재가자 중심의 불교라 해서 쉽게 생각해서는 안 된다. 매달 개최되는 집중 수련회에서는 일상생활을 접고 임제종 승가의 엄격한 전통에 맞추어 정진을 한다.

서양 불교계를 가끔 뒤흔들고 있는 남성 스님과 여성 제자 사이의 성관계에 대해서도 스튜어트는 일방적인 공격의 말을 하지 않는다. 지금까지와는 반대로 여성 스님과 남성 제자 사이의 성관계도 얼마든지 있을 수 있기 때문이다.

나는 섹스가 사용 가능한 교육방법이라고는 생각하지 않는다. 그러나 내게도 일방적으로 사랑을 고백해오는 젊은이들이 있다. 그러므로 나도 매우 조심하고 있다.

대중이 선 불교 스승에게 기대하는 도덕성의 기저에는 깨달음 자체와 인간에 대한 심리적 이해에 대한 혼돈이 있다고 스튜어트는 말한다. 현상계에는 다양한 차원이 있기 때문에 깊은 깨달음을 얻고도 심리적 차원에서는 자신을 잘 이해하지 못하는 수가 있다는 것이다. 그래서 '깨달음의 체험'과 '깨달은 이'를 구분해야 할 필요가 있다는 것이다. 다시 말해서 견성을 했다는 사실 하나만으로 스승이 되기에는 부족하다는 것이다. 롤링스톤즈의 노래에 이런 가사가 있다.

원하는 것을 항상 가질 수는 없지만, 필요한 것이라면 종국에는 가질 수 있다네.

스튜어트는 바로 이것이 진리라고 말한다. 다시 말해서 내가 지금 당면한 상황은 '내게 꼭 필요하기' 때문에 온 것이다. 그러므로 자신과 에이도 노사(老師) 사이에 일어났던 결별도 자신에게 꼭 필요했던 최상의 일이었다는 것이다. 그로부터 스튜어트는 수행 그 자체가 가장 중요한 스승이라는 확신을 다질 수 있었기 때문이다. 그의 은사 소엔 노사는 늘 말했었다.

내게 매달리지 말 것이며 나를 우상화하지도 말라. 저 우주를 보아라. 별을 보고 태양을 보아라. 난 단지 사람일 뿐, '노사'라는 타이틀이 있다 해서 아직 완성된 것은 아니다. 실은 완성이라는 것은 없다. 나도 수행 중이고 너도 수행 중이며 모두가 수행 중이다. 어떤 상황이 닥쳐와도 거기서 배울 수 있는 가르침이 무엇인지 찾아내어라. 이 세상 모든 것이 다 가르침이 될 수 있는 것이다. 허

캠브리지 불교회 전경

나 세상 모든 것과 모든 사람이 다 스승이 될 수 있는 것은 아니다. 위기는 사용하라고 있는 것이다. 왜냐하면 위기는 질문을 하게 만들기 때문이다.

선은 남성이나 여성이라는 사실에 아무런 관련이 없고, 타이틀이나 계보에도 관련이 없다고 생각한 스튜어트, 그는 서양에 비구니가 드물었던 시절에 여성으로서 노사가 되었지만 선 불교의 가부장적 체제를 비난하는 독단적 페미니즘보다는 '선 불교에서 여성이 할 수 있는 일은 무엇인가'를 생각해보자고 외쳤다. 소엔 노사가 가르쳤던 불교 수행은 '열린 마음으로, 아무 것도 모른다는 마음으로 자신을 다 내어놓은 수행'이라고 했다. 그런 은사에게 배운 제자답게 스튜어트는 말했다.

스승이 아무리 높고 고결하다 할지라도, 그 스승이 우리의 존재 밖에 있는 한 그것은 진실로 존재하는 것이 아니다. 그때 스승은 우리에게 보물이 되지 못한다.

스튜어트가 주석했던 캠브리지 불교회가 위치한 스파크즈(Sparks) 가는 유니테리언 교의 유명한 목사였던 쟈레드 스파크즈(Jared Sparks)의 이름을 딴 것이다. 스파크즈는 후에 하버드 대학의 총장이 되는 사람이다. 캠브리지 불교회에서는 회원이 아니더라도 같이 수행할 수 있도록 승원을 개방하고 있다. 또 다른 종파의 불교 모임에도 장소를 개방하여 틱낫한의 접현종 모임과 샤카 불교회의 모임이 이곳에서 이루어진다. 또 숭산에게 전법을 받고 사사키 죠슈에게서 법을 가르쳐도 좋다는 허락을 받은 보문(George Bowman) 스님도 이곳 캠브리지 불교회의 지도법사로 활약하고 있다. 명상을 접목한 심리치료를 하고 있는 보문은 부인과 함께 캠브리지 시에 살고 있으며 유머 감각이 풍부한 법문을 한다고 한다.

수잔 지온 포스털(Susan Ji-On Postal)은 1970년 티베트 불교의 닝마파로 불교입문을 해서 1980년부터는 버나드 글래스맨에게 배웠고, 1987년부터 스튜어트에게 불교 공부를 한 사람이다. 1988년 뉴욕 주의 라이(Rye) 시에서 계를 받은 포스털은 현재 라이 시에서 엠프티핸드 선방(Empty Hand Zendo)을 하고 있다.

불교수행자이며 불교에 관한 다수의 저서를 낸 샌디 바우처(Sandy Boucher)는 대장암으로 투병할 때 늘 자신이 존경하고 사랑하던 스튜어트의 말을 상기하고 기운을 냈다고 한다. 자신도 암으로 입적했던 스튜어트는 바우처에게 말하곤 했다.

무엇이 다가오든, 좋은 것이든 싫은 것이든 피하려고 하지도 말고 달아나지도 마세요.

때로는 환상 속으로, 때로는 상황을 부정하고픈 마음 속으로, 때로는 불안 속으로 도피하고 싶을 때마다 바우처는 스튜어트의 그 말을 상기하며 존재의 한가운데로 되돌아 올 수 있었다. 그리고 새로운 날이 가져다주는 새로운 도전 속에서 때로 환희가 봄비처럼 쏟아짐을 맛볼 수 있었다고 한다.

개혁의 시도로 인해 전법을 받지 못하다

필립 카플로(Philip Kapleau, 1912~)

일본에서 10년간 공부한 산보교단의 스님. 야스타니 노사에게 불교를 가르쳐도 좋다는 허락을 받고 미국 뉴욕 주 로체스터에 선원을 설립했으나 영어 독경 등의 문제로 야스타니 선사와 사이가 벌어져 전법을 받지 못하고 독립선원을 운영. 운수 승가를 세워 미국, 스웨덴, 멕시코에 5개 선원을 설립함. 불교수행에 관한 《선의 세 기둥(The Three Pillars of Zen)》을 저술하여 서구 전법에 기여하였고, 그밖의 저서로 《삶과 죽음의 선(The Zen of Living and Dying : A Practical and Spiritual Guide)》《선에의 깨침(Awakening to Zen : The Teaching of Roshi Philip Kapleau)》 등이 있음.

카플로가 살아온 불교 스승으로서의 삶을 보면 동양 전통을 서양에 전달하는 데 있어 어려운 점이 많음을 알 수 있다. 진정한 스승이란 무엇을 말하는가 하는 의문, 그리고 일본 선 불교라는 큰 집단에서 카플로가 탄 배는 어디에 속하는 것인가 하는 의문이 그것이다. 매우 흥미로운 동시에 논란이 많은 주제이기도 하다.

카플로는 지유 케넷이나 로버트 아잇켄처럼 일본으로 선 수행을 배우러 떠난 제1세대의 서양인에 속한다. 카플로는 하라다-야스타니 라인의 산보교단에 흠잡을 데 없이 완벽하게 입문했다. 10여년 동안 일본 승원에 거주하며 일본 스승 밑에서 공부를 하다가 야스타니 선사에게 불교를 가르쳐도 좋다는 허락을 받은 그는 미국으로 와서 뉴욕 주 로체스터에 선원을 설립하고 불교를 가르치기 시작했다. 그러나 영어로 독경하는 것 같은 전통적 방식의 변화가 합당하냐를 놓고 은사인 야스타니 노사와 이견이 벌어졌다. 별것도 아닐 듯한 이 문제는 큰 영향을 미쳐 카플로는 스승으로부터 전법을 받지 못하고 만다. 물론 카플로는 그런 일이 있은 후에도 계속 가르침을 펴고 전법도 했지만 일본 선 불교의 전통에 따르면 그는 전법을 할 자격도 '노사'라는 칭호를 쓸 자격도 없는 것이다. 그러나 그는 서구에서 존경받는 선 불교의 스승이고 불교계의 다른 스승들로부터도 인정을 받고 있는 사람이다. 그의 정신적 품격과 수행의 진전이 높이 평가받고 있기 때문이다.

스승이 제자에게 법을 전하는 전법이라는 체제에는 뭔가가 결여되어 있다고 카플로는 말한다. 스승의 자격을 재량함에 있어 도덕적 행동을 가장 낮은 순위로 놓는 것이 그것이다. 그러므로 전법을 받았느냐 못받았느냐 하는 사실 자체가 중요한 것이 아니라, 자신이 진실된 선 불교를 가르치기 때문에 전법을 할 자격이 있다고 카플로는 주장한다.

진정한 선 불교 스승 밑에서 공부를 한 사람이라면 부처님까지 이어지는 모든 가르침의 계보를 물려받은 것이다.

다시 말해서 카플로는 자신만의 선 불교 전법 라인을 창조한 것이다. 그러나 그가 산보 교단에서 벗어나 완전히 새로운 종파를 만든 것은 아니다. 선생으로서의 그는 산보 교단에 속한 사람이 아니지만 그의 가르침 자체는 산보 교단의 그것이기 때문이다.

1912년 유태인 어머니와 러시아 정교를 믿는 아버지 사이에서 태어난 그는 호기심이 많았다. 부모가 믿던 종교에도 십대초반부터 질문을 던져 무엇인가가 부족한 걸 깨닫게 되었다. 불가지론자가 된 그는 13세라는 어린 나이에 학교에서 무신론자 클럽을 만들기에 이른다. 그날 이후로 유신론에 무언가 결점이 있다는 그의 입장은 한번도 변한 적이 없다. 그러므로 불교에 입문한 이후에도 그는 크리스천 선(禪)을 의심의 눈길로 지켜보았다.

법정출입기자로 일하며 야간대학을 다녔던 그는 법률가가 되고 싶었다. 그러나 건강 때문에 모든 걸 중단해야 했고, 2차대전 때도 군에 지원했지만 역시 건강 때문에 참전하지 못했다. 대전이 끝난 후에 트리뷰널 지의 법정기자였던 그는 독일 뉴렌베르크로 전범재판 취재를 갔으며, 이어 일본으로 가 연합군이 주재하는 일본인 전범재판을 지켜보게 되었다. 이때가 1948년인데 그는 선 불교에 막 관심을 가지기 시작했고 그런 그에게 친구들은 스즈키 다이세츠를 찾아가 보라고 말해주었다. 스즈키의 해박한 지식에 카플로는 빠져들었다.

그 소박한 집으로 늘 나를 끌어당긴 것은 갈망이었다. 마당에 있는 법당과 고목과 그것을 받치고 있는 흙에서 풍기는 고요함, 스님과 신도의 얼굴에서 풍겨 나오는 그 깊은 고요함을 다시 한번 체험하고 싶은 갈망 말이다.

〈트리뷰널〉 지의 일이 끝나자 그는 미국으로 돌아갔다. 그리고 1949년 스즈키 다이세츠가 거의 40년만에 미국을 재방문하자 컬럼비아 대학으로 가서 그의 강좌를 듣는다. 1951년 컬럼비아에서 스즈키 다이세츠의 강좌를 들은 사람 중에는 에리히 프롬과 존 케이지도 섞여 있었다. 불교를 더 잘 배우고 싶었던 카플로는 1953년 일본을 다시 찾는다. 이때 그의 나이는 41세였다. 처음엔 소엔 나카가와가 방장으로 있던 류타쿠지에 있다가 하라다 노사가 있는 호신지로 가서 3년을 지낸다. 그러나 절의 근엄하고 긴장된 분위기, 입에 맞지 않는 식사 때문에 건강이 나빠져 그곳을 떠나야만 했다. 이번에는 소엔 노사의 권유로 하라다 노사의 법제자인 야스타니 노사에게 간다. 야스타니 노사는 제자들이 다 재가자라서 자신의 절이 따로 없는 사람이었다.

이 시절 일본에서 불교수행을 하는 서구인이 극히 적다 보니 카플로는 많은 어려움을 겪어야만 했다. 그러나 진리를 찾는 길에 타협은 없다는 걸 그도 알고 있었기에 부단히 정진했고 결국 3년만에 견성을 했다. 1958년 야스타니 노사와의 인터뷰에서 '우주는 하나이다'로 시작한 노사의 말을 들으며 그는 견성체험을 했다.

    ……스승의 말씀 하나하나가 마치 총알처럼 마음을 뚫고 들어왔다. '진리의 달……' 갑자기 노사도, 그 방도, 주변의 모든 것이 다 찬란한 빛줄기 속으로 사라져갔다. 나는 너무나 황홀하고 말로 표현할 수 없는 기쁨에 잠겼다. 그 잠시 느꼈던 영원 속에서 나는 혼자였다. 그러다 노사가 눈에 들어왔다. 우리는 눈이 마주쳤고 서로의 눈속으로 흘러들어갔다. 그리고는 웃음을 터트렸다.

그리고 며칠 후 그는 일기에 이런 글을 적었다.

    마치 끈끈한 풀이 가득한 어항에 갇혀있다가 시원하고 맑은 물이 가득한 바다에서 헤엄치는 물고기와 같은 기분이다. 정말 감사한 마음이다. 나에게 일어난 모든 일에 감사한다. 나의 미성숙함과 고집에도 불구하고 나를 독려하고 수행을 지속하게 해준 모든 이에게 감사한다. 그러나 무엇보다도 나의 몸에 감사한다. 이러한 기쁨을 알게 해준 인간으로서의 특권에 감사한다.

    견성 후 동남아를 여행하던 그는 인도에서 선 불교를 공부하고 싶어하는 캐나다 여인을 만나 결혼한다. 그리고 그녀도 야스타니 노사 밑에서 견성을 한다. 야스타니 노사 밑에서 공부를 계속하던 카플로는 1961년 비구계를 받는다. 1965년 10여 년의 일본체재 후 그는 불교를 가르쳐도 좋다는 허락을 받고 미국으로 돌아온다. 야스타니 노사는 카플로가 미국에서 일하는 것을 보고 나서 전법 여부를 결정하겠다고 말은 했지만 그를 매우 높이 평가하고 있었던 듯하다.

    오늘날 일본에 진정한 선사는 열 손가락안에 꼽을 정도밖에 남아 있지 않다.

《선에의 깨침(AWAKENING TO ZEN)》

《선의 세 기둥(The Three Pillars of Zen)》

가르침이 끊어져서는 안된다. 따라서 불교는 서구로 전해져야만 한다. 선 불교를 서구로 가져가는 것은 너에게 주어진 운명이다.

카플로는 돌아와서 뉴욕 주 로체스터 시에 선원을 설립한다. 또 그가 저술한《선의 세 기둥(The Three Pillars of Zen)》은 불교수행의 3가지 요소가 '참선, 법문, 스승과의 인터뷰'임을 알린 책으로서, 불교원리가 아니라 구체적인 불교수행에 관해 설한 최초의 영어 책이었다. 그 책을 보고 선원에 오는 사람도 꽤 있었다. 30년이 지난 현재 이 책은 12개 국어로 번역되어 100만부 이상이 팔렸다. 버나드 글래스맨도 20대 후반에 이 책으로 불교를 처음 알았고 또 카플로의 유명한 제자인 토니 패커 역시 이 책을 통해 불교에 마음이 기울었다.

로체스터 선원에서 동양의 선 불교를 동양문화를 전혀 모르는 미국인에게 가르쳤던 카플로는 현장에서 일하는 사람이 흔히 겪는 이론과 실제 사이의 괴리를 많이 느꼈다. 또한 본보기로 삼아 따라할 수 있는 서구인 스승이나 선원도 아직은 없었다. 카플로는 로체스터 선원이 일본과 같은 승원구조이기를 원했지만 이곳엔 재가자만 있었다. 그는 불교수행에는 참선 말고도 중요한 것이 여럿 있다는 것을 보여주고 싶었다. 그에게는 불교의식도 나름대로의 힘이 있는 것이었다. 그는 또 염불이 '마음의 심층에 가 닿을 수 있는 독특한 방법'이라고 했으며, 염불로 인해 지성의 고삐를 잠시 늦추고 가르침의 의미가 자연히 스며들 수 있다고도 했다. 엘리트 불교층이 명상만을 중시하고 다른 불교의식이나 염불을 낮추어보거나 아예 없애려는 경향에 대해 그는 일침을 가한 것이다. 그는 또 일부 서구인들이 우상숭배가 아니냐고 거부감을 보이는 불상에도 중요한 의미를 부여했다.

불상 곁에서 참선을 많이 하면 그 참선의 힘이 불상에게로 가 그 불상은 깊은 고요함과 빛을 습득하고, 그렇게 된 불상은 또 사람에게 자비와 지혜를 준다. 그것이 나의 불성과 상호작용을 할 때 나는 더욱 강해지고 영감도 더욱 풍성해진다.

그러나 서구 환경에 맞는 변화는 역시 필요하다고 그는 믿었다.

선 불교를 서구인의 사고방식과 감성에 맞게 하려면 무엇이 필요한가? 기본 불경을 영어로 바꾸어 독경할 수 있게 하는 것, 참선 시 가부좌를 쉽게 할 수 있도록 배려한 서구형 법복을 만드는 것, 사미계를 받거나 보살계를 받는 사람에게 내리는 법명을 서구식 이름으로 바꾸는 것, 불교의식을 서구의 전통에 조화되는 형식과 의식으로 바꾸는 것이다.

그러나 1966년 카플로가 이를 야스타니 노사에게 제안했을 때 야스타니는 심히 불쾌한 기색을 보였다. 그런 어색함이 흐른 1년 후인 1967년, 많은 주저함 끝에 카플로는 야스타니를 떠난다. 이후 그는 산보 교단과 어떤 공식적 접촉도 없이 독립 선원으로 지낸다. 30년이 지난 90년대 후반에는 너무나 당연한 것으로 받아들여졌던 영어 독경이 그 시절에는 사제간을 갈라놓을 수 있을 정도로 파격적인 것이었다는 것은 참 역설적으로 들린다. 더구나 그는 일본에 12년간이나 머물며 교단이 원하는 모든 정통 코스를 다 마친 사람이 아닌가?

그는 전법을 받지 못한 노사가 되었지만, 그래도 다섯 명의 제자를 길러 전법을 했다. 그 제자들은 그가 건강 때문에 반은퇴를 한 후 로체스터 선원장이 된 보딘 크헤데, 토론토 선원장을 맡았던 젠슨 기포드, 버몬트 선원장을 맡은 수냐나 그래

로체스터 선원

프, 다난 헨리, 수녀 크헤데이다.

카플로가 자신이 옳다고 믿는 불교를 펼치기 위해 은사 야스타니를 떠났듯이, 카플로의 제자 중에도 카플로를 떠난 사람이 둘 있다. 바로 토니 패커(Toni Packer)와 리차드 클락(Richard Clarke)이다. 로체스터 선원의 초기 시절 회원으로 가입한 패커를 카플로는 매우 높이 평가하였다. 패커는 곧 법사가 되었고 카플로는 나중에 선원을 그녀에게 넘겨주고 싶다고까지 말했다. 그러나 1982년 토니 패커는 카플로를 떠났다. 선원의 외형적 형식이 개인의 의존성을 감소시키기는 커녕 더 조장하고 있다고 느꼈고, 그로 인해 진리를 밝히기는 커녕 더 덮어가린다고 믿었기 때문이다. 카플로의 자유로운 입장이 야스타니의 보수적 입장에 부딪쳐 거부되었다면, 카플로 역시 같은 이유로 자신의 제자에게 거부당하고 있었던 것이다. 토니 패커는 스승 카플로의 이야기도 선 불교의 이야기도 하지 않는다. 그건 표지판을 세우면 사람들에게 길을 가르쳐주기는 커녕 그걸 보려고 가던 길을

체핀 밀 수련원

멈추게만 할 뿐이기 때문이란 것이 패커의 설명이다

그러나 카플로와 패커 사이엔 나쁜 감정이 없다. 카플로는 지금도 패커를 높이 평가하며 재능있는 법의 전달자라고 말한다. 카플로에 대해 경탄할만한 점은 그의 개혁의지를 거부한 은사 야스타니도 질타하지 않고 자기를 떠난 제자 패커도 질책하지 않는다는 것이다.

그런 카플로도 필요한 경우에는 있는 그대로 심하게 말할 수 있다는 것을 보여준 것이 리차드 클락의 경우이다. 클락은 카플로와 결별하고 나가서는 하라다-야스타니-카플로 라인에서 전법을 받았다고 거짓말을 하며 그 사실을 자신의 세미나와 저술에 이용한다는 것이다. 카플로는 클락이 화두 공부의 지침을 여러 번 모독하였기에 교단을 떠나달라고 말했다고 한다.

현재 카플로의 제자들이 곳곳에 이룬 선원을 다 묶어 '운수(雲水) 승가(Cloud-Water Sangha)'라고 부르고 있다. 여기 속한 선원은 모체 격인 로체스터 선원, 시

카고 선원, 1974년 설립한 위스컨신 주의 메디슨 선원, 스웨덴의 스톡홀름 선원, 멕시코의 카사 선원이다. '운수'라는 이름을 붙인 까닭은 수행을 새로 시작한 스님처럼 초심으로 하겠다는 것, 그리고 구름과 물은 아(我)가 없다는 것에서 유래했다. 또 하나, 운수 승가의 자매 선원들은 다 호수를 끼고 있다. 특히 카사 선원은 아즈텍 문명의 중심지였던 테노크티틀란 호 옆에 있어 그 의미가 크다고 한다.

로체스터 선원에서는 또 장기수련회를 열 수 있는 '체핀 밀 수련원(Chapin Mill Retreat Center)'을 짓고 있다. 체핀 밀은 지역사회에 큰 산업체를 지닌 유지로서 로체스터 선원의 설립회원이다. MIT를 졸업한 수재인 밀은 세계 곳곳에서 제조업에 종사하다가 1884년 조부가 설립한 체핀 산업으로 돌아와 회장직을 맡았다. 오랫동안 물심 양면으로 로체스터 선원을 도와왔던 밀은 2000년 8월에 사망했다. 그해 봄 그는

로체스터 선원의 2002년 부처님 오신 날 풍경

135에이커의 땅을 선원에 기증하여 오랫동안 꿈꾸었던 수련원의 기공식을 지켜보았었다.

　일본에 있던 카플로가 체핀 밀이 있던 뉴욕으로 와 로체스터 선원을 설립하기까지는 인연의 끈이 작용했다고 볼 수밖에 없다. 선 불교에 관심이 많던 밀은 모교인 MIT의 철학교수에게 편지를 써 자신이 요코하마에 가는데 만나볼만한 불교계 인사를 추천해달라고 했다. 교수는 두 명을 추천했는데 한 사람은 일본 스님이었고, 또 한 사람이 일본에서 공부하고 있던 필립 카플로였다. 그런데 누가 일본까지 가서 미국인한테 불교를 배우고 싶겠는가? 그래서 밀은 일본 스님을 찾았지만 웬일인지 그 스님은 심한 병에 걸려 손님을 만날 수 없는 상황이었다. 그래서 밀은 할 수 없이 카플로를 찾았으니 인연이란 역시 따로 있는 것이다. 거기서 카플로는 그가 막 발간하려고 했던 책,《선의 세 기둥》의 원고를 보여주면서 고칠 것이 없겠느냐고 밀의 의견을 구했다. 밀은 그 책이 너무나 마음에 들어 10권을 주문했고 그로부터 얼마 후 로체스터로 카플로를 초청하게 된다. 그리하여 30여 년에 걸친 전법의 완벽한 동반자 관계가 시작되었던 것이다.

크리스천 선(禪)을 이끈 조동종 선사

라쌀레 신부(Father Hugo Makibi Enomiya-Lasalle, 1898~1990)

1898년 독일에서 태어나 1927년 제주이트회에 신부 서품을 받음. 1929년에 일본에 가서 가끔 독일을 방문한 것을 제외하고는 평생을 일본에 머물며 삶을 마침. 산보교단의 야마다 선사의 법제자이며 법명은 에노미야임. 참선을 통해 그리스도교를 더 잘 믿을 수 있다고 믿어 가톨릭 선방을 설립하고 크리스천 선을 이끔. 저서로 《그리스도교도를 위한 선(Zen Meditations for Christians)》가 있음.

가톨릭과 불교의 만남의 역사는 실로 오래되었고 또 그로 인해 양측 모두 많은 영향을 받았다. 1929년 독일인 제주이트회(예수회) 소속인 라쌀레 신부가 일본에 와서 토쿄 근처에 빈민구제소를 설립했던 것은 수많았던 가톨릭의 포교사절 중에서도 비교적 현대에 속한 사절이었다. 빈민에게 도움의 손길을 주면서 포교를 하던 라쌀레는 9년 후인 1938년 히로시마에 선방을 차렸다. 일본인을 좀 더 잘 알기 위해서 시작한 선 불교 공부에 매력을 느꼈기 때문이다. 그는 참선을 통해 더 좋은 가톨릭교도가 될 수 있다고 믿었으며 다른 가톨릭교도에게도 참선을 권유했다. 선방을 차려놓고 서양인을 지도하던 라쌀레의 행적은 가톨릭교단으로부터 자칫하면 이단이라고 비난을 당할 수 있는 위험한 행동이었다. 그러나 그는 자신이 하고싶은 일을 계속했고, 불교에서 궁극적 목표로 삼는 깨달음이라는 것이 본질적으로는 불교도 아니요, 그리스도교도 아니요 어떤 종교와도 연관지을 필요가 없는 것이라고 주장했다.

라쌀레 신부는 선 불교 공부를 계속해 결국 1978년 야마다 노사에게 '선사'로 인가를 받았다. 이후 그는 전세계를 다니며 그리스도교도를 위한 참선 수련회를 열었다. 1900년대 말기에 그 숫자가 늘어나는 '크리스천 선(禪)(Christian Zen)'의 시조 격이 되는 것이다. 크리스천 선이란 무엇인가? 하느님을 저 위에 계신 분으로만 아는 게 아니라 내 안에 계시고 내 주변에 계신 분으로 느끼고 또 그 분과 대화하기 위해 참선을 수행수단으로 삼는 것이다. 말하자면 불교에서 내가 부처이고 모든 이가 불성이 있으니 수행을 하면 누구나 깨달은 사람이 될 수 있는 것처럼, 하느님이 그렇게 있음을 참선을 통해 알고 싶다는 것이다. 그러나 참선을 하는 그리스도교도가 불교도와 근본적으로 다른 점은 이들이 '인격적 하느님, 아버지로서의 하느님'을 믿는다는 사실이다.

오늘날 크리스천 선원은 독일, 네덜란드, 프랑스에 여러 곳 있다. 가톨릭과 불교의 공통점이 둘 다 수도원 내지 승원을 중시하고 그 안에서 세속과 격리된 채 수행을 한다는 것이다. 그래서 1978년부터는 양측이 서로를 방문하여 가톨릭교도는 절에서 살고 불교도는 가톨릭 수도원에서 몇달씩 살며 상대방의 수행방식에 자신을 몰입하는 일도 이루어지고 있다. 이런 방문이 이루어진 후 한 베네딕트 수사는 말했다.

수도로 인해 이르는 것은 우주적 원형이다. 모든 종교에는 자신의 인격의 하나됨과 근원적 단순함을 이루기 위해 수도하는 사람들이 있다. …… 이제 승원을 떠나면서 우리가 헤어졌던 형제를 다시 만나는 일에 참여했음을 깨달았노라.

소위 그리스도교 신비주의와 불교 신비주의와 선 불교가 공통점이 많다고 생각했던 라쌀레 신부는 그리스도교인들을 모아놓고 가톨릭 수도원 안에서 선을 가르칠 때 어떤 생각을 했을까? 《그리스도교도를 위한 선(Zen Meditation for

Christians)》에서 밝힌 그의 입장을 보자.

    선은 그리스도교를 더 쉽게 믿게 하고 믿음을 소생시킨다. 깨달음의 체험이 그리스도교도의 믿음 안에 들어있는 그것을 더 풍요하게 할 수 있을까? 붓다와 위대한 선사들이 깊은 깨달음을 얻었음에도 불구하고 왜 신을 믿지 않는 것일까? 신이나 혼에 관한 질문을 받았을 때 붓다는 언제나 침묵을 지켰다. 간디를 비롯한 일부 인도인들은 붓다가 신의 존재를 믿었다고 생각한다. …… 선을 통한 깨달음은 어떤 면으로는 신을 체험하는 것이라고 나는 생각한다. 물론 이런 식으로 깨달음을 정의하는 선사는 거의 없으며 그 이유는 이원성을 인정하는 것이기 때문이다. 그렇다면 깨달음을 '존재의 실현'이라고 정의해보자. 이 상대적인 존재를 벗어나 궁극적인 존재를 체험하는 것이 불교식 깨달음이라면, 그리스도교에 있어서 깨달음은 신을 직접 체험하는 것이다. 오직 다른 점이 있다면 불교에서는 절대적 '그것'을 봄에 비해 그리스도교에서는 절대적 '당신'을 봄이 다를 뿐이다.

실제로 불교권과 그리스도권에서 같은 뜻을 가진 말을 하는 경우가 많이 있다.

선 불교 : 휴식이 운동이요, 운동이 휴식이다.
    그리스도교 : 휴식은 모든 운동의 근원이며 목적이다. 움직이는 것은 쉬고 있는 것으로부터 나올 뿐만 아니라 그곳으로 다시 흘러들어 복귀한다.(성 토마스 아퀴나스)

불교권에서도 마이스터 에크하르트나 빙겐의 힐데가르트처럼 그리스도교 신비주의자의 말을 자주 인용하였다.

그리스도교 : 하루가 짐이 되고 시간이 너무나 지루한 사람은 내면으로 들어가 신을 만나라. 그곳에서 시간은 더이상 존재하지 않고 모든 것이 다 쉬고 있다

불교 : 삼매에 들었을 때 시간은 존재하지 않는 것이다.

불교에서 내 안에 부처가 있다고 한 것이나 그리스도교에서 내 안에 신이 있다고 한 것이나 또한 비슷하다. 힐데가르트는 신에 대한 체험을 이렇게 말했다.

그리스도교: 나는 모든 푸르른 것들을 키워주는 산들바람이다……. 나는 이슬에서 생긴 비, 모든 풀들이 삶의 기쁨으로 웃음짓게 한다.(힐데가르트)

불교: 모든 것은 서로 연결되어 있으므로 나와 내 밖의 것은 다 하나이다.

15세기에 살았던 니콜라스 추기경이 말한 신은 제석천의 인드라망과 흡사하다.

그리스도교 : 신은 경계선이 아무 데도 없고 중심점이 모든 곳에 있는 무한한 원이다.

불교 : 현상계는 인드라의 보석망과 같이 서로 끝없이 연결되어 있다.(《화엄경》)

신부이면서 동시에 조동종의 선사였던 라쌀레 신부! 그런 두 개 종교의 직함을 동시에 가지는 것이 가능한 일일까? 라쌀레 신부가 선사 인가를 받은 산보 교단,

즉 하라다-야스타니 법맥은 조동종의 묵조선과 임제종의 간화선을 혼합한 개혁적인 지류였으며, 종파로서는 임제종과도 조동종과도 상관이 없는 독립종파이다. 야스타니 선사에게 불교를 배운 사람으로는 로버트 아잇켄과 필립 카플로가 있다. 1973년에는 고은 야마다 선사가 종파를 이끌게 되는데 서구인 크리스천들에게 개종을 하라거나 인격적 하느님의 개념을 버리라는 요구를 하지 않고 아무런 조건없이 제자로 받아들인 사람이다. 야마다 선사가 불교를 가르쳐도 좋다고 허가한 그리스도교도는 총 12명이며 이 중 노사의 자격을 받은 사람은 라쌀레 독일 신부, 야게르 독일 신부, 매키네즈 캐나다 수녀, 리엑 독일 수녀로 총 4명이다. 야마다 선사는 비구계를 받은 적이 없고, 동경에서 보건소장이라는 공직을 가지고 있으면서 수행을 계속한 사람이다. 또 정치나 사회문제에도 해박한 식견을 가지고 있어 그 의견이 자주 종단 소식지에 실렸다. 자신이 재가수행자였기 때문에 재가자를 가르치는데 힘을 쏟았을 뿐 아니라, 이들을 절대로 이류 제자로 여기지 않고 정성을 다해 이끌었다는 것이 그만의 특징이다.

수도원 안에 선방을 차리고 명상을 정기적으로 하는 신부들은 1990년 사망한 라쌀레 신부 외에도 토마스 머튼(Thomas Merton) 신부가 있었다. 머튼은 불교선사같은 발언을 많이 했고 불교-그리스도교 대화에도 많은 공헌을 했다.

나는 내가 할 수 있는 한 좋은 불자가 되고 싶다.
나는 다른 그리스도교도와 공통점을 많이 가지고 있지만 틱낫한 스님과 가장 많은 공통점을 가지고 있다.

윌리엄 존스턴(William Johnston) 신부는 크리스천 선에 대한 책도 썼다. 조앤 리엑 수녀는 매리놀 수도회의 수녀였지만, 선 불교 스승이 된 지금은 독일에서 법회를 하고 시애틀에 삼보 승가도 세웠다. 또 제주이트 신부였던 루벤 하비토는 76년 사미계를 받고 동경대에서 박사학위를 한 후 텍사스 주에 마리아 캐논 선센터를 설립하고 좌선을 지도하고 있다.

　교황청의 입장으로 보면 1960년대 초 제2회 바티칸 공의회에서 '관용의 원칙'을 채택한 이후 다른 종교의 것이라도 자신들의 종교에 도움이 되는 것이라면 도입해 쓰도록 허용하고 있다. 그래서 마테오 리치 시대에는 가톨릭을 믿는 중국인들에게 유교를 믿지 못하도록 금했지만, 현재는 많은 가톨릭 수도원에 선방을 차려놓고 있는 실정이다. 또 배우는 학생의 입장으로 보면 그리스도교를 완전히 포기할 단계는 아니고, 그러나 좌선은 배우고 싶다고 할 때 이런 분들을 찾아 그리스도교 묵상적인 선을 배운다면 마음에 갈등이 없을 것이다.

　이밖에도 역사적으로 가톨릭교와 불교문화가 접한 예를 몇 가지 더 보자. 일찌기 중국 불교가 서양인에게 처음 전해진 것은 13세기 서역을 거쳐 중국을 방문했던 마르코폴로 덕분이었다. 베니스에서 원의 수도까지 3년 반 걸려 도착했던 그의 눈에 비친 중국은 절이 아주 많았고 우상을 숭배하는 곳이었다. 300년이 흘러 16세기 말에 중국을 방문했던 제주이트 인 마테오 리치는 교황에게 절대충성을 맹세하고 선교를 위해 중국을 방문한 사람이었다. 그때 명나라의 주원장이 불교를 장려한 덕에 거리에 먹빛 승복이 많은 것을 보고는 자기도 중국사람처럼 보이는 게 이롭겠다 싶어 그 옷을 입었다고 한다. 물론 그것이 불교 스님들 옷이라는 것을 안 것은 훨씬 후의 일이다. 9살부터 제주이트 학교에서 교육을 받았으며, 예술·과학에 두루 박식했던 리치는 중국 귀족계급의 개종을 목표로 삼았다.

　1583년 중국에 도착해서 1610년까지 총 27년간 중국에 머물렀던 마테오 리치는 중국어를 배웠고, 중국황실에서 존경받는 학자가 되었고 유학에도 조예가 있었다. 궁극적으로 '유학을 통해 중국인에게 접근하자. 그러나 가톨릭교가 유교보다 더 낫다고 설득하자' 는 개종의 전략을 썼다. 그러나 제주이트들은 불교가 천한 우상숭배의 종교라고 믿었고, 리치는 환생의 개념과 동물 불살생의 계를 비웃었다. 또한 불교는 염세적이며 긍정적 가치가 없는 악마의 종교라고 생각했다.

　가톨릭 선교 활동은 일본에서도 활발했었다. 16세기 포르투갈의 선교사 자비에르가 일본에 와서 행한 전략은 지도층 스님들을 가톨릭으로 개종시키면 나머지는 자연히 따라오리라는 것이었다. 스님들을 많이 전향시키지는 못했지만 신도는 꽤 많이 모았다고 한다. 그러나 불교계의 큰 충격이었던 것은 지도층 스님이며, 깨달음을 공히 인가받고 있던 케슈 스님이 가톨릭으로 개종한 것이었다. 그렇게 해서 한때 일본내 제주이트가 25만명에 이르렀지만 추방령을 받아서 신도 수가 급격히 줄기도 했다.

라쌀레 신부는 조용하고 투명하며 권위적인 면이 전혀 없었다고 한다. 라쌀레 신부를 보면 불교와 그리스도교의 만남이 어떤 전환점에 놓인 것을 알 수 있다. 이전까지는 불교도가 일방적으로 포교를 당하고 개종하는 입장이었지만 이제는 불교도가 그리스도교도에게 참선이라는 중요한 수행법을 가르쳐주게 되었다. 그리고 그를 통해 이전까지는 우상숭배의 종교라고 비웃기만 하던 그리스도교 측에서 불교의 우수함을 인정하게 되고, 최근에 빈번한 종교간 대화도 이루어져 세계 평화에 한걸음 더 다가갔다고 볼 수 있다.

7. 재가불자

위빠싸나를 미국에 보급하다

잭 콘필드(Jack Kornfield, 1945~)

미국에서 태어나 동양학을 전공하던 중 아시아로 가 아잔차의 제자가 되어 비구계를 받고 수행을 하다가 후에 환속을 함. 미국화된 위빠싸나를 미국에 보급했으며 미국 위빠싸나 명상회의 초창기부터 지금까지 체계적 교육을 통한 위빠싸나 교사 양성에 주력했고 수련의 틀을 세움. 1967년 라트마우스 대학 졸업. 임상심리학 박사. 저서로 《위빠싸나 열두 선사》《예수와 붓다의 대담》《용서, 자애, 평화의 기술 (The Art of Forgiveness, Loving Kindness and Peace)》《마음으로 가는 길 (A Path with Heart)》 등이 있음.

　　미얀마에서 시작된 위빠싸나는 불교의 민중화, 단순화를 시도하여 수많은 대중이 불교의 명상 수련을 할 수 있도록 하였다. 미얀마의 위빠싸나는 상좌부 불교에서 나왔지만 상좌부 불교의 전통적 틀보다는 현시대의 새로운 요구를 가진 대중에게 알맞도록 변화한 것이다. 첫째로 지켜야 할 계를 대폭 줄였고, 둘째로 불교도가 되겠다는 의사 표시나 불교입문의 계를 받지 않아도 전통적으로 승가에서 행했던 수행을 일반인이 할 수 있도록 수행의 문을 대폭 개방하였다. 그래도 여전히 미얀마의 위빠싸나는 불교의 것이었으며 상좌부 승원의 큰 테두리에 속하였다고 볼 수 있다.

　　그런데 이 위빠싸나가 미국에 온 후엔 또 한번 변신을 한다. 위빠싸나가 개종을 요구하지 않고 수행을 개방하였다는 것이 이미 미국인의 성향에 맞는 것이었는데 여기에 미국인의 문화, 생활습관에 맞도록 더욱 서구화가 이루어진 것이다. 미국의 위빠싸나는 아예 상좌부 불교 교단에 속한 것이 아님을 분명히 한다. 또한 가끔 방문하여 위빠싸나를 가르치는 상좌부 불교의 스님들이 있긴 하지만 공식적 교류를 가지지도 않을 뿐더러 위빠싸나의 교사는 거의가 다 서양인 재가자로 이루어져 있다. 위빠싸나 명상회 내부에 교사양성 프로그램이 확립되어 승가에 의존함이 없이 스스로 교사를 양성하고 있는 것이다.

일반인이 처음 위빠싸나를 접할 때 받게 되는 9박10일의 수련 프로그램은 가장 자주 열리는 것이며 여기에 등록하는 사람들은 불교 수행이라기보다는 심리치료를 받는 기분으로 참석을 하고 있다. 불안, 질투, 분노 등으로 심리적 고통을 받고 있을 때 미국인들은 심리치료사나 정신과를 찾아 자신의 고통을 호소하는데, 그런 것보다 위빠싸나가 더 효과적인 치료법일 수도 있다는 소문이 퍼졌기 때문이다. 그래서 위빠싸나는 미국에서 정신을 계발하여 깨달음을 얻는 수행이라기 보다는 오히려 실용적이고 합리적인 마음 다스리기의 방편이며, 스트레스 절감에 매우 효과적인 마음운동으로 인식되고 있다.

미국 전역에 지부를 가지고 있는 위빠싸나 명상회(IMS : Insight Meditation Society)는 그 이름에서 짐작할 수 있듯이 '승가, 승원, 불교' 같은 말을 잘 쓰지 않는다. 미국에서 위빠싸나가 시작된 것은 잭 콘필드와 죠셉 골드스타인(Joseph Goldstein)이 1974년 여름 나로파 대학에서 위빠싸나 클래스를 연 때부터이다. 나로파 대학이 처음 시작되던 이 해 불교 강의를 하던 찰스 프레비시(Charles Prebish) 교수는 위빠싸나를 하는 학생들이 여타 학생들과 아주 다른 특징을 목격하게 된다. 바로 아주 깊이 고요하다는 것이었다.

그해 여름 콜로라도 주 불더 시에서 펼쳐졌던 나로파의 강좌에 참석한 1,800명의 학생들이 이 클래스에서 저 클래스로 아침부터 밤까지 분주히 뛰어다니는 모습은 마치 정신적인 것을 찾아 끝없이 콩콩 뛰는 오뚜기 같은 모습이었다. 그런 와중에서도 몇몇 학생들은 늘 그런 분주함과는 상관없이 고요했다. 그래서 그 이유가 무엇인지 알아보았더니 매일 위빠싸나 명상을 한다는 것이었다.

이듬해인 1975년 위빠싸나의 4인방이 뭉쳤다. 나로파에서 위빠싸나를 강의했던 두 사람과 새론 잘츠버그(Sharon Salzberg), 재클린 슈바르츠(Jacqueline Schwartz)가 힘을 합쳐 매서츠세츠 주 바르(Barre) 시에 땅을 공동구입했다. 보스턴에서 2시간 거리에 있는 이곳에 이들은 자신들의 꿈을 펼쳐보려고 서로 힘을 보태기로 한 것이다. 그 시작에서부터 알 수 있듯이 위빠싸나 명상회는 전통적 승가처럼 위계질서가 정확한 수직적 구조라기보다는 동료의식이 주축이 된 협의회 구조이다. 미국인들이 선호하는 구조인 것이다. 그리고 현대 미국인들의 가치 순위에서 상위를 차지하고 있는 실용성, 합리성, 재가수행자의 지위 상승, 여성의 동등권 등이 매우 잘 표현된 단체라고 볼 수 있다. 그러나 그 무엇보다도 위빠싸나 명상회에서 가장 우선 순위를 차지하는 것은 자유이다. 미국인들은 자유를 찾아 척박한 새 땅을 찾은 사람들 아닌가. 가슴속에는 늘 자유로운 삶에 대한 꿈이 몇백년을 흘러내려오고 있는데, 바로 그 진정한 자유를 위빠싸나를 통해서 찾을 수 있다는 것이다.

위빠싸나의 유래를 살펴보면 크게 나누어 두 개의 라인이 있다. 하나는 미얀마의 마하시 사야도(Mahasi Sayadaw) 스님에서 시작되어 그 제자로 잭 콘필드, 죠셉 골드스타인, 새론 잘츠버그, 재클린 만델(Jacquiline Mandell)로 이어지는 라인이다. 또 하나는 재가자인 우 바 킨(U Ba Khin)에서 시작되어 꿩카, 루스 데니슨(Ruth Denison), 존 콜먼(John Coleman)으로 이어지는 라인이다. 실제로는 이 두 라인이 서로 섞이고 협력하는 '혼합교차 원칙'이 잘 지켜지고 있는데, 바로

매서츠세츠 주 바르(Barre) 시에 있는
IMS 본부

위빠싸나의 특징이기도 하다.

　사야도가 1981년 당시 미얀마 내에 293개 수행 센터를 설립하고 60만 명을 가르치고 있었으니 가히 그 열기를 짐작할만하다. 이때 미얀마의 우누 수상이 우바킨의 제자였다는 것도 상당히 도움이 되었다.

　위빠싸나에서 가장 눈에 띄는 것은 전통적으로 해오던 마음을 고요히 하는 사마타 명상 단계를 거치지 않고 직접 지혜를 일구는 위빠싸나 명상으로 들어가도록 수행과정을 개혁했다는 것이다. 산란한 마음을 다스려 한 곳에 집중하도록 하는 사마타 명상을 지(止)라고 하며, 팔정도 중에서는 정정(正定)에 해당된다. 이는 붓다 이전에도 존재하던 명상법이며 불교 외의 다른 수행단체에서도 많이 사용하고 있는 명상법이라 한다. 반면 위빠싸나는 꿰뚫는 통찰력으로 실상을 보는 지혜(觀)이며, 팔정도 중에서는 정념(正念)에 해당된다. 붓다가 깨달음을 얻은 것은 바로 이 관(觀) 명상법 덕분이며 오직 불교에만 있는 명상법이라 한다. 틱낫한은 이 지관 명상을 아주 쉬운 영어로 전하고 있는데, "모든 것을 멈추고 깊이 보라 (Stop and look deeply)"고 말한다.

　위빠싸나에서는 또 상좌부 불교에서 해오던 수행의식이나 선(善)을 쌓는 행위, 교리 공부를 다 없앴다. 그렇게 수행을 단순화하자 문화적 바탕이 비불교적인 서구인들, 재가 수행이 중심인 이들의 기호에 잘 맞는 것이 되었다. 이제 서구에서 '위빠싸나'라고 하면 불교를 떠올리기 보다는 스트레스 절감 같은 치유효과와 연관짓게 되었다. 그래서 위빠싸나는 학교, 병원, 감옥 등으로 확산되게 되었다. 또한 위빠싸나 수행자들은 전통적으로 진지한 수도를 하던 밀라레파 같은 출가 승에게 사용하던 '요기' 즉 '수행자'라는 말을 자신들에게 적용하기 시작했다. 즉 요기라는 말은 비구계를 받아야만 쓸 수 있는 말이 아니라 진정한 명상수행을 하는 사람이라면 다 요기라는 것이다. 해탈을 통한 자유에 대해서도 동양권에서 수도의 목적이 생사로부터의 자유를 추구하는 것이었다면, 미국에서는 좀 더 실용적으로 현세의 삶에서 자유를 얻고 그러한 자유를 통해 어떻게 충족한 삶을 살아갈 것이냐를 목적으로 하고 있다. 다시 말해서 동양권 수도자의 자유가 '-이 없는 자유', 즉 죽음이 없는 자유, 고통이 없는 자유라 한다면, 미국권 수도자의 자유는 '-이 있는 자유', 즉 행복이 있는 자유, 사랑이 있는 자유라는 것이다.

미국 위빠싸나 가르침의 주축을 이루고 있는 네 기둥은 정념(sati), 자심(慈心, metta), 계(sila), 보시(dana)이다. 정념은 자신의 주변에 일어나는 모든 것을 있는 그대로 깊이 보는 것을 말한다. 인식적 분석과는 달리 나에게 오는 것을 어떤 판단이나 숙고없이 나에게 어떻게 받아들여지는지 그대로 보는 것이다. 자심(慈心) 명상은 위의 정념 수행을 지나친 가혹함없이 할 수 있도록 보조해준다. 동양권 위빠싸나에서 자심 명상을 별로 하지 않음에 비해 미국권에서는 숙박수련회 기간 중에 적어도 하루에 한번씩 자심 명상을 하도록 되어 있다. 계는 미국 위빠싸나에서 동양권만큼 신경을 쓰지 않는 게 사실이지만 80년대 중반에 불교권에 충격을 주었던 몇몇 스캔들 이후 위빠싸나 명상회에서도 윤리강령을 제정했다. 보시의 정신은 위빠싸나 명상회 곳곳에 스며들어있다. 우선 위빠싸나 교사들은 보수를 받지 않고 가르침을 보시로 편다. 자발적 보시는 받을 수 있으되 정해진 보수는 없다. 수련회 참가자들에게는 최소한의 비용만을 받도록 모든 노력을 기울인다. 즉 장소의 임대료, 음식 값 정도를 받는 것이다. 꾕카가 이끄는 수련회에서는 처음 기초수련 참가자에게는 학비를 받지 않는다. 이 비용은 한 번 이상 수련을 받은 기존 회원의 보시로 충당한다.

위빠싸나 명상회에서 위빠싸나를 소개한 것을 보면 위빠싸나는 '-것이 아니다'는 설명이 먼저 나오고 이후 위빠싸나는 '-것이다'는 항목이 나온다. 그에 의하면 위빠싸나는 ① 맹목적 믿음에 근거한 의식이나 제례가 아니며, ② 지적 오락이나 철학적 유희가 아니며, ③ 안정요법으로 쉬는 것이나 사교의 기회가 아니며, ④ 일상생활의 시련에서 도피하는 것이 아니라는 것이다. 동시에 위빠싸나는 ① 고통을 근절하는 기술이며, ② 사회에 긍정적 기여를 할 수 있게 해주는 삶의 예술이며, ③ 삶의 긴장과 문제를 조화롭고 고요하게 당면할 수 있게 해주는 정신

정화의 방법이라고 한다.

위빠싸나 교사들은 재가자가 훨씬 많을 뿐더러 스님이 아니라는 것이 교사로서의 자격에 결함이 되는 것도 아니다. 가령 잭 콘필드는 1970년 타일랜드에서 아잔차에게 비구계를 받았고, 사야도에게 위빠싸나를 배웠다. 반면 죠셉 골드스타인은 비구계를 받은 적이 없다. 그러나 위빠싸나 명상회에서 두 교사의 서열이나 권위는 똑같다. 다시 말해서 위빠싸나는 법맥을 근간으로 하는 것이 아니라 교사를 근간으로 하는 라인이고, 재가자를 중심으로 하여 깨달음을 추구하는 운동이라고 할 수 있다.

위빠싸나 명상회는 연간 어느 정도 수련회를 열고 있을까? 위빠싸나 명상회의 격월간지 〈알고싶은 마음(*Inquiring Mind*)〉에 의하면 1995년 미국 내에서 100개 숙박수련회가 열렸다. 수련회의 길이도 다양하여 짧게는 주말에 하는 1박2일 수련에서부터 길게는 9월말에 시작하여 12월 중순에 끝나는 84일 수련회가 있다. 1970년부터 1995년까지 25년간 위빠싸나 명상회의 수련을 거쳐간 사람은 5만명

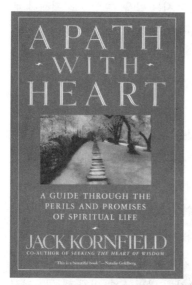

《마음으로 가는 길(*A PATH WITH HEART*)》

정도라고 한다. 그러면 어떤 사람들이 주로 위빠싸나 수련회에 참석했던 것일까? 통계에 의하면 이들은 미국 중산층 백인이며 평균연령이 49세라 한다. 참가자의 80% 이상이 40세가 넘은 것으로 알려져 있다. 결국 주 참가자가 베이비붐 세대인 것이며, 앞으로 이들이 나이가 들어감에 따라 미국 불교도 함께 늙어갈 것인지 새로운 젊은 층을 흡수할 수 있을 것인지 향후 귀추가 주목된다.

위빠싸나 지도교사는 수석법사, 일반법사, 외부강사로 3계층이 있다. 1995년 미국에서 활동하고 있는 위빠싸나 재가자 교사는 약

70명이었다고 한다. 1984년 콘필드는 위빠싸나 교사를 양성하기 위해 4년제 과정을 마련했다. 현재는 위빠싸나 명상회 본부와 스피릿록 명상 센터(Sprit Rock Meditation Center) 두 곳에서 교사자격증을 주고 있다. 스피릿록은 샌프란시스코 금문교에서 30분 정도 떨어진 넓은 땅에 1981년 콘필드가 설립한 것으로 그동안 수많은 자원봉사자들이 이곳의 수행장, 공양시설 등의 건설을 도왔다. 96년까지 이 프로젝트에 참여한 사람은 7,000명 이상이 된다고 한다.

위빠싸나의 모토는 1995년 콘필드가 명시한대로 '진정 삶을 바꿀 수 있는 큰 수행을 가능한한 단순하게 전하고 싶다'는 것이다. 그러므로 복잡하게 보일 수도 있는 의식, 가사 착용, 염불, 그밖의 종교적 전통을 다 생략하고 명상 수행만을 전하려 한다. 어떤 종파에도 치우침없이 오픈되어 있고, 불교라는 생각도 거의 들지 않는다. 심리학자 대니얼 골먼(Daniel Goleman)은 위빠싸나에 대해 이런 말까지 했다.

위빠싸나의 다르마는 하도 잘 은폐되어 있어서 법정에 간다 하더라도 그를 증명할 수 없을 것이다.

또 위빠싸나 수행자와 교사들에는 심리학이나 심리치료에 종사하는 사람들이 많다. 매서츠세츠 의대병원 스트레스 관리원을 운영하는 존 카밧진 박사도 자신의 병원에서 환자들이 위빠싸나를 수행하도록 하고 있다. 위빠싸나가 진정 열린 단체임은 수행을 원하는 사람들의 특성에 맞게 프로그램을 개발하고 이들을 차별하지 않는 것을 보아도 알 수 있다. 그동안 행한 수련회를 보면, 남자 수련회, 여자 수련회, 가족 수련회, 게이 수련회, 레스비언 수련회, 유색인종 수련회, 미혼자 수련회 등이 있다.

평화를 위해 세계를 무대로 활동하는 SGI 명예회장

이케다 다이사쿠(Daisaku Ikeda, 1928~)

30만 회원을 가진 SGI 재가불자연합의 회장. 평화와 인권 문제에 많은 관심을 가지고 남아프리카의 넬슨 만델라, 미국의 흑인 로자 팍스 등과 교유. 미국 SGI는 세계 모든 인종이 가장 고루 섞여있다는 칭찬을 듣고 있음. 세계의 석학과 불교에 관해 나눈 대화와 자신의 글을 영어권에 다수 출판. 저서로 《일생동안 추구한 평화(A Lifelong Quest for Peace)》《젊은이의 길(The Way of Youth)》 등이 있음.

이케다 다이사쿠는 SGI(Soka Gakkai International)의 회장이다. 한문으로 하면 국제창가학회(國際創價學會), 즉 가치를 창조하는 공부모임이라는 뜻을 가진 단체이다. 니치렌(日蓮)을 시조로 하는 종파인데 최근에 재가자 단체로 변신했다. 일본에는 니치렌의 종파가 30여개나 된다고 한다. 현재 미국 SGI의 회원은 30만 명이다. 미국 SGI는 미국 불교단체 중에서 가장 다수 인종을 고루 회원으로 가지고 있기 때문에, 인종면에서 생활수준면에서 가장 고른 계층을 대표하는 진정한 불교정신을 가진 단체로 칭송받고 있다. 미국 SGI 회원구성을 보면 60년대에는 아시아인이 90% 이상이었음에 비하여, 현재는 백인 30%, 흑인 15%, 멕시코 계통 26%, 아시아인 29%로 이루어져 있다.

SGI가 최근 재가자 단체로 변신한 것은 무슨 이유일까? SGI는 오랫동안 지도 라인이 두 개였다. 승가 라인과 이케다 다이사쿠 신도회장의 재가 라인이 그것이다. 이 두 라인은 1990년대 이전까지만 해도 각각 해야 할 일을 상호 협의로 정해 놓아서 분리체제 속에서도 협조가 잘 되고 있었다. 당시의 단체 이름은 일련정종 미국지부, 즉 NSA(Nichiren Shoshu America)였다. 그런데 1975년 이케다 회장이 SGI를 설립하고 명예회장이 되면서 승가측에서 이케다 회장을 비난하면서 축출했다. 그러자 명예회장직을 박탈당한 이케다 회장은 실제 회장이 되었고 더욱 적극적으로 활동을 했다. 80년대에 승가측과 이케다 회장측의 협조가 점점 줄어들다가, 마침내 1991년 니켄 종정스님이 모든 SGI 회원들을 파문하기에 이른다. 이제 SGI 회원들은 일본에 있는 본사참배를 할 수 없게 되었다. 본래 본사인 대석사의 확장보수는 전세계 SGI 회원들의 성금으로 이루어졌었는데도 말이다.

그 일로 인해 미국 SGI는 순수 재가단체가 되었고, 그럼에도 불구하고 아무런 흔들림도 없이 수행을 하고 있다. 그 이유는 오래전부터 민주화된 체계, 독립정신을 키웠기 때문이다. 현재 미국 SGI는 1년 임기를 가진 중앙운영위원회에서 관리하고 있고, 회장인 프레드 자이추(Fred Zaitsu)의 임기는 3년이다.

미국 SGI의 가장 큰 특징은 미국문화에 적응, 변화하려는 노력을 가장 많이 보여주고 또 그것에 성공했다는 것이다. 어떤 노력을 보여주었는지 그 특징을 7가지로 정리해보았다. 첫째, 1주일에 한번 발행하는 영자신문을 통해 이케다 회장의 법문과 불교 기사, 회원동정 등을 알리고 있다. 둘째, 미국인들이 좋아하는 밝고 역동적인 분위기로 법회를 열고 있다. 물론 고요한 분위기나 명상 등은 없다. 법회를 할 때는 회원들이 함께 '남묘호렝게쿄'를 염불하고, 지부장의 법문이 있고, 그리고 회원들의 신앙 경험담이 이어진다. 그리스도교의 간증 같은 건데, '나는 이렇게 해서 어떤 문제를 극복했다'는 이야기를 하는 것이다. 셋째, 되도록 현지용어를 쓴다. 법회도 다른 불교단체처럼 다르마 토크(dharma talk)라 하지 않고 미팅(meeting)이라고 하고, 법당은 문화회관(cultural center)이라고 부른다.

넷째, 미국인의 정서에 깊이 배어있는 전통의식을 현대에 다시 표현해 준다. 예를 들면 SGI에는 청소년들이 참가하는 악단이 있는데, 악기는 작은 피리 비슷한 것과 북밖에 없다. 이 악단을 일러 "파이프와 드럼 악대(Fife and Drum Corps)"라고 부르는데, 그 유래는 미국이 영국과 독립전쟁을 벌이던 시절로 돌아간다. 10대 초반의 두 소녀가 바닷가 쪽에서 영국군이 쳐들어오는 것을 목격하고는 마을 사람들에게 그를 알리기 위해 목숨을 걸고 피리와 비슷한 파이프(Fife)와 북을 연주하며 산으로 올라가 마을을 구했다는 애국일화에서 유래한다. 이 애국소녀들의 정신을 외국 불교단체인 SGI가 악단을 만들어 살리고 있는 것이다. 또 미국 독립 200주년을 기념하기 위해 SGI는 커다란 종을 만들어 본래 독립군이 결성되어 처음 싸웠던 필라델피아에서 시작하여 미국 전역을 순회했다. 이 종을 자유의 종(Freedom Bell)이라고 불렀다.

다섯째, 물질주의에 익숙한 미국인들에게 적합한 기도법으로서 물질을 위해 염불하라고 한다. 이를테면 차가 필요한 사람은 '차를 주십사'고 염불하며 기도하고, 돈이 필요한 사람은 '돈을 주십사'고 염불하며 기도하라고 한다. 행복해지고 싶은 사람도 염불하며 기도하라고 한다. '염불을 하면 행복해져요(Chant and Be Happy)'가 한동안 표어가 되기도 했다. 그런데 그 기도가 단순히 거기서, 즉 이기적인 목적에서만 끝나는 것은 아니다. SGI 회원은 궁극적으로 세계 평화를 위해 일하는 사람들이기 때문에 '세계 평화를 이루기 위해 차가 필요하니 주십시오', '세계 평화를 위해 돈이 얼마가 필요하니 주십시오'라고 기도를 한다. 결국 인간의 이기적인 목적에서 출발하지만 한 발 더 나아가 다른 사람과 세상을 포함하는 것이다.

여섯째, SGI 회원들은 적극적 포교를 한다. 길거리도 나가고, 신문도 전한다. 전통적으로 불교에서는 청하지 않으면 설법하지 않는다는 원칙을 지켜왔는데 그걸 180도 바꾼 것이다. 일곱째, 일상의 수행을 강조한다. SGI 회원은 매일 아침과 저녁 '근행'이라고 부르는 수행을 해야 한다. 《법화경》 제2장 〈방편품〉을 염송한 다음 염불을 하는 것이다. 특별히 기도할 것이 있는 사람은 염불을 따로 더 오래 한다. 그래야 밝고 높고 깨끗한 의식을 유지하며 살 수 있고, 그래야 소원도 이룰 수 있다는 것이다.

미국의 흑인들은 이케다 회장을 대단히 존경한다. 이케다 회장의 법문을 들어보면 동서양을 망라하는 해박한 식견과 풍부한 일화와 사례가 있다. 그리고 기본적 인권을 매우 소중하게 생각한다. 남아프리카의 인권을 위해 싸우던 넬슨 만델라가 대통령이 되기 전 감옥에서 싸우는 투사였을 때 이케다 회장은 그와 깊은 우정을 나누었다. 또 마틴 루터킹이 인권운동을 하게 만든 그 유명한 사건의 주인공, 무명의 흑인 여성이 백인에게 자리를 내어주기를 거부했던 버스 보이콧 사건의 주인공 로자 팍스(Rosa Parks)도 이케다와 가슴으로 공감을 하는 사람이다. 보이콧 사건으로 인해 팍스는 칭찬만 받은 것은 아니다. 괜한 일 벌여 긁어부스럼 만들었다느니, 귀찮아 죽겠다느니 하는 비난도 많이 받았다. 팍스가 1993년 이케다를 만났을 때, 그렇게 다른 문화와 배경을 가진 두 사람이 가슴속에 한 가지 소망을 공유했음을, 즉 인권을 갖지 못하는 버림받은 사람들에게 빛을 비추어 세계 평화를 이루고 싶어함을 느꼈다고 한다. 사람들이 팍스에게 자신의 삶을 대표할만한 사진을 하나 고르라고 하자 그녀가 고른 것은 자신이 버스에서 체포되는 장면이나 감옥에 갇힌 장면을 찍은 사진이 아니었다. 그녀가 서슴없이 고른 사진은 이케다를 만나는 장면을 찍은 사진이었다고 한다. 왜냐하면 그것은 바로 '그녀가 원하는 미래'를 담고 있기 때문이었다.

이케다 다이사쿠는 항상 공부하는 자세를 갖추고 있다.
이처럼 그의 자세는 다양한 저술로 나타난다

이케다 다이사쿠는 일본, 말레이지아, 싱가포르, 홍콩에 창가학교를 세우고 일본과 미국 캘리포니아에 소카 대학을 세웠다. 이케다는 영어권에 수십 권의 책을 출간했는데 그 중 몇 개만 살펴보자. 우선 영국의 역사학자 아놀드 토인비(Arnold Toynbee)와 나눈 대화를 수록한《삶을 선택하라(*Choose Life*)》가 있다. 여기서 토인비는 20세기의 가장 주목할만한 사건으로서 동양의 불교가 서양으로 가서 그리스도교와 만난 것을 들었다. 그래서 토인비의 이 말은 불교-그리스도교 대화 모임이 열릴 때마다 자주 인용되는 말이 되었다. 토인비는 또 붓다를 가장 지성적인 설법을 가장 성공적으로 전달한 사람이라고 말하기도 했다. 노벨 평화상과 노벨 화학상을 수상하여 노벨상을 두 개나 받은 라이너스 폴링(Linus Pauling)과의 대화를 수록한《일생동안 추구한 평화(*A Lifelong Quest for Peace*)》도 출간했다. 폴링은 비타민 C가 감기나 암 예방에 특효가 있다고 하여 비타민 C를 대중화시킨 사람이다. 그런 그가 2차대전 중 핵융합 실험에 참여하게 되고, 그를 계기로 깨달은 바가 있어 전후 대기 중 핵실험을 금지하자는 운동을 전개하여 이를 국가 간 협약으로 이끈 공적을 세운 사람이다. 또 이케다는 청소년과 어린이를 위한 책도 많이 썼다. 특히《젊은이의 길(*The Way of Youth*)》은 청소년들이 흔히 마주치는 삶의 질문에 대해 그가 불교적 입장에서 제시한 답들을 수록하고 있어 많은 도움이 된다.

침묵을 거부한 미국의 유마 거사

폴 카루스(Paul Carus, 1852~1919)

독일에서 태어나 대학에서 교편을 잡았다가 미국으로 이민 옴. 종교, 철학 전문 출판사인 오픈코트의 편집장 겸 사장. 1893년 세계종교회의에서 샤쿠 소엔 선사를 만나고 이후 스즈키 다이세츠를 미국에 초청해 4년간 불교 서적 번역작업을 함. 그가 쓴 《붓다의 복음(The Gospel of Buddha)》은 수개국 언어로 번역되었음. 샤쿠 선사가 '미국의 유마 거사'라 부름. 오픈코트 출판사는 100년이 지난 지금도 불교 서적을 출판하고 있음.

불교가 서구로 가는데 있어 전위병 역할을 한 출판사가 있으니 바로 오픈코트 출판사이다. 폴 카루스가 편집장으로 있던 이 출판사에서는 〈오픈코트(The Open Court)〉라는 비교종교학 잡지를 발행했고, 〈머니스트(Monist)〉라는 종교철학 계간지를 발행했으며, 철학과 종교에 대한 단행본도 내고 있었다.

1893년 시카고에서 세계종교회의가 열렸을 때 카루스는 "과학 : 종교적 계시"라는 파격적 제목의 발표를 했다. 동양철학 전반에 관심이 있었고 그중에서도 특히 불교를 좋아했던 그는 거기서 일본대표단이 발표하는 불교강의에 귀를 기울이고 있었다. 특히 이듬해에 《붓다의 복음(The Gospel of Buddha)》을 출판하려고 자료를 집대성하고 있던 그였기에 그 관심이 예사로울 수는 없었다. 회의에서 샤쿠 소엔 선사와 아나가리카 다마팔라를 만난 그는 이들을 일리노이 주 라쌀레 시에 있는 자기 집에 초대하여 친분을 쌓는다. 이로부터 3년후인 1896년 카루스는 다마팔라를 다시 미국으로 초대하고, 이때 다마팔라는 마하 보디 회(Maha Bodhi

Society)의 미국 지부를 시카고에 설립하며 카루스가 그 설립회원이 된다.

샤쿠 선사와는 종교회의 이후에도 서신을 주고 받았다. 1894년 카루스는《붓다의 복음》을 출판하고 이를 샤쿠 선사에게 보냈는데, 이를 제자들이 번역하여 일본에서 출판했다. 불교 경전과 고승들의 말에서 카루스가 중요하다고 생각하는 것을 뽑아 엮은 이 방대한 저술은 일본어뿐 아니라 중국어, 독일어, 프랑스어, 스페인어, 이태리어, 시암어로도 번역되었다. 카루스는 또《도덕경》을 번역하던 중이었는데 그를 돕기 위해 샤쿠 선사는 스즈키 다이세츠(Daisetz Suzuki, 1870~1966)를 1897년 카루스에게 보낸다. 이로부터 1908년까지 10년간을 스즈키는 카루스의 출판사에서 불교서적과 동양 철학서적의 번역을 도우며 함께 지낸다. 이때 스즈키가 펴낸 책은《대승신앙의 깨달음(*The Awakening of Faith in the Mahayana*)》과《대승불교의 개요(*Outlines of Mahayana Buddhism*)》가 있다.

《붓다의 복음(The Gospel of Buddha)》

세계종교회의에서 불교를 발표한 이후 일본의 선사들과 서구와의 교류는 끊어질 수도 있었다. 그러나 그렇게 되지 않은 것은 선견지명이 있었던 한 출판사 사장 때문이었다. 그로 인해 스즈키 다이세츠가 경제적 어려움 없이 미국에 10년 동안 머무르며 불교 서적의 번역에 종사할 수 있었던 것이다. 그리고 이것이 기반이 되어 이후 30~50년대에 스즈키가 선 불교를 서구에 전하는 주역이 되는 것이다. 그러기에 샤쿠 선사가 카루스를 일러 '침묵을 거부한 미국의 유마 거사'라고 불렀던 것은 커다란 과장은 아니었다. 물론 카루스가 아무리 불교를 좋아했다 하더라도 충분한 재정적 기반이 없었다면 일개 출판사 사장이 그런 지원을 몇년 동안이나 할 수는 없었을 것이다. 그렇다면 그는 큰 부자였을까?

그가 살던 저택 '헤겔러-카루스 맨션'은 라쌀레 시에 지금도 역사 유물로 존재하며 대중의 관람이 가능한 곳이다. 내부장식은 그 시절 모습 그대로이며 현재 헤겔러-카루스 재단에서 보수를 하고 있다. 카루스의 장인 에드워드 헤겔러(Edward Hegeler)는 오픈코트 출판사를 설립했다. 그리고 미국 제1규모의 아연회사를 공동설립한 사람이다. 그러므로 카루스의 재력은 장인의 재력을 물려받은 것이다.

1852년 독일에서 태어난 카루스는 튀빙겐 대학에서 철학과 고전문헌학으로 박사학위를 받았다. 드레스덴의 국립군사학교에서 잠시 교편을 잡았던 그는 표현의 자유를 찾아 영국을 거쳐 미국으로 이민을 왔다. 1887년 장래 장인이 될 헤겔러의 초대를 받아들여 오픈코트 출판사의 편집장으로 발탁된다. 타고난 보편주의자이며 비교주의자였던 그에게 비교종교학과 철학을 전문분야로 했던 오픈코트는 그를 위해 만들어진 자리였다고 해도 과언이 아니다.

종교에 열성인 사람들이 대개 그렇듯이 카루스도 어릴 때부터 독실한 신앙인이었다.

어릴 때부터 내 신앙심은 굳기가 예수께서 그 신앙이 교회의 반석과 같다고 한 시몬과도 같았다. 나는 그리스도교 전도를 위해 내 삶을 바치기로 결심했다. 그런데 어느 날 내가 방어해야 할 요새가 바닥부터 무너지고 있음을 발견한 것이었다. 상심한 마음을 수습한 나는 이후 믿음이 아니라 인간의 확실한 경험에 근거한 종교를 찾았고, 교조주의도 없고 과학과도 조화를 이루며 지상의 모든 종교와도 갈등이 없는 종교를 찾았다.

정식 계를 받은 적도 없이 문자 그대로 재가불자였던 그였지만 불교를 서구에 도입하려는 다각적인 활동은 눈부셨다. 오픈코트가 불교에 있어 각양각색 접근법의 포럼이 된 것이다. 카루스는 일본과 실론의 불교인들이 불교에 관심있는 서구인과 공조하여 영어판 불교 저술을 펴내도록 했을 뿐만 아니라 자신도 많은 저작을 했다. 그가 쓴 18쪽의 팜플렛 《업(業), 초기불교의 이야기(*Karma, a Story of Early Buddhism*)》는 문호 톨스토이가 러시아어로 번역하기도 했다. 그는 또 《법구경》 같은 아름답고 운율있는 경전을 베토벤이나 쇼팽 같은 서양 고전음악에 붙이는 실험도 해보았던 사람이다.

그가 가장 이루고 싶었던 꿈은 서양에 맞는 붓다의 정형을 이루는 것이었다. 불교의 오랜 역사 동안 불교가 동쪽으로 전해지면서 중국, 태국, 한국, 일본은 모두 자기네 문화권에 맞는 해석을 덧붙여 붓다의 이미지를 재창조했다. 그렇다면 서양에 알맞는 붓다의 이미지는 어떤 것이었을까? 1899년 카루스는 뉴욕 응용디자인 여자대학의 미술교수인 대니얼 비어드(Daniel C. Beard)에게 이런 편지를 쓴다.

붓다의 이상을 미국화할 수 있는 예술가는 대힛트를 할 수 있을 것입니다. 이미지를 현대화하고 아시아적 특성을 벗겨내고 거기에 붓다가 분명히 지녔을 동양적 이상을 가미하는 겁니다. 서양형 붓다는 고전적 소박함과 우아한 형상을 갖추어 그리스 적인 맛이 나면서도 고귀해야 합니다. 너무 수동적이고 명상적인 붓다의 이미지를 벗어나서 역동적인 미국에 알맞도록 활동적이고 사회에 참여하는 붓다가 나와야 합니다. 그리스-로마 문명의 이상에 맞게 아름답고 진취적이며 생동감있는 붓다 말입니다.

지난 10년간 미국에서 불교의 대중화에 헌신했고, 붓다에 관한 3막극도 썼을 뿐 아니라 현대 빅토리아 음악에 맞춘 찬불가도 작곡했던 카루스가 이제는 미술로 눈을 들려 동양적 깨달음을 서구적 형상으로 체현하는 일을 해보려는 것이었다.

커다란 에너지를 가지고 있었던 카루스는 74권의 저술과 1,500여 건의 글을 남겼다. 이중 동양에 관한 저술이 38권이다. 그는 당시 점점 멀어지기만 하는 과학과 종교의 간격을 좁히고 싶었으며, 또한 당시대가 당면하고 있는 정신적, 철학적, 심리적 문제에 대한 답이 동양과 불교에 있을 것이라 확신했었다. 미국 대중에게 불교의 특성과 가치를 전파하고 설득한 영향력있는 인물로서 카루스의 이름은 신지학자이며 불교도였던 올코트(Henry Steel Olcott)와 나란히 거론되기도 한다.

카루스가 시대에 남긴 공헌은 지금까지 미국 최고의 천재였다고 칭송을 받고 있는 찰스 페이어스(Charles S. Peirce, 1839~1914)와 물리학자 에른스트 마크(Ernst Mach, 1838~1916)의 업적에 비교되기도 한다. 수학을 주로 하여 다양한 분야에 관심을 가졌던 페이어스는 존스홉킨스 대학의 수학논리학 강사직 말고는 정규직업이 없었고 늘 돈에 궁했지만 지성이 번뜩였고 괴짜였으며 술에 취해 벌이는 그의 논리가 일품이었다 한다. 또 마크는 오스트리아의 실증주의자며 물리학자였는데 아인시타인보다 앞서 뉴튼의 절대시간과 공간 개념을 부정했던 뛰어난 학자이다.

카루스는 1919년 타계했지만 그가 남긴 오픈코트 출판사는 지금도 출판활동을 하고 있으며, 1987년에는 〈오픈코트 설립 100주년 기념 도서목록(*Open Court: A Centennial Bibliography*)〉을 발행하기도 했다. 카루스는 정말 통이 큰 대인이었다. 사고나 행동에 있어 관대했던 그는 열린 대화나 토론이 회귀했던 시절에 그를 도입하여 사용했던 사람이며, 비전과 꿈을 좇는 사람이었다. 동양의 위대한 가르침인 불교가 서양에 조만간 영향을 미칠 것을 확신했던 그는 당대에 보기드문 선각자였던 것이다.

불자보다도 더 불자적인 삶을 살고 글을 쓴 지식인

헌리 데이빗 소로우(Henry David Thoreau, 1817~1862)

미국의 초절주의 문인이며 불교 애호가. 자연 속에서 자연과 만나 교감하는 것이 삶의 필수요소라고 생각하며 월든 호수에서 수도자처럼 정관하는 삶을 살았음. 야성 속에 세상이 보존된다고 말하여, 야성은 세상 그 자체라고 말한 게리 스나이더와 같은 사상을 표현. 유니테리언 교도로서 그의 생각과 사상은 미국의 금세기에 불교를 받아들일 수 있는 밭을 갈았다고 평가됨. 저서로 《월든(Walden)》《시민의 불복종》《소로우의 일기》《지평선을 향해 걷다》《헌리 데이빗 소로우》 등이 있음.

미국 대중에게 불교를 전하는데 공헌을 한 두 개 집단이 있으니 하나는 비트의 문인들이요, 또 하나는 유니테리언 교도였던 헌리 데이빗 소로우이다. 물론 소로우는 불교도는 아니었다. 그렇지만 그는 동양사상을 좋아했고 불교에 깊이 공감하였으며 불교도보다도 더 불교적인 삶을 살았다. 소로우가 최초의 영어판 불경인 《법화경》을 미국에 번역 소개한 것으로 많이 알려져 있는데, 그건 와전이라고 한다. 1844년 초절주의 학술지 〈다이얼(Dial)〉 지에 《법화경》을 번역 게재한 것은 실은 〈다이얼〉 지의 발행인이며 유니테리언 교도였던 엘리자베스 피바디(Elizabeth Palmer Peabody)였다.

소로우는 미국의 초절주의자이며 작가이다. 초절주의(Transcendentalism)라는 말은 원래 조롱의 뜻으로 던져진 말이었다고 한다. 1800년대에 뉴잉글랜드를 방문했던 문인 찰스 디킨즈가 소로우나 에머슨의 철학을 평하여 '이해가 안되는 것은 다 초월했다고 하나보군'이라고 말하며 비웃은 데서 붙여진 이름이라고 한다.

소로우는 유니테리언 교도였다. 물론 그리스도교 내부에서는 모르몬교나 유니테리언교를 정통교단으로도, 자기네의 일부로도 여기지 않는 경향이 강하지만, 외부인들의 눈으로 볼 때 이들은 역시 그리스도 교도들인 것이 분명하다.

소로우 하면《월든》이나《시민의 불복종》같은 저술로 우리 나라 독자들에게도 익숙한 사람이다. 자연 속에서 인간의 본질과 순수성을 발견하고 자연에 안겨 쉬려했던 그의 글을 읽으면 우리 한국인들의 심성과도 어쩌면 그렇게 일치하는지 그리고 불교도의 자연관과도 그렇게 일치하는지 감탄이 절로 나올 정도이다.

소로우는 또 흔히 선 불교 스님이며 자연시인인 게리 스나이더(Gary Snyder)에 비교되기도 한다. 비트 문인들 중 소로우에 해당하는 사람이 스나이더라는 것이다. 소로우가 야성 속에 세상이 보존된다고 말했다면, 스나이더는 야성은 세상의 보존이 아니라 세상 그 자체라고 더욱 강한 표현을 했다.

소로우의 월든 생활은 물론 일종의 실험이었다. 그 실험을 통해 그가 검증해보려 했던 것은 무엇이었을까? 첫째로 '잘 살기 위해서' 필요한 것은 실은 너무나 적다는 것이었고, 둘째로 아무런 방해를 받지 않고 자신과 자연을 정관(靜觀)하고 명상하는 것이었다. 초막의 문을 활짝 열어놓고 주변의 나무들을 하나하나 바라보며 기쁨에 잠겨있노라면 새들은 그의 초막 안으로 자유롭게 날아와서 쉬다가 가곤 했다. 그렇게 환희에 잠겨 시간가는 줄도 모르다가 어느듯 해가 서쪽 창에 비치는 걸 알게 된 적도 많았다. 그러나 그는 그렇게 보낸 시간이 아깝기는 커녕, 한밤 자

"정직한 사람이라면 손가락 열 개 정도만 셀 줄 알면 된다. 특별한 경우엔 발가락 열 개까지 합쳐도 되겠지만, 그 이상은 필요없다."

고 나면 옥수수가 쑤욱 크듯이 자신도 그런 시간 속에서 성장한다고 믿었다. 그렇게 정관하고 명상하며 보낸 시간이 그의 삶에서 빠져나가고 낭비한 시간이 아니라는 것이었고, 이때 동양인들이 '일을 하지 않고 자연 속에 노니는' 맛을 짐작할 수 있었다는 것이다.

소로우는 물질주의를 거부한 단순 소박한 생활을 통해 불자의 삶을 살았고, 그것을 글로 남겨 대중에게 전했다. 월든 호수에서 하루 종일 호수나 물고기, 나무를 바라보는 소로우는 경건한 수행을 하는 수행자의 모습이었다. 또한 가톨릭교도가 묵상을 했지만 그건 하나님을 대상으로 하는 것이었음에 반하여, 소로우의 정관 명상은 신을 대상으로 하지 않는 명상이었기에 불교적이었다. 그는 기독교 신과 부처와 인도의 신들을 동등하게 생각했고 다 좋아했다. 신이란 어떤 절대자가 아니라 어떤 기능을 하는 것이라고 생각했기 때문이다. 그는 《콩코드와 매리맥 강에서의 1주일》에서 말했다.

그리스도 교도들은 그들의 그리스도와 나의 붓다가 나란히 언급되는 것에 대해 기분나빠할 것임을 나는 알고 있다.

진지한 구도자들은 동양학을 만나려 애쓰던 시기였지만 소로우는 산스크리트어 같은 고어를 배울 필요를 느끼지 못했다. 그가 동양학자와 동양의 성자를 접한 것은 고대가 아니라 그가 살던 '매순간'이었으며, 그 장소는 인도가 아니라 그가 살던 콩코드였던 것이다. 산 속에 살며 모든 것의 본질에 접하는 삶을 살던 동양의 도인들은 바로 그와 동시대를 살았던 것이다.

1862년 그가 임종을 맞이했을 때 친구가 하느님과 화해했느냐고 물었다. 그의 대답은 선사의 그것을 방불케 했다.

난 하느님과 싸운 기억이 없네.

존 와이스(John Weiss)는 그의 죽음에 대해 이렇게 말했다.

　그의 얼굴에는 야망이나 아쉬움이 없었다. 그는 마치 정관 명상적 삶의 정상에 곧 다다를 것을 확신하는 부처의 제자처럼 그렇게 갔다.

　일본의 료간 스님과 소로우는 동시대를 십여 년 살았다. 료간이 입적할 때 소로우가 14세였다. 료간 하면 생각나는 일화가 있다. 도둑이 스님의 초막에 들어오자 있는 것을 다 주어버리고 가만히 앉아있자니, 하늘에 둥실 뜬 보름달이 보였다. 그러자 료간은 '그 친구 안됐네, 조금만 더 있다 갔더라면 저 아름다운 달도 볼 수 있었을텐데……' 라고 했다는 이야기 말이다. 또 료간이 출타한 사이 그 지방 번주의 하인이 심부름을 와서 기다리다가 그를 만나지 못하고 그냥 돌아가려 하다가 온김에 뜰에 풀이나 뽑아주자 생각하고 풀을 다 뽑고 갔는데, 늦은 밤 돌아온 료간이 그를 보고 기뻐하기는 커녕, '풀이 다 없어져 버렸으니 이제 풀벌레 노래소리는 한동안 못듣겠구나' 하며 아쉬워했다는 이야기가 있다. 또 그 번주가 료간에게 보시를 좀 하려고 하자 '불을 땔 정도의 낙엽은 바람이 가져다준다' 고 했다는 스님이다. 료간과 소로우의 시는 서로 비슷한 것에 대한 비슷한 마음을 노래한 것이 많다. 일례를 보자.

　내 초막은 빽빽한 숲 한가운데 있네
　매년 담쟁이는 더 길게 자라고
　세간의 소식은 이곳에 닿지 않네
　들리는 건 오직 나뭇꾼의 즐거운 노래 소리.
　해가 뜨면 가사를 깁고
　달이 뜨면 불시(佛詩)를 읽네
　오직 하고싶은 말은 하나

진실된 도에 이르려면

너무 많은 것을 좇지 말게나.

　　　　　　　　　　　　　　　　　　　　　　　—료간, 〈한시 #24〉

　　우리네 삶은 자잘한 것들로 이리저리 찢겨져 있다. 정직한 사람이라면 손가락 열 개 정도만 셀 줄 알면 된다. 특별한 경우엔 발가락 열 개까지 합쳐도 되겠지만 그 이상은 필요 없다. 단순함, 단순함, 단순함! 하는 일이 백개 천개가 아니라 다만 두세 가지만 되게 하라. 백만 대신 다섯만 세고, 장부는 엄지손톱에 적을 수 있을 정도의 규모로 하라. 하루 세 끼를 먹는 대신 필요하다면 한 끼만 먹어라. 100개 접시보다는 5개만 쓰라. 다른 일용품도 이런 방식으로 줄여라.

　　　　　　　　　　　　　　　　　　　　　　　　　—소로우, 《월든》

　　유니테리언교와 불교의 역사는 1844년 〈다이얼〉 지에 《법화경》이 게재될 때부터 시작되어 지금도 생생히 살아있다. UU 불교우의회(Unitarian Universalist Buddhist Fellowship)가 결성되어 지부 단위로 명상과 경전 공부도 하고 있고, 또 〈UU 승가(*UU Sangha*)〉라는 계간지도 발행하고 있다. UU 불교우의회 회원이 되려면 신청서와 함께 연회비 20불만 내면 된다. 회원은 명상 지도도 받을 수 있고 계간지도 받아볼 수 있다. 현재 UU 불교우의회에서 가장 보편적인 수행법은 좌선과 위빠싸나인데 그밖에 금강승 등에 관심을 가진 사람들도 있다고 한다. 현재 미국 내에는 불교우의회가 32개 지부가 있고 캐나다 토론토에 1개 지부가 있다.

　　현재 UU 불교우의회장은 버몬트 주에서 유니테리언교 수석목사 직을 담당한 미국인인데, 뉴욕 주에 위치한 선산승원(禪山僧院) 승원장인 존 루리 선사의 수제자이기도 하다. 또 재정을 담당하고 있는 제임스 포드(James Ford) 목사는 조동종의 영국인 비구니이며 캘리포니아에 샤스타 수도원을 설립한 지유 케넷에게 계를 받았다.

포드의 말을 들어보면 왜 크리스천 선이 발달했는지, 왜 많은 서구인들이 그리스도교의 교리를 머리로는 받아들일 수 없으면서도 그것을 떠날 수 없는지 조금은 이해가 간다.

침례교도이며 근본주의 그리스도 교도였던 나는 엘러리 채닝의 설교를 읽고 유니테리언이 되었으며 후에 유니테리언 목사가 되었다. 나의 유년을 수놓았던 유태교와 그리스도교의 배경을 나는 이제 믿지 않는다. 현대과학으로 보면 붓다의 말이 진리와 우주의 실상을 훨씬 더 잘 설명했음을 나는 안다. 그러나 나의 무의식 심층에서는 그리스도교의 신화가 여전히 중요한 자리를 차지하고 있다. 나는 여전히 예수의 꿈을 꾼다. 내가 정신적으로 성숙했다 해서 예수가 하루아침에 짐을 싸서 내곁을 떠난 것은 아니다. 예수는 언제나 나의 존재의 일부이기 때문이다. 아이들이 듣고 자라는 이야기는 정서 형성에 무척 중요하다. 나의 어린시절부터 익숙히 듣고 자란 그 아름답고 이상하고 잔인하기까지 한 이야기들이 나라는 존재의 골수를 형성하고 있다. 나는 나의 문화적 근원을 부정하지 않고서 나의 정신적 정체성을 찾고 싶었다. 그래서 선 불교를 수행하는 불자이면서 동시에 그리스도교를 전하는 목사가 된 것이다.

심층생태학과 불교를 접목시키다

죠애나 매이시(Joanna Macy, 1929~)

1929년 미국에서 태어나 평화봉사단이던 남편을 따라 인도에 가서 티베트 불교를 접함. 이후 심층생태학과 불교연기론을 접목한 논문으로 박사학위 취득. 불교평화우의회 설립회원이며 사회운동가. 아리야라트네의 사르보다야 운동을 연구하기 위해 1년간 스리랑카에 거주한 후 《다르마와 개발 : 사르보다야 운동에서 보이는 자원으로서의 종교》를 저술함. 전세계를 다니며 환경을 살리기 위한 강연, 워크숍을 진행함. 저서로 《삶으로 돌아오기(Coming Back to Life)》《불교의 연기와 일반 시스템즈 이론(Mutual Causality in Buddhism and General Systems Theory)》 등이 있음.

죠애나 메이시는 미국의 불교도이며, 심층생태학자이며, 사회운동가이다. 선불교의 틱낫한 스님에게도 배웠고 티베트의 쵸걀 린포체(Choegyal Rinpoche)에게도 배웠던 그는 특정 종파에 속함이 없이 불교원리에 근거한 사회운동을 펼치고 있다. 특히 핵물질로 인한 피해지역에 다니면서 그들의 절망을 공감하고 그리고 그들 스스로 힘을 찾을 수 있도록 돕는 일을 하고 있다.

메이시는 1929년 LA에서 태어났다. 뉴욕에서 자란 그는 대학시절부터 지금까지 다양한 사회운동을 해왔다. 1964년 남편과 세 아이와 함께 인도에 갔던 그는 거기서 티베트 난민을 돕는 일을 하다가 프레다 베디(Freda Bedi)를 만났다. 티베트 불교 카규파의 일을 하며 자신의 인품과 삶으로서 많은 이에게 불교의 정수를 전해주던 베디가 메이시의 첫번째 불교스승이 되었다.

이 무렵 기차를 타고 가던 메이시는 특별한 정신적 체험을 한다.

'나'라는 사람이 내가 이전에 생각해왔던 방식대로 존재하지 않는다는 것이 갑자기 너무나 자명해졌다. 말로 표현할 수 없는 안도감이 들었다. 나 자신에 대해 나는 아무 것도 할 필요가 없었던 것이다. 자신을 개선할 필요도, 더 좋게 만들 필요도, 희생할 필요도, 십자가에 못박을 필요도 없었다. '나'라는 것에 대해 내가 아무 것도 할 필요가 없는 까닭은 그 나라는 것이 거기 있지도 않았기 때문이다. 다만 그것이 인습이고 허구라는 것만 인식하면 되었다.

메이시는 1978년 아잇켄 선사와 함께 불교평화우의회를 설립했다. 물론 리차드 베이커, 잭 콘필드, 게리 스나이더도 도운 일이었다. 그는 현재도 불교평화우의회의 자문위원회 위원이다. 이해 메이시는 시라쿠스 대학에서 〈연기법과 시스템즈 이론〉이란 논문으로 박사학위를 받는다. 그의 나이 49세 때의 일이다. 이듬해 그는 포드 재단의 기금을 받아 아리야라트네 박사가 지도하던 사르보다야 운동을 공부하러 스리랑카로 떠난다. 그리고 거기서 그의 저서, 《다르마와 개발 : 사르보다야 운동에서 보이는 자원으로서의 종교》가 탄생한다.

심층생태학과 불교를 접목하여 메이시는 그가 '사회적 신비주의'라고 부르는 '모든 존재들의 의회'를 제창하기에 이른다. 가령 인간이 산에 무엇인가를 하려면 그 산을 집으로 삼고 살고 있는 동물들, 식물들과 산으로 구성된 위원회에다 그 안을 상정해 재가를 받아야 한다는 것이다. 모든 것을 인간이 당연히 이용할 수 있는 것으로 여겨 오용과 파괴를 해왔던 인간의 행위를 반성하고 건강한 생태계를 만들려면 그렇게 해야 한다는 것이다.

메이시는 핵전쟁이나 핵사고로 인해 발생할 수 있는 인간파괴의 위험이 오히려 전례없는 정신적 성장의 기회가 될 수 있다고 말한다. 세상을 파괴할 수 있는 힘도, 세상을 변화시킬 수 있는 힘도 한곳에서 나온다. 그가 '힘'이라고 할 때 그것은 전통적인 의미의 위에서 누르는 힘, 이기고 지는 것이 판명되는 힘이 아니다. 그것은 우리가 공통으로 처한 난국과 현대과학으로부터 나오는 '더불어 가지는 힘'이다. 또한 우리를 자유롭게 하는 것은 '답'이 아니라 '질문'이라고 말한다. 답은 이미 우리 안에 있으므로 질문을 할 때 내면의 답을 끌어낼 수 있다는 것이다.

메이시는 이 세상을 '나의 연인'으로 또 '나 자신'으로 보자고 역설한다. 이 세상을 선악이 대결하고 빛과 어둠이 싸우는 전장으로 본다면 분노, 싸움 같은 강렬한 에너지를 일으키는 데는 효과적이겠지만 세상의 광적인 파괴를 멈추는 데는 별 도움이 되지 않는다. 자신이 선(善)의 편에 서있다고 확신할 때 자신이 하는 것은 무엇이든 허용된다는 오만을 가지기 쉽기 때문이다. 세상을 덫이라고 본다면, 우리가 할 일은 이 지저분한 세상을 뚫고 저 높은 곳으로 올라가 깨끗하고 고고하게 사는 것밖에 없다. 그러나 붓다는 '나'에 대한 집착을 버리라 했지 세상에 대한 연민과 사랑을 버리라고는 하지 않았다. 깨달음 그 자체가 이 세상에서, 삶속에서밖에 이루어질 수 없음을 알 때 이런 관점이 불가하다는 것은 자명하다.

세상을 나로 보라는 것은 불교의 연기와 자비에서 늘 설하는 말이다. 모든 것이 인드라의 망처럼 연결되어 있기에 세상이 아프면 내가 아픈 것이다. 그때 세상을 내 몸처럼 내 연인처럼 사랑할 수 있다는 것이다. 그런 마음이 인간이 아닌 세상 모든 존재에게로 향할 때 숲의 나무를 지키려고 전기톱에 맞서 나무를 내 몸으로 끌어안을 수 있는 것이요, 고래를 보호하기 위해 싸우는 그린피스의 보살들이 있는 것이다. 그렇게 하는 나의 자아는 점점 초록이 짙어져 녹색자아가 된다고 한다.

1987년 메이시의 나이 58세 되던 해 그는 티베트 동부에 가있던 스승 쵸걀 (Choegyal) 린포체를 만나기 위해 철통같은 감시망을 뚫고 티베트로 몰래 들어갔다. 작은 트럭에 수많은 보리자루를 실었는데 그 맨 밑바닥에 깔려 포장도 되지 않은 길을 달렸건만 숨이 막히는 노력도 보람없이 경비가 맨 밑바닥까지 짐칸을 뒤지는 바람에 실패하고 쫓겨났다. 그러나 이들의 기도가 효험이 있었는지

위험을 감수하겠다는 나룻배꾼을 만나 경비가 허술한 강쪽으로 국경을 건널 수 있었다. 그도 그럴 것이 그들이 건너간 쪽은 벼랑이 이어지는 산길뿐이었기 때문이다. 그 산길을 메이시와 남편과 딸은 사흘 동안 걷고 또 걸어 마침내 스님과 연락이 되었다 한다.

메이시는 우리가 어떤 목적을 이루기 위해 이 세상에 돌아오는 일을 선택했기에 지금 여기 있는 것이라고 말한다. 그렇게 금생을 내가 적극적으로 선택한 것으로 볼 때 내가 사는 삶은 아주 다른 것이 된다. 이젠 어떤 고생도 견딜만한 것으로 변하고 삶은 전혀 다른 빛깔과 의미로 내게 다가온다.

메이시는 2000년에 자서전을 썼다. 그 책의 제목은 《넓어지는 동심원(*Widening Circles*)》이다. 그것은 릴케의 《기도서》에서 인용한 제목이다.

> 점점 커지는 동심원 속에서 나는 삶을 살아가네
> 그 원은 온 세상에 다 닿네
> 완성하지 못할지도 모르는 마지막 원에
> 나는 내 존재를 바치네
> 나는 내 존재를 바치네

삶의 의미를 찾고 정신적인 것을 찾고 있는 사람이라면 누구나 그렇게 점점 커지는 동심원처럼 자신을 넓혀 세상과 접하고 자신을 주려할 것이다. '커지는 동심원'은 메이시가 살아온 사회운동가로서의 삶에 지극히 합당한 제목이다.

8. 미국 문화계의
불교 후원자들

스티븐 시걸
리차드 기어
아담 요크
티나 터너
마틴 스콜세지
필 잭슨
종싸르 키엔체 린포체
레너드 코헨

스티븐 시걸

(Steven Seagal, 1952~)

미국의 영화배우, 오렌지코스트 대학 졸업. 1960년대 일본에 가서 합기도 명인 자격증을 따고 선 불교와 침술도 공부함. 1997년 티베트 불교 닝마파의 활불로 인정되고 산타바바라에서 첫 법문을 함. 출연작으로 〈언더시즈〉 〈화이널 디시젼〉 〈글리머 맨〉 〈엑시트 운즈〉 등이 있음.

불의를 눈감아주지 못하는 고독한 터프가이 형사, 힘없는 사람 편에 서서 정의를 지켜내기 위한 영웅의 의로운 싸움을 외롭게 전개하는 사람! 스티븐 시걸의 이미지이다. 무술의 달인이며 액션 영화배우인 스티븐 시걸은 세계에서 가장 주목받고 있는 홍행 스타 중 하나다. 그가 주연한 10편의 영화 중 9편의 영화가 박스 오피스 순위에 오르며 대히트를 기록했기 때문이다. 할리우드 영화사들의 캐스팅 1순위에 올라 있는 배우들 중 하나인 그는 다재다능하여 연기에만 만족하지 않고 직접 제작자로 나섰으며 감독으로까지 데뷔하였다. 또한 영화 〈글리머 맨〉에서는 영화음악을 직접 작곡하여 연주까지 하였다. 그의 노래실력은 1999년에 마이클 잭슨 콘서트의 공연가수로 한국에 온 것으로 입증되었다. 1952년생인 그는 오렌지코스트 대학을 다녔으며 한국에도 잘 알려진 〈언더시즈〉, 〈화이널 디시젼〉, 〈글리머 맨〉, 〈엑시트 운즈〉 등의 영화에서 주연을 하였다.

1960년대 중반 일본의 이시사카 기요시에게 합기도를 배우기 시작한 그는 합

그의 성스러운
달라이 라마와 함께,
1995년 워싱턴 D.C.에서

기도의 명인 자격증을 가지고 있지만 자신이 명인 자격이 있다고는 생각하지 않는다. 스티븐 시걸은 비아시아인으로서는 최초로 일본에 무술 도장을 세운 사람이다. 실제로 무술 연기가 가능했던 이소룡이 사라진 후 할리우드는 내내 그와 같은 액션스타를 기다리고 있었는데, 스티븐 시걸은 합기도와 쿵푸가 주가 되는 탄탄한 무술 실력을 바탕으로 그 자리를 메우게 된다.

일찍이 정신수행에 관심을 가지고 있었던 그는 여러 가지 수행을 시도해보았다. 그러다가 60년대 말에 일본에 간 시걸은 선(禪)을 시작하고 여기저기 절에 다니며 불교를 공부했다. 무술 공부로 몸을 다지는 동시에 정신적인 면도 닦아야 한다고 생각했던 것이다. 수년간 불교수행을 해온 시걸은 1997년 2월 티베트에서 가장 오래된 종파인 닝마파의 활불로 인정을 받았다.

침술도 공부했던 그는 티베트의 격동기에 감옥에 갇혀 고문을 받다가 병들어 나온 라마들에게 침을 놓아주면서 티베트 불교와 접하게 된다. 그러나 그의 수행은 극히 사적인 것이었고 수행사실이 외부에 알려지는 것도 원치 않았다. 이제 그의 활불 인정으로 모든 것이 공적인 것이 되어버렸다. 그의 은사는 딜고 키엔

"모든 현상은 신의 신비한 행위를 나타내는 것이다."

체 린포체이고, 민링 트리첸과 페노르 린포체도 스승으로서 매우 존경한다.

그의 활불 인정은 1997년 2월에 페노르 린포체에 의해 공식화되었을 뿐, 지난 20년간 그가 만났던 수많은 사람들이 되풀이 말하고 확인한 사실이었다. 다만 시걸 자신이 그를 부인했던 것이었다. 1997년 가을 시걸은 산타바바라에서 첫법문을 했다. 또 달라이 라마를 친견하고 개인지도도 받았다.

지난 27년 동안 나름으로 명상을 해왔던 시걸은 사람들이 자신을 스타로서 우상화하든, 라마로서 우상화하든, 무사로서 우상화하든, 우상이 되는 것이 죽음의 덫과 같다고 생각한다고 말한다. 그가 하는 명상은 구루요가이며 스승이 내려준 금강승 수행도 겸하고 있다. 절 수행을 꺼려하는 다른 서구인들과 달리 시걸은 절 수행도 매우 좋아한다. 매일 아침과 저녁에 2시간씩 수행을 한다는 그는 그러나 수행자로서의 자신을 야구로 치면 제1루에 도달하려 애쓰는 초보자라고 겸손히 말했다.

시걸이 앞으로 하고 싶은 불교 일은 굶주리는 어린이들과 병든 어린이들을 돌보는 프로젝트이다. 연기는 예술이라고 말하며 시걸은 자신의 불교 은사도 '예술은 종교의 어머니'라고 말했다고 덧붙였다. 숨쉬고 살 수 있는 지혜를 가지게 해준 은사들에게 그는 늘 감사하며 살고 있다고 한다.

리차드 기어

(Richard Gere, 1949~)

미국의 영화배우. 매서츠세츠 대학 중퇴. 1960년대 말에 20대를 맞이하여 자유를 찾아 헤매던 중 불교책에 빠져들었고 사사키 조슈 노사를 만나 24세부터 참선을 함. 달라이 라마를 만난 후로 삶이 바뀌어 불교를 널리 전하는 일을 삶의 소명으로 함. 출연작으로 〈뉴욕의 가을〉〈카멜롯의 전설〉〈섬머스비〉〈귀여운 여인〉〈사관과 신사〉 등이 있음.

　　달라이 라마의 가장 유명한 제자라고 할 수 있는 기어는 20대 초반에 삶의 의미를 찾기 위해 심야서점을 돌아다니며 닥치는대로 책을 읽던 중 에반스 웬츠(Evans Wentz)가 쓴 티베트 불교 책에 빠져들었다. 불교 책에는 그가 찾던 모든 것이 있었다. 연애소설이 주는 진한 낭만뿐 아니라 지금 여기 살면서도 자유로울 수 있다는 가능성, 깨달음의 가능성까지 그곳에는 있었던 것이다. 그저 지금 이곳을 떠나고만 싶었던 그에게 여기서도 자유로울 수 있다는 것은 가히 혁명적인 개념이었다.

　　그가 처음 실제로 접한 불교는 사사키 노사의 선 불교였다. 처음 LA로 2박3일 수련회를 가기 전 그는 오랜 좌선에 견딜 수 있도록 다리를 훈련하고자 몇 달 동안 다리운동을 했었다. 젊은 날의 우리가 대부분 그러하듯이 그 무렵 기어는 오만하면서도 동시에 자신감이 없었으며 또 뒤죽박죽 혼란 속에 있었다. 그런 속에서도 그에게는 마음을 알고 싶다는 갈망이 있었다. 사사키 노사는 매우 엄했지만 또 매우 자비로웠다고 한다. 그는 노사에게 마음깊이 이끌리는 연대감을 느꼈다.

참선을 처음 시작한 24세의 기어는 좁고 지저분한 아파트에 몇달씩 틀어박혀 타이치(기공의 일종)와 좌선을 했다. 그런데 과거부터 지금까지 자신이 한번도 좌선을 떠나본 적이 없다는 이상하리만큼 명확한 확신이 드는 것이었다. 그렇게 선을 6년 정도 하던 그는 인도에 가게 되었고 거기서 달라이 라마를 친견하게 되었다. 달라이 라마는 물었다.

"배우라고 했지요? 그럼 연기를 할 때 말입니다, 화난 연기를 할 때는 정말 화가 난 건가요? 슬픈 연기를 하면서 울 때는 정말 우는 겁니까?"

기어는 배우라면 그런 질문을 받았을 때 으레 하는 뻔한 답을 했다.

달라이 라마와 함께

"물론입니다. 연기하려는 감정이 사실이라고 믿고 하는 것이 훨씬 더 효과적
이니까요."

기어의 그 대답에 달라이 라마는 배꼽을 잡고 웃었다. 감정이란 환영과 같은 것
이라고 믿는 불자이기에 기어의 진지한 대답이 우스웠던 것이다. 어쨌든 달라이
라마를 처음 친견한 그 만남 이후로 기어의 인생은 완전히 변했다. 앞으로 이 법
맥 안에서 이 스승들과 수행의 길을 걷겠다는 결심을 한 그날 이후로 그는 한번도
그 길에서 벗어난 적이 없다고 한다.
　달라이 라마에 대해 환상적인 생각만을 갖고 있는 많은 사람들에게 기어는 말
한다. 개인지도를 받을 때 달라이 라마가 자신을 못마땅하게 생각하여 화를 낸
경우도 있다고 말이다. 그러나 그런 경우도 달라이 라마는 아무런 아상(我相) 없
이 방편으로 화를 내는 것이기에 그는 감사히 받아들일 수 있다고 했다.
　기어가 다람살라를 방문할 때는 조용히 명상만 하는 것이 아니다. 정신없이 바
쁜 것은 미국이나 거기나 같다. 거기서는 그동안 만나지 못했던 스승들을 만나
공부도 하고 회포도 풀어야 하고 동시에 그의 손길을 기다리는 사람들을 도와야
하기 때문이다. 그러나 다람살라에 가면 그가 왜 여기 있는지 삶을 사는 소명을
상기하는 기회가 된다.
　티베트에 대해 그가 20년 전에 느꼈던 분노는 이제는 매우 다른 것이 되었다.
이제 그는 안다. 히틀러도, 티베트인을 압제하는 중국인도, 그도 우리도, 다 한배
를 탔다는 것을 느낀다. 이런 문제를 야기할 수 있는 무지가 없는 사람은 아무도
없다. 무엇보다도 중국인들이 지금 하고 있는 행동으로 고통스러운 내세의 씨앗
을 심고 있다는 사실 하나만으로도 그들에게 자비로워야 한다고 기어는 생각한
다.
　달라이 라마와 간디를 비교하여 기어는 말했다.

달라이 라마는 비폭력 노선을 고수한다는 면에서는 간디와 같지만 간디처럼 드라마틱한 상황이나 이벤트를 만들지 않는다. 드라마가 없을 때는 사람들의 시선을 끌기가 어렵다. 그래서 하려는 일을 이루는 데 시간이 더 오래 걸릴 수밖에 없다. 조금씩 서서히 나아가지만 그러나 그렇기 때문에 더 깊이 갈 수 있다.

기어가 가장 보람을 느끼는 일은 자신이 설립한 재단의 돈으로 달라이 라마가 미국을 포함한 세계 곳곳에서 법문을 펼칠 수 있게 하는 일이다. 달라이 라마의 법문을 들으며 기어는 어떤 마음이 되는 것일까?

달라이 라마가 보리심에 관한 법문을 펼 때는 너무나 아름다워 울지 않는 사람이 하나도 없다. 그때 청중은 달라이 라마 가슴 속의 '그곳'으로 가 거기서 하나가 되는 만남을 한다. 어떤 책에서도 읽은 적이 없고 말로는 설명할 수 없는 그곳으로 모두가 함께 여행을 떠나는 것이다.

아담 요크

(Adam Yauch, 1964~)

미국의 힙합 밴드 비스티 보이즈의 멤버. 1992년 티베트 불교의 불자가 되고 1996년부터 프리 티베트 콘서트를 여러 번 개최하여 티베트를 돕기 위한 모금을 하고 티베트 불교와 티베트 상황을 세계에 알리는데 기여했음. 주요 앨범으로 〈*Check Your Head*〉〈*I'll Communication*〉〈*Hello Nasty*〉 등이 있음.

비스티 보이즈의 아담 요크는 1992년 티베트 불교의 불자가 되었다. 힙합세대의 혁명아이며 세계에서 가장 촉망받는, 전통을 단연코 거부하는 밴드 중 하나에 속하는 비스티 보이즈(Beastie Boys)의 이름의 유래는 '짐승(beast)'에다가 '내면의 빼어남(Internal Excellence)'을 합친 말이다. 1980년에서 1994년까지 이 밴드의 앨범은 7백만 장 이상이 팔렸다. 비스티 보이즈는 록과 랩을 본격적으로 믹스하는 데 성공한 최초의 백인 그룹이다. 외모는 완전한 백인인 이들이 흑인만이 하던 랩을 시도하는 것 또한 처음에는 사람들에게 그다지 곱지않은 구경거리였다. 헐렁한 검은 옷에 농구화를 신고 모자를 푹 눌러쓴 채 흑인들 사이에서 기타와 베이스를 들고 이리 뛰고 저리 뛰면서 랩을 하는 이들의 하얀 얼굴은 대중에게는 매우 낯선 것이었다.

20년 가까운 세월에 단지 다섯 장의 앨범만을 가지고 락계와 힙합계 양쪽에서 이들이 인정받을 수 있었던 것은 판에 박힌 공식을 되풀이하지 않았기 때문이라고 한다. 비스티 보이즈는 '서태지와 아이들'에게도 영향을 준 그룹으로 알려져 있다. 이들의 곡 '사보타지(Sabotage)'가 '필승'과 비슷하고, '패스더믹(Pass the mic)'이 '교실이데아'와 비슷하고, '터프가이(Tough Guy)'가 '태지 보이즈'와 구성적인 측면에서 비슷하다고 한다. 비스티 보이즈가 뛰어난 메시지와 자신만의 사운드를 갖춘 독특한 힙합-하드코어의 음악세계로 누구나 인정할 수밖에 없는 뮤지션이 되었듯이, 서태지는 랩을 중심으로 록을 비롯한 다양한 사운드를 끌어들이면서 한국 대중음악계의 독특한 위치에 서게된 것도 비슷하다고 한다.

앨범의 자켓 사진과 뮤직비디오를 보면 코믹하면서도 의도적으로 촌스럽고 '싼 맛'이 나는 작품들로 일관하고 있는데, 이는 힙합이라는 음악 자체가 '거리의 시인들'이 하는 음악이고 강렬한 힙합정신을 담은 날카로운 메시지를 전달해야 하기 때문이다.

1996년에 비스티 보이즈는 티베트 독립운동을 위한 기금마련 콘서트인 프리 티베트 콘서트를 기획했다. 이 행사는 이들 이외의 수많은 동료 뮤지션들에게도 많은 영감을 주어 펄 잼과 같은 뮤지션들이 동참하기에 이르렀다. 이들이 티베트의 독립운동에 열성적인 지지를 보이는 것은 자신들의 메시지를 몸으로 실천하기 위한 운동가 정신이 있기 때문이다. 물론 불교 후원의 중심인물은 아담 요크이다. '음악을 통해 보편적 자비심'을 키우기 위해 밀라레파 펀드도 조성했다. 프리 티베트 콘서트장 마당에는 정신적 가치나 종교를 찾는 사람을 위하여 티베트 불교로 안내할 수 있도록 불교 텐트도 꼭 설치해놓는다.

프리 티베트 콘서트장을 찾는 사람들에게, 그 중에서도 특히 소년들에게 요크가 바라는 것은 무엇일까? 그는 이들이 수년 전 자신이 히말라야를 방문했을 때와 같은 체험을 하기를 바란다. 히말라야로 여행을 갔던 그는 그곳에서 티베트인들을 만나 마음이 무엇인지 배우고 행복의 의미를 알게 되었던 것이다. 자신의 삶에 변화를 가져왔던 그러한 내면의 가치를 사람들이 접하고 가져가기를 그는 바란다는 것이다. 왜냐하면 미국을 비롯한 서양인들이 외면적인 근대화를 가져오기 위해 부단히 노력하는 동안 티베트인들은 세상에서 격리된 채 내면적인 근대화를 가져오기 위해 쉬임없이 노력했다고 그는 생각하기 때문이다. 미래의 주인공인 소년소녀들과 젊은이들이 그렇게 진정한 행복을 발견하고 또 각자가 하는 일과 생각이 비록 아무리 작은 것이라 해도 세상에 영향을 미치고 변화를 가져온다고 믿는 것이 중요하다고 생각하기 때문이다.

1996년 6월 24일 요크는 미의회에서 티베트 문제에 관해 증언을 하였다. 오늘날 세계에 인권을 위해 투쟁하는 지역은 많으나 오직 티베트만이 비폭력 원칙을 지키며 투쟁하고 있기에 미국이 가만히 손놓고 앉아 바라볼 것이 아니라 중국의 무역최혜국이란 지위에 제한 조건을 가해 제재를 해야 한다는 것을 골자로 한 내용이었다.

비스티 보이즈가 최근에 낸 앨범에는 불교적인 제목이 두 가지가 있다. 바로 '샴발라(Shambhala)'와 '보살의 서원(Bodhisattva Vow)'이다. '보살의 서원'의 가사의 일부를 보자.

깨달은 마음을 닦아가면서
빛나는 붓다를 찬양하네
나만의 수행길을 닦아가며
붓다에게 경배를 올리네
붓다와 같이 되기위해
밤낮으로 정진하네
모든 중생을 위해
나는 깨달음을 추구하네
꼭 깨달음을 얻으리라

이 곡이 들어있는 앨범이 플래티넘이 되었으니 백만 명이 넘는 사람들이 이 보

티베트 불교 승려들과 함께
콘서트 연습 중인 아담 요크

살의 서원을 듣고 있다고 생각해 보라. 맨하탄의 이스트 빌리지 레스토랑에서 열린 비스티 보이즈의 프리 티베트 콘서트 CD 발매기념 파티에는 달라이 라마의 사진이 크게 걸리고 비스티 보이즈의 노래가 고막을 찢을듯 울리고 음악계와 언론의 오피니언 리더들이 다 모였다고 한다. 이렇게 음악은 언어가 갈 수 없는 영역에서도 자유롭게 메시지를 전한다.

1992년 다람살라에서 달라이 라마의 법문을 듣고 난 후 명상을 시작한 요크는 불교가 이성적, 합리적이라서 좋다고 한다. 그는 하루 20분~2시간 가부좌를 틀고 명상을 한다. 물론 정식 자세로는 못하고 벽을 등에 붙인 채로 한다. 그리고 스승이 준 짧은 기도문을 영어로 되풀이 염송한다.

1993년 비스티 보이즈는 '롤라팔루자' 란 이름의 콘서트 투어에 티베트 스님들을 합류시켰다. 스님들은 연주회가 시작될 때 정화의식을 거행하고 성무(聖舞)를 추었다. 이 연주회장에는 티베트 국민의 고난을 대중에게 알리기 위한 부스도 설치되었다. 요크는 스님들이 대중과 섞여 공연하는 것을 불편해하기는 커녕 정말 즐겁게 어울렸다고 했다. 정말 따스한 사람들이었고 악단이나 가수들과 농구도 같이 했다고 했다. 그런데 스님들이 이런 말을 했다고 한다.

미국에서는 어른과 아이들, 부모와 자식간에 거대한 구분과 괴리가 있는 것 같다. 티베트에서는 명절이나 축하할 일이 있을 때, 또는 음악을 듣더라도 어린이와 어른, 할아버지, 할머니까지 다 모여 함께 노래하고 춤춘다. 미국의 세대간 양극단화는 필요이상으로 벌어져있는 듯하다.

오늘날 젊은이들이 따르고 모방하는 사람이 된 33세의 요크는 삶을 살아가면서 다른 사람들을 돕는 일에 최선을 다하고 싶은 것이 소망이라고 한다.

티나 터너

(Tina Turner, 1939~)

미국의 가수. 폭군 남편과 듀엣으로 공연하다가 결별한 이후 가수로서나 인간으로서 삶을 재건하는 과정에서 SGI 회원이 되고 불교를 통해 삶을 혁신하기 시작. 이후 폭발적인 열정과 독특한 무대매너로 전성기를 맞으면서 '소울의 여왕'이라는 칭호를 받음. 주요곡으로 'What's Love Got To Do With It' 'When The Heartache Is Over' 'Don't Leave Me This Way' 등이 있음.

터너의 일대기를 소재로 한 영화 '사랑이란 무엇인가를 할 수 있는 동기'에는 좌절과 고독 가운데서 만난 불교와의 인연이 잘 그려져 있다.

당시 내가 만났던 불교는 일본에서 들어 온 일련정종이었다. 나는 일본선사에게서 배운대로 《묘법연화경》을 읽으면서 힘을 되찾았고, 오랫동안 추구해 오던 마음의 평안을 얻을 수 있었다.

가수 티나 터너는 이케다 다이사쿠가 이끄는 재가불자 연합 SGI의 회원이다. 그녀의 히트송에는 '사랑이 그것과 무슨 상관이야?(What's love got to do with it?)' '프라우드 메리(Proud Mary)'와 영화 007의 주제가 '황금의 눈(Golden Eye)' 등이 있다. 불자가 된 이후 가장 극적인 삶의 변화를 보여준 사람이 있다면 바로 터너일 것이다. 언제나 노력하는 록큰롤 가수인 그녀는 니찌렌 성인의 불교에 귀의하여 진정한 자아를 찾고 자신감을 찾았다고 한다. 허비 행콕과 함께 티나 터너는 SGI의 대변인과 같은 역할을 하고 있다.

1939년 테네시 주의 브라운스빌에서 태어난 터너는 어린 시절 끝없이 싸우는 부모때문에 괴로웠다. 그녀가 16살 때 아버지가 다른 여자와 함께 집을 나가버렸다. 고교재학 중 R&B 밴드 리더인 아이크 터너에게 발굴된 그녀는 60년대에 유명한 가수가 되었다. 아이크와 함께 '아이크-티나 익살극'을 공연하던 티나는 1962년 아이크 터너와 결혼했다. 그러나 자신의 부모와 마찬가지로 불화로 점철된 결혼생활을 했고 남편은 자주 때리기까지 했다.

1974년 그의 비서 발레리가 '오직 당신만이 당신의 운명을 통제할 수 있다'는 말과 함께 불교를 전했을 때 그의 가슴에 무엇인가를 쳤다. 그리고 '남묘호렝게교'를 염송하면서 그녀는 누적되었던 분노가 자신감으로 변하는 것을 느꼈다. 1976년 폭력만이 난무하던 결혼생활에 종지부를 찍고 터너는 단돈 36센트만을 손에 쥔 채 남편을 떠났다. 2년 후 열린 이혼법정에서 그녀는 재산과 돈을 다 포기하였다. 자신의 운명이 자기 손에 있다는 불교의 가르침을 믿기에 80년대와 90년대에 터너는 가수로서의 삶을 살리기 위해 최선을 다했다. 마침내 뿌린 씨가 익어 1985년 터너는 그래미상을 3개나 거머쥐었다. 아이크가 없이도 그녀는 성공한 것이었다. 현재 스위스 취리히의 집이나, 남프랑스의 집에서 보이프렌드와 행복하게 살고 있는 터너는 은퇴한 후에는 다르마를 전하는 데 헌신할 것이라 한다.

마틴 스콜세지

(Martin Scorsese, 1942~)

미국의 영화감독. 뉴욕 대학 영화과 졸업. 영화학 석사. 암흑가나 어두운 이야기를 배경으로 인간의 정신적인 면을 탐구하기를 즐김. 〈쿤둔〉을 제작하여 티베트의 상황과 달라이 라마를 세상에 알림. 작품으로 〈분노의 주먹〉 〈택시 드라이버〉 〈그리스도의 마지막 유혹〉 〈비상근무〉 등이 있음.

영화 〈쿤둔〉의 감독 마틴 스콜세지는 불자는 아니지만 불교의 가치를 매우 소중하게 생각하는 사람이다. 스콜세지의 영화 〈택시 드라이버〉, 〈비상근무〉는 폭력이 난무하는 장소에서 문득문득 비치는 벌거벗은 진실을 잘 드러냈다는 평을 받고 있다. 스콜세지가 〈쿤둔〉 대본에 마음이 끌린 이유는 달라이 라마에 관한 영화를 만든다는 사실이었다고 한다.

이 영화를 만들기 위해 스콜세지는 달라이 라마를 여러번 친견했으며 대본을 쓴 멜리사 매티슨 역시 마찬가지였다. 외계인을 따뜻이 돌보는 동심을 통해 우주는 하나임을 역설한 영화 〈ET〉의 대본을 썼던 매티슨은 영화배우 해리슨 포드의 부인이기도 하다. 매티슨은 〈쿤둔〉의 스토리를 먼저 나름으로 구성하여 달라이 라마 측에 전했는데 긍정적인 답이 와서 〈쿤둔〉 제작일이 진행되었다.

스콜세지가 〈쿤둔〉을 만들면서 특히 심혈을 기울였던 것은 영화의 전반부, 즉 달라이 라마라는 범상하지 않은 어린 소년의 눈으로 보는 세상을 그리는 것이었다. 언제나 그는 소년의 입장으로 돌아와서 생각하고는 했다.

소년은 무엇을 하고 있나? 그는 현 상황을 얼마나 알고 있나? 소년은 무슨 생각을 하고 있나? 그는 불교의 가르침을 얼마나 이해하고 있나?

스콜세지가 암흑가의 얘기에 늘 마음이 끌리는 것은 그곳이 실제 사회를 가장 잘 보여주는 축소판이기 때문이다. 그리고 그런 어둠 속에서 정신적인 것을 말하는 게 때로는 더 효과적일 때도 있다고 생각한다. 적어도 그는 〈민스트리트(Mean Street)〉와 〈카지노〉에서 그런 시도를 했다고 생각한다. 이를테면 차가 폭발하고 남자가 공중으로 날아가는데 바하의 마태수난곡을 들려주는 장면같은 것을 그는 즐겨쓴다. 칠흑같은 어둠 속에 한줄기 번개가 지나갈 때 누구나 그것을 보듯이 그렇게 사람들의 가슴속에 성스러움을 심는 것이 아닐까.

그저 평범한 교구 목사가 되는 것이 꿈이라던 스콜세지는 그렇게 영화를 통해서 그것도 역설과 대조를 통해서 성과 속을 대비시키며 설법을 하고 있는지도 모

달라이 라마,
리차드 기어와 함께

른다.

스콜세지는 〈쿤둔〉에서 가장 극적인 부분으로 두 가지를 꼽았다. 첫째, 달라이 라마의 즉위식에는 말로 표현할 수 없는 무언가 특별한 것이 있다고 한다. 둘째, 티베트을 떠나야 할 때 복도로 나와서 달라이 라마가 망명을 천명하는 장면이다.

우리는 떠나야만 해요. 슬픈 일이지요. 그리고 도중에 무슨 일이 일어날지도 알수 가 없어요.

소년이 그런 말을 할 때 매우 흥미로운 것은 그가 명백히 비폭력을 선택하는 것이며 그러한 선택 그 자체 속에 이미 파우어가 내재하고 있다는 것이다. 간디와 마틴루터 킹에게 파우어가 있었듯이 말이다.

〈쿤둔〉이 정치적이라고 말하는 사람들에게 스콜세지는 반박한다. 〈쿤둔〉의 정수는 분위기, 감성, 정신적인 것이라고 말이다. 〈쿤둔〉을 본 사람이라면 다 스콜세지가 불교를 모르는 사람이라고는 말하지 않을 것이다. 서구의 유명한 감독이 만든 또 하나의 달라이 라마 영화인 〈티베트에서의 7년〉보다도 훨씬 더 불교를 잘 전하고 있기 때문이다. 〈쿤둔〉은 불교의 근간인 사성제와 비폭력의 원리를 전달했을 뿐만 아니라 불교를 삶의 가치로 하여 살아가는 삶을 아름다운 화면으로 잘 보여주었다. 진정한 종교는 사람이 살아가는 모습에서 그 사람의 삶으로 말해주는 것이라고 했다. 그런 의미에서 본다면 〈쿤둔〉만한 종교영화도 없다. 험난한 세상에서 잔인하고 동물적인 적과 맞서 자신이 믿는 원칙을 지키려 애쓴 소년, 그러나 그의 싸움과 모험은 다만 내면에서만 이루어지고 있을 뿐이다. 중국인들이 보여주는 폭력성과 티베트인들이 보여주는 비폭력성이 영화의 언어인 영상미로서 극적으로 잘 대비되어 보인 것도 스콜세지의 역량이라 하겠다.

필 잭슨

(Phil Jackson, 1945~)

미국의 농구 감독. 불교와 참선을 기본으로 농구를 지도하여 NBA 사상 최다 우승 감독이 됨. 저서로 《신성한 농구골대(*Sacred Hoops*)》가 있음.

자신이 선 불교적 크리스천이라고 말하는 필 잭슨 농구 감독은 시카고 불스에서 여섯 번, 그리고 LA 레이커스에서 두 번 NBA 우승을 따냈다. 게다가 NBA 사상 최다 우승 감독이라는 타이틀을 받아 명장 중의 명장으로 인정받고 있는 그가 선수들을 지도하는 기본 정신으로 불교와 참선을 말하고 있다는 데서 더욱 주목을 받고 있다. 그의 회고록 《신성한 농구골대(*Sacred Hoops*)》는 그 제목에서 느낄 수 있듯이 그가 선수들을 지도한 일화와 지도 철학을 담고 있다. 농구 게임이 결국은 삶의 교훈을 증명하는 무대라고 말하는 그의 리더십은 불교와 미국 인디언의 정신 원리를 바탕으로 하고 있다.

그는 선수들이 늘 명료한 마음을 가지고 경기에 임할 수 있도록 지도하며, 적을 존중할 것이며, 공격을 할 때에도 적에 대한 분노나 폭력없이 하도록 이끌고 있다. 또한 실전이라는 지극한 혼란의 와중에서도 고요히 집중된 마음을 유지할 수 있도록 하며, 모든 생명이 서로 연결되어있음에 마음을 조율하라고 지도한다. 팀

298

이 부진하면 묵언 수행을 시켜 침묵으로 자율적 훈련을 하게 한다. 이쯤 되면 농구공을 든 감독 인지 주장자를 든 스님인지 분간이 모호하지 않 은가? 잭슨의 팀이 1992년, 1994년에 우승했을 때 〈뉴스위크〉지는 '승부라는 분별심을 떠난 선 적(禪的) 무심의 기량을 발휘하였다' 는 평을 했 다. 이제 스포츠계에서도 화두나 명상, 열반이 흔히 쓰이는 말이 되었다.

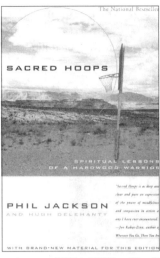

《신성한 농구골대(Sacred Hoops)》
"농구는 나눔이다(Basketball is Sharing)"

미 스포츠 평론가들은 선(禪)에 심취한 필 잭 슨 감독이 명상 훈련을 통해 순리와 중용, 그리 고 조화를 강조한다고 말하며 그의 명상 훈련법 이 팀의 조직력뿐만 아니라 선수의 집중력과 잠 재력을 키우는 데에도 적잖은 효과를 보고 있다고 지적했다. 진정한 나를 찾는 길이 불교의 길이기에 자신 안에 내재한 가능성을 찾아내는 데도 큰 도움이 되고 있다.

종싸르 키엔체 린포체

(Dzongsar Khyentse Rinpoche, 1961~)

티베트의 활불. 부탄과 서구에 명상 센터를 세우고 관리함. 한 편의 영화가 수백 개의 절을 짓는 것보다 중요하다는 신념 하에 망명중인 티베트 스님들을 주인공으로 한 영화 〈컵(Cup)〉을 감독제작하여 대중에게 불교를 전함.

　　티베트 동부에 위치한 종싸르 승원의 승원장 계승자인 종싸르 린포체는 영화 감독으로 데뷔하여 첫 작품 〈컵(Cup)〉을 아카데미상 후보에 올린 사람이다. 〈컵〉은 승원을 무대로 하여 스님들이 주연으로 등장하는 영화이면서 상업적 성공도 거둔 작품이다. 영화 〈쿤둔〉이 달라이 라마의 소년기와 옛 티베트를 그리고 있다면 〈컵〉은 망명자로서 현대를 살아가는 티베트 스님들의 단순소박한 삶과 티베트 본토에 두고 온 가족과 헤어져 살아야 하는 소년들의 슬픔 등을 그리고 있다. 불교에 별로 관심이 없는 사람이 〈쿤둔〉을 외면하기 쉬웠다면, 〈컵〉은 모든 사람의 가슴에 다가갈 수 있는 주제를 가지고 있다. 축구를 사랑하는 소년들의 순수한 동심을 그리고 있기 때문이다. 그러므로 삶의 가치로서의 불교를 가장 잘 전달한 영화는 〈쿤둔〉, 〈티베트에서의 7년〉, 〈리틀부다〉, 〈윈드호스〉, 〈컵〉이라는 다섯 개 티베트 불교 영화 중에서 단연코 〈컵〉이라 할 수 있다.

　　불교의 가르침 역시 대중에게 전달해야 하는 것이라면, 20세기의 강력한 매체인 영화보다 더 좋은 매체가 어디 있겠느냐는 것이 종싸르의 생각이다. 현대사회의 부패와 황폐함의 원인으로 TV와 영화의 영향을 무시할 수 없다고 생각하던 그가 영화에 대한 생각을 긍정적으로 바꾸게 된 계기는 안드레이 타르코프스키(Andrei Tarkovsky)나 사티야지트 로이(Satyajit Roy)의 영화를 접하면서부터였다.

〈컵(Cup)〉의 포스터

역사속의 석가모니 부처님도 대중이 있기에 현현했듯이 영화라는 쟝르도 대중이 있기에 그에 맞게 현현한 것이며 그러므로 영화도 진정한 전법의 방편이라는 것이 종싸르의 주장이다. 불성을 깨닫고자 하는 마음, 청정한 마음을 얻고자 하는 열망을 대중에게 심어주기 위해 금강승에서는 여러 신들과 만달라를 사용하고 있다. 음악과 영화도 충분히 그런 목적을 이룰 수 있음에도 불구하고 아직 불교에서는 제대로 이용하지 않고 있다고 그는 지적한다.

그는 왜 "수백 개의 절을 짓는 것보다도 이 한 편의 영화 〈컵〉이 더 중요하다"고 말했을까? 물론 절을 짓는 것이 화려한 저택을 짓는 것보다는 명분이 있겠지만, 그것만으로는 사람들에게 다르마에 대한 열망과 구도심을 내게 할 수는 없기 때문이다. 절을 짓는 일로 인해 자칫 다르마라는 좁은 우물에 갇혀 영적인 물질주의에 잡히고 매일 수도 있는 까닭이다. 그러나 영화는 전 세계 곳곳에 있는 사람들의 마음과 가슴에 직접 다가갈 수 있기에 귀중한 것이다.

그의 영화 〈컵〉이 불교에 가져올 혜택에 대해 그는 지구촌의 수십억에 달하는 사람들이 부처님의 이름을 한번 듣는 것만으로도 충분하다고 말했다. 깨달은 사람이 '여기' 살다가 갔다는 것을 지구촌 사람 모두가 알아야 한다는 것이다. '난 쓸모없어, 난 변할 수 없어' 라고 절망하며 자신의 기량을 사장시키고 있는 사람들에게 이 영화는 자비심을 전하며 다가갈 것이라고 그는 자신한다.

종싸르 린포체는 1961년 부탄에서 태어났다. 19세기의 잠양 키엔체 왕포 린포체의 2대 환생으로 알려진 그는 딜고 키엔체 린포체, 뒤좀 린포체를 스승으로 배웠다. 그는 인도 부탄에 세워진 신설 불교대학들을 관리하기도 한다. 또 오스트레일리아, 북아메리카, 극동아시아에 명상 센터를 세우기도 했다.

서구에서 퍼지고 있는 불교에 대해 그는 우려의 마음을 가지고 있다. 서구에서 불교가 종교나, 자기계발의 수단으로 알려지고 있지만 불교라는 심오한 가르침이 다만 거기서 끝나는 게 아님을 알기에 안타까운 것이다. 명상 역시 노을을 바라보거나 해변에서 파도를 보는 것처럼 편안한 마음을 얻는 것으로만 끝나는 것도 아니다. 명상도 불교의 사법인(四法印) 안에서 이해하고 행해야 한다는 것이다.

그가 설명하는 쉬운 불교를 듣고 있자면 역설의 파라독스가 폐부를 찌른다. 지금까지 무상의 원리는 부정적으로 해석되었던 면이 없지 않았다. 그러나 그는 이를 긍정적으로 그것도 대중이 좋아할만한 언어로 제시한다.

〈컵(Cup)〉의 한 장면

무상이 존재한다는 게 얼마나 고마운가! 오늘은 BMW 차가 없지만 내일은 그것을 소유할 수도 있는 게 바로 무상 아닌가!

자비는 감정이 아니라고 종싸르는 강조한다. 보통 사람의 자비심은 항상 이원적인 것이다. 자비를 베푸는 사람이 있고 그를 받는 사람이 있다. 그러나 부처의 대자비에는 베푸는 사람과 받는 사람이 하나이다. 불교의 제삼법인, 즉 '모든 것은 공하다' 를 이해하지 못하면 자비심과 자비행도 역으로 작용할 수 있다. 왜냐하면 그때 시도하는 해결책이란 것이 전적으로 나의 사적인 상황해석에 근거한 것이기 때문이다. 그렇게 되면 희망과 두려움, 실망을 되풀이하는 악순환의 고리에 잡히게 된다. 불교에 입문하여 다른 이를 돕는 좋은 일을 하려고 한두번 시도하다가 실망하고 주저앉는 경우는 다 이 공의 원리를 이해 못한 경우라고 그는 말한다.

공의 이해가 잘못된 데서 나오는 두번째 오류는 깊이 없고 진부한 불자들에게서 흔히 보이는 것으로 그 부작용이 심각하다. "모든 것이 공하니 나는 무슨 짓을 해도 괜찮아."라고 생각하는 것이다. 공을 제대로 이해하면 모든 것이 서로 연결되어있고 독립된 실체는 하나도 없음을 알게 되고 그때 이 세상에 대한 우리의 책임을 절감할 수 있다는 것이다.

레너드 코헨

(Leonard Cohen, 1934~)

캐나다의 가수, 시인, 소설가, 선 불교도. 1993년 캘리포니아의 마운트 벌디 선원의 조슈 사사키 스님에게 출가하여 4년여 동안 승가생활을 했음. 60년대 후반 가장 뛰어난 싱어송라이터로 평가받음. 저서로 시집 《신화를 비교합시다(*Let Us Compare Mythologies*)》, 소설 《좋아하는 게임(*The Favorite Game*)》 《아름다운 패자들(*Beautiful Losers*)》이 있고, 대표곡으로 '수잰(Suzanne)' '전선에 앉은 새(Birds on the Wire)' 등이 있음.

레너드 코헨은 가수이며 시인이고 선 불교 신자이다. 놀라움으로 가득찬 삶을 살았고 때로는 시인의 영감으로 때로는 가수의 목소리로 때로는 폐부를 찌르는 농담으로 대중을 사로잡았다. 늘 대중을 놀라게 하는 재주가 있는 그이긴 했지만 그래도 1993년 그가 캘리포니아의 마운트 벌디 선원(Mt. Baldy Zen Center)으로 머리를 깎고 들어가 사사키 조슈 노사 밑에서 스님이 되었을 때는 정말 모두가 깜짝 놀랐다. 그곳에서 4년여 세월을 지낸 그는 1997년 1월 다시 사회로 나와 음악 활동을 하고 있다.

1934년 태어난 코헨은 이미 17세때 컨트리웨스턴 밴드를 조직했었다. 대학 재학 중 첫번째 시집 《신화를 비교합시다(*Let Us Compare Mythologies*)》를 출간했다. 27세 때 두번째 시집을 발표하여 국제적 인정을 받게 된다. 1960년 1,500불의 유산으로 그리스의 작은 섬 하이드라에 바다와 산이 가까운 하얀 집을 사고는 거기서 매리앤 잰슨과 그녀의 아들과 함께 살며 소설을 썼다. 이때 쓴 두 권의 소설은 지금까지 80만부가 팔릴 정도로 호응을 받았다. 그는 또 캐나다 총독이 주는 영어시(英語詩) 상의 수상을 30대 초반에 거부했다.

코헨의 나이 32세가 되던 1966년 미국으로 돌아와 노래를 만들고 부르기 시작했다. 그의 노래는 로버트 알트만의 영화 맥케이브(McCabe)와 미세스 밀러(Mrs. Miller)의 영화음악으로도 쓰였다. '록큰롤의 바이런'이라고 불리던 그는 1984년부터 종교적 관심을 표현한 노래를 만들었다. '이는 당신을 위한 것(This is For You)'을 보면 그의 웅얼거림이 가수라기보다는 음유시인에 가깝다.

난 지금 하나의 그림자
내 방황의
경계를 갈망하노라.

이 유명한 구절은 크리스 크리스토퍼슨이 자신의 묘비명으로 하겠다고 원했던 것이다. 자유를 희구하여 떠나는 자신의 방랑이 주위 사람들에게 본의 아니게 상처를 주었다는 것을 잘 아는 코헨은 노래로 그 미안함을 대신한다. '전선줄에 앉은 새(Bird on the Wire)'에서 그는 말한다.

전선줄에 앉은 새처럼
한밤에 노래하는 술주정뱅이처럼
나는 자유로워지려 나름대로 노력했네
낚시바늘에 꿰어진 지렁이처럼
옛날이야기책에 나오는 기사처럼
나는 그대를 위해 리본을 모았지
내가, 내가 만약 상처를 주었다면
그저 잊으시구려

내가, 내가 만약 진실하지 못했다면
당신에게 진실하지 않았던 것은 아님을 알아주오

사산된 아이처럼
뿔달린 짐승처럼
내게 다가온 모든 이를 나는 찢어놓았지
그러나 이 노래와
내 모든 잘못으로 맹세하리다
꼭 사과하겠노라고
목발을 짚은 거지는 말하지
'너무 많은 것을 요구해선 안돼요'
아름다운 여인은 불꺼진 문앞에서 말하지
'더 많이 요구하지 그래요!' "

　　그렇게 수많은 염문을 뿌리며 여인들의 가슴을 설레게 했던 시인이며 소설가,
가수인 레너드 코헨이 이제 로스앤젤레스 뒤쪽 샌가브리엘 산맥의 한 자락 해발
2,000미터가 넘은 마운트 벌디 선원에서 흑색가사를 입고 수행을 한다는 것이 사
람들에게는 의외이기도 하고 낯설기도 했다. 그러나 그가 선원장 사사키 조슈
(Joshu Sasaki) 스님을 알고 가까이 지낸 것은 1973년부터라고 한다. 사사키를 위해
요리사, 운전사, 술친구도 된다는 코헨은 아마도 끝없이 변화하는 자신의 삶에서
오직 변하지 않는 한 점으로 사사키를 마음에 둔 것 같다. 그는 사사키가 법문을
하러 가는 곳이 비엔나이든 푸에르토리코이든 따라갔고, 선원에 있을 때는 눈 치
우기, 정원 가꾸기, 부엌 일하기 등 허드렛일을 하는 외에는 좌선을 했다고 한다.
　　코헨은 불교를 안다는 말도 하지 않았고 또 경건함도 꾸미지 않았다. 다만 그가
선원에 있었던 이유는 그것이 자신이 겪고 있는 삶의 어려움에 대한 '쓸모있는

대응책'이었기 때문이라고 말했다. '위대한 종교는 위대한 예술품'이라고 말하는 그는 늘 '그분'을 찾았었다. 무언가 절박함이 있어 수도를 하고 있는 것이라는 그는 그러나 평소의 장난기를 발동시킨다.

레너드 코헨과 사사키 조슈 노사
〈샴발라 선(Shambhala Sun)〉(September, 1988)

내가 여기 있는 것은 2년 전에 사사키 스님이 그렇게 하면 세금 문제가 좀 더 쉬워질 거라고 해서라오.

코헨과 같이 연주회 여행을 떠난 가수들은 모두가 정신적으로 변해서 돌아온다. 그리고 그것은 연주여행이 아니라 정신적 훈련이었다고들 말한다. 백업 가수 바탈라는 가끔 코헨의 호텔방으로 가서 좌선하듯이 말없이 앉아있는 게 좋았다고 한다.

선원에서 법명 '지칸(고요한 사람의 뜻)'으로 불리는 그는 좌선을 할 때면 모든 외형이 사라지고 단지 옆사람의 고통만이 느껴진다고 말한다. 그녀가 예쁜지 미운지도 사라지고 그 남자가 지저분한 냄새가 나는지 아닌지도 사라지고 오직 그의 고통만을 느낀다는 것이다. 마운트 벌디 선원에서 그는 말한다.

이런 수행은 사랑이 없이는 하지 못해요. 스님이 안계셨더라면 나도 여기 없을 거예요.

사사키는 코헨을 '국제인', '문화인'이라 부른다. 그는 코헨을 있는 그대로 받아주고 수용하며 그가 다른 사람이 되기를 바라지 않는다. '배신의 미학의 대가'라고 불리던 코헨, 한번도 결혼하고 싶은 여자를 만나보지 못했고, 자신에게 다가

오는 사람을 다 '찢어놓았다고' 말하는 그가 드디어 지속적인 사랑, 그가 등돌리지 않을 사랑을 발견했다는 것은 참 좋은 일이다.

1990년대는 그가 50대 후반에서 60대초에 이르는 때다. 이때 그를 가리켜 〈엔터테인먼트 위크리(*Entertainment Weekly*)〉지는 '코헨이 하느님 다음으로 좋은 일곱 가지 이유' 같은 글을 썼고, 뉴욕에서 10년간이나 공연을 하지 않은 그의 곡이 노르웨이에서는 17주간이나 1위를 차지하고 있었고, 〈뉴욕타임즈〉지는 '코헨은 진정 비범한 사람'이라고 평했다. 코헨의 팬들은 2년마다 축제를 열고 있다. 제1회 축제는 영국에서 제2회 축제는 캐나다에서 열렸다. 200여명의 팬들이 참가하는 이 축제에는 코헨의 노래부르기, 코헨의 시읊기 등의 이벤트가 있다. 그저 한 사람을 좋아한다는 공통점을 가진 사람들이 한곳에 모여 같이 먹고 잠자며 즐거운 시간을 보내는 것이 목적이다. 2002년 축제는 코헨이 칩거하며 집필을 하던 그리스의 하이드라 섬에서 벌일 예정이다. 1박2일로 계획된 이 축제는 이미 1년여전인 2001년 봄에 신청이 마감되었다.

그가 선원에서 스님으로 수행하고 있을 때 쓴 시를 보면 그의 겸손하고 진지한 수행자세를 엿볼 수 있다.

'사사키 스님'

스님이 하신 말씀을
진정 이해했던 적은 없네
다만 나는 가끔
선원의 개와 함께 짖고
선원의 아이리스 꽃과 함께 허리를 굽히고
선원의 허드렛일을 도왔을 뿐이네.

9. 비트의 문인들

게리 스나이더
앨런 긴즈버그
필립 웨일런
앨런 와츠

게리 스나이더

(Gary Snyder, 1930~)

 미국의 시인, 선 불교도. 비트 운동의 소로우라고 불림. 의미있는 삶을 살고자 일본 선원에서 오랫동안 불교적 삶을 살았음. 현재 미국 곳곳에서 선시 낭송회를 하고, 환경운동에 헌신하고 있음. 자연에 관한 깊은 명상과 통찰이 보이는 그의 저서에는 《야생의 삶》《무성》《거북섬(*Turtle Island*)》 등이 있음.

　　게리 스나이더는 미국의 시인이며 선 불교도이다. 동시에 그는 산악인, 환경운동가이며, 심층생태철학자이며, 비트 운동의 설립회원이기도 하다. 미국의 계관시인인 로버트 하스(Robert Haas)는 스나이더가 '헨리 데이빗 소로우나 도겐처럼 문학으로 윤리적 삶을 외치는 신성한 목소리'라고 했다. '시인의 임무는 숲을 지키는 것'이라 한 말에서도 소로우와 스나이더의 공통점을 발견할 수 있다.

　　게리 스나이더는 비트 운동의 소로우에 해당된다. 소로우와 마찬가지로 스나이더는 자신의 삶에 여유를 원했고, 인간이 욕심을 버리는 정도에 비례하여 마음의 여유를 찾을 수 있다고 믿었다. 소로우와 스나이더는 야생 또는 야성(wilderness)을 귀중하게 생각했다. 여기서 야성은 때묻지 않은 순수한 자연 그대로의 모습이라고 할 수 있다. 그러나 소로우가 '야성이 세상을 보존한다'고 생각했다면 스나이더는 거기서 한걸음 더 나아가서 '야성은 세상 그 자체'라고 생각했다.

궁극적으로 볼 때 자연은 위험에 처하지 않았다. 위험에 처한 것은 야성이다. 야성은 파괴될 수 있는 것은 아니지만 그러나 우리는 야성을 볼 수 없게 될지도 모른다.

스나이더는 1930년 샌프란시스코에서 태어났다. 산이 많은 워싱턴 주에서 자라났던 그는 자연히 산을 사랑하게 되었고 17세가 될 무렵엔 이미 미국에서 높다는 산봉우리는 다 섭렵한 후였다. 오레곤 주 포틀랜드 시의 리드 대학에서 문학과 인류학을 전공한 그는 인디애나 대 대학원에서 언어학을 공부했고, 데이비스 소재 캘리포니아 대학에서 동양언어학을 공부했다. 삼림경비원, 벌목원, 선원으로도 일했다. 마테호른 봉을 잭 케루액과 함께 오르기도 했는데 이때의 경험을 바탕으로 하여 쓴 케루액의 소설 《다르마를 찾는 백수(Dharma Bum)》에 스나이더가 신비한 시인으로 등장하기도 했다.

1956년 스나이더는 일본으로 가 임제종에서 선 불교 공부를 하고, 경전과 불교 서적을 연구 번역하였다. 10여년 동안 불교와 가까이 있었지만 그러나 출가는 하지 않았다. 1969년 미국으로 돌아온 후 평화와 환경운동에 헌신하며, 동양철학과 불교의 대중화에 공헌하였다. 또한 환경보호자들, 인디언 단체와 어울려 야성의 삶을 실천하며 생태공동체를 주도하고 있다. 선시(禪詩)로 불리는 그의 시는 동양과 미국 인디언의 신화를 인간과 자연의 상생이라는 주제에 연결시킨 열린 공간이다. 스나이더가 출가를 하지도 않았으면서 그렇게 오랫동안 일본 선원에서 불교적 삶을 산 이유는 의미있는 삶의 모델을 찾고자 함이었다. 그는 탐욕적인 자아를 극복하고 인간의 내면의 힘에 마음을 집중하는 의지를 훈련하는 교육의 장으로 동양을 마음에 두고 있었기 때문이다.

스나이더는 심층생태학을 믿고 지지한다. 인간에게 유용한 가치만을 생태계에서 찾아 그를 살리려는 얕은 생태학과는 달리 심층생태학은 생태계에 존재하는 모든 생명체에 본연의 내재적인 가치를 부여한다. 1982년 4월 로스앤젤레스 선원에서는 세계 최초의 심층생태학 국제회의가 열린다. 이 회의를 주관한 것은 선불교도이며 생물학자인 마이클 소울(Michael Soule)이고, 이를 도운 것이 로버트 아잇켄 선사와 게리 스나이더였다. 그가 퓰리처 상을 수상한 시집《거북섬(*Turtle Island*)》에 실린 '헌신의 맹세' 중 한 귀절을 보자.

이 세상 모든 존재에게
헌신할 것을 서약하네
거북섬의 흙에게
헌신할 것을 서약하네
상의상존성 속에 서로를 관통하며
다양한 동시에 하나이며
태양아래 하나인 생태계에게
헌신할 것을 서약하네.

스나이더는 또한 시인이며 환경운동가인 웬델 베리(Wendell Berry)와도 가까운 친구이다. 두 시인은 마을이 인간에게 아주 귀중하다는 가치관을 공유한다.

땅을 되살리기 위해서는 사람이 그 마을에 살며 일을 해야 한다. 존중하는 마음을 가지고 다가올 때 마을은 모두를 환영한다. 어떤 마을에서 살며 일한다는 것은 그 마을에 정을 붙이는 것이다. 한 마을에서 함께 일하는 사람들은 지역사회를 이루고, 머지않아 문화를 키운다. 야성을 회복하는 것은 바로 그러한 문화를 회복하는 것이다.

스나이더는 한산을 미국에 처음 소개하기도 했다. 또 2000년 9월에는 한국을 방문하여 국제문학포럼에 참가하기도 하고, 법련사에서 생태와 불교에 대한 강연도 하였다. 스나이더의 '생명공동체' 회복 운동에 따르면, 생명은 생태계의 거대한 테두리 속에 식물, 동물, 미생물 등과 함께 생존해나가는 하나의 유기적 존재이다. 생태계는 하나의 거대 고리로 형성된 소우주이며, '상호의존'이라는 공동체 인식을 바탕으로 한 통합적 체계이다. 따라서 생명공동체의 입장에서 볼 때, 모든 생명체는 자신이 존재하는 곳에서 다른 생명체와 상호작용을 함으로써 진정한 가치를 갖게 되는 것이다.

미국인들이 진한 애정을 보여주는 그의 시낭송회에는 지금도 수많은 사람들이 몰려든다. 그의 시낭송회에는 대부분 선시 해설이 곁들여진다. 시낭송회가 끝난 다음에 스나이더는 인근 절이나 선원에 들려 미국과 아시아의 선에 대해 말하곤 한다. 단순한 자연에의 귀의가 아닌 인간 본연에의 회귀로서 구도정신을 지향하는 스나이더는 '생활이 곧 시고 시가 곧 선(禪)인 시인'으로 불린다. 그는 지금도 아침에 일어나면 반야심경과 다라니를 독송한다. 특히 불교의 명상은 자신의 시 세계에 절대적으로 필요하다고 말한다. 그는 명상에 독특한 자세와 호흡법이 있고 또 마음을 다루는 법이 있기 때문에 아주 귀중한 수행인 것이라고 강조한다. 그는 또 붓다의 가르침이 인간만을 위한 것이 아니라 살아있는 모든 중생들을 위한 것이라고 생각한다. 그리고 인간뿐만 아니라 모든 중생들도 다 그 나름의 수행을 할 수 있다고 생각한다.

앨런 긴즈버그

(Allen Ginsberg, 1926~1997)

미국의 시인. 비트 운동의 휘트먼으로 불림. 트룽파 린포체와 스즈키 순류에게 불교를 배우고 트룽파 린포체가 설립한 나로파 불교대학에서 글쓰기 강좌를 지도함. 미국에 불교가 뿌리내리는데 폭넓게 관여함. 저서로 《아우성》《포효 및 다른 시들(*Howl and Other Poems*)》《시모음 1947~1980(*Collected Poems 1947~1980*)》《자연발생적인 마음(*Spontaneous Mind : Selected Interviews, 1958~1996*)》 등이 있음.

앨런 긴즈버그는 비트 운동의 월트 휘트먼(Walt Whitman)으로 불리운다. 풍요 속에서 삶의 의미를 잃고 깊은 슬픔과 절망, 분노에 잠겨있던 세대에게 1955년 10월 13일 샌프란시스코의 식스 갤러리에서 긴즈버그는 '포효(Howl)'를 낭송하여 그들의 가슴을 시원하게 해주고 그들의 눈에서 눈물이 흐르게 만든다. 그날 그곳을 가득 채운 백여 명의 인파는 주로 무정부주의자, 지식인, 보헤미안들이었다. 제1부가 끝나고 밤 11시쯤 와인에 적당히 취한 긴즈버그가 연단으로 올라가더니 가볍게 몸과 팔을 흔들며 입을 열었다.

고결한 마음을 지닌 나의 세대가
광기로 파괴되어가는 것을 나는 보았소
남루한 혼을 지닌 불안한 벌거숭이들이
분노를 폭발할 곳을 찾아

지친 몸으로 새벽까지
흑인가를 방황하였지
천사의 머리를 한 비트족은
별이 가득한 밤에 고대인이 느꼈던
하늘과의 연대감을 갈망하지만
그들의 밤에는 오직 기계만이 가득할 뿐…….

이날 시를 낭송하던 긴즈버그는 가슴속에 뜨거운 불꽃을 감춘 말없는 지식인의 모습을 하고 다니던 평소의 긴즈버그가 아니었다. 시대의 절망과 상실을 노도처럼 토해내는 음유시인 긴즈버그에게 군중은 점점 몰입해갔다. 간간히 '맞아', '그렇지', '동감이야' 등을 외쳐대는 그들의 가슴과 눈은 다 눈물에 젖어들었다. 창조적이면서도 야성적인 언어, 수치심과 힘을 동시에 발산해내는 몸짓은 대중이 막연히 느끼고 있던 상실감과 분노를 확실하게 짚어주고 터트려 주었다. 그리고 그날 밤 로렌스 펠링기티(Lawrence Ferlinghetti)는 '풀잎'의 발표를 처음 들었던 에머슨이 휘트먼에게 보냈던 것과 같은 전문을 긴즈버그에게 보냈다.

위대한 문인의 길에 들어선 것을 환영하오. 원고는 언제나 보내주시겠소?

비트 시인들이 보금자리를 틀었던 샌프란시스코의 헤이트 지역은 후에 전원 공동체를 향해 사람들이 떠나기 전까지의 일 년여 기간 동안 반문화운동의 중심지였다. 추정에 따르면, 약 75,000명의 사람들이 사이키델릭 운동 초기인 1967년 가을까지 그곳에 살았다고 한다. 원래는 노동자 구역이었으나 짧은 기간에 노스비치(North Beach)에 자리잡았던 보헤미안 공동체를 통째로 끌어들일만큼 성장한다. 수많은 비트 족들이 사이키델릭 혁명의 순간에 샌프란시스코에 살고 있었고, 시인 긴즈버그와 함께 '샌프란시스코 르네상스'가 시작된 것은 1955년의 일이다.

당시 출현한 '히피 상점'들은 반문화의 확산에 무시할 수 없는 역할을 맡게 된다. 특히 1966년 1월에 문을 연 '론(Ron)과 제이(Jay), 텔린(Thelin) 형제'의 '사이키델릭 숍(Psychedelic Shop)'은 사이키델릭한 상품과 문학 작품을 전문적으로 취급하는 최초의 가게였으며 비트족 공동체 생활에 필요한 모든 것, 즉 마약 용품과 평화의 배지, 향, 이국적인 보석, 인도의 시타르와 같은 여러 가지 물건들을 팔게 된다.

나로파 대학에서 자신의 책에 사인을 해주고 있는 앨런

이 무렵 샌프란시스코의 반문화 운동을 독특하게 수놓은 그룹으로 디거즈(Diggers)가 있다. 디거즈는 대부분 마임을 하던 사람들의 모임으로 연극적 시위에 대해 강한 관심을 가지고 있었는데 게리 스나이더의 친구인 에밋 그로건(Emmett Grogan)에 의해 그룹 활동을 시작하였다. 1966년 디거즈는 무상으로 식사를 제공하기 시작한다. 이것이 곧 정기적인 일이 되면서 수백 명의 젊은이들을 끌어들인다. 스님처럼 차려입은 디거즈 멤버가 점심을 나누어주는 이 이국적 취향의 독특한 경험에 이끌린 신참자들로 인해, 주말엔 헤이트 지역 인구가 4배로 늘어났다고 한다. 그들의 양식 분배는 상징적인 의미를 지닌다. 그들은 스스로 잔치를 베푸는 마음을 갖고자 했고 타인을 위해 행동하는 박애의 표상이 되고자 했다.

긴즈버그는 트룽파 린포체와 스즈키 순류 선사에게 불교를 배웠다. 그리고 나로파 대학이 설립되던 해부터 교수진에 참여하고 지금도 조달하는 등 공헌을 하여 나로파 대학에는 그에게 헌정한 도서관도 있다. 오늘날 나로파의 문학과 글쓰기 교실이 국제적 명성을 획득한 것은 초반기부터 긴즈버그를 비롯한 비트문인들이 참여한 것이 큰 힘이 되었다. 트룽파 역시 인정받고 있는 시인이었다. 시를 쓴다는 동질감이 긴즈버그와 트룽파를 더욱 가깝게 해주었는지도 모른다. 언젠가 트룽파는 긴즈버그에게 원고에 의존하는 습성을 버리고 즉흥시를 만들어보라고 권유하기도 했다.

위대한 시인들이 했던 것처럼 시작을 해보시오. 밀라레파처럼 지금 이순간의 마음을 즉흥시로 표현하는 거요. 자신의 마음을 믿으시구려.

1990년 8월 하순 서울에서 개최된 '세계시인대회'에 참가하기도 했던 긴즈버그는 1997년 4월 25일에 작고했다.

그의 사후 시티라이트 서점에서는 긴즈버그 작품 추모행사를 가졌으며 서점 안에서 그의 작품 낭송 테이프를 틀어주기도 했다.1948년 컬럼비아 대학에서 학사학위를 받은 긴즈버그는 작가로서 인정받기 전까지 화물선 인부, 접시닦기, 용접공 등의 다양한 직업을 거쳤다. 긴즈버그는 문학상도 많이 수상했는데 그 중에는 우드베리 시인상(Woodbury Poetry Prize), 전국 작가상(National Book Award), 선 컬럼버스 재단에서 수여하는 종신업적상도 있다. 윌리엄 블레이크에게 가장 많은 영향을 받은 것으로 알려진 그는 마음의 광대함과 정신적인 가치 추구에 작품과 삶의 목적을 두었다. 불가지론자였던 자유인 긴즈버그가 조국 아메리카에 대한 애증을 표현한 '아메리카' 시의 일부를 살펴보자.

아메리카여 나는 너에게 모든 것을 주었기에
나에겐 아무것도 남아있지 않네
1956년 1월 17일 아메리카는 2달러 27센트
나는 내 마음이 너무나 싫어
아메리카여 너는 인간의 전쟁을 언제나 끝내려나?

......

올바른 정신이 들 때까지 나는 시를 쓰지 않겠네

......

아메리카여 너의 미친 요구가 나는 지긋지긋하다네
아메리카여 결국 완벽한 것은 저 세상이 아니라
바로 너와 나라네.

나로파 대학 여름특강

필립 웨일런

(Philip Whalen, 1923~)

미국의 시인. 1973년 계를 받고 스님이 됨. 현재 이산 도시가 주석하던 하트포드 선원장으로 재임. 저서로 《오버타임(*Overtime*)》《내가 말한 것처럼 : 시집(*Like I say ; Poems*)》《곰의 머리 위에(*On Bear's Head*)》 등이 있음.

웨일런은 비트 문인들 중 유일하게 선승이 된 사람이다. 1973년 스즈키 순류 선사로부터 전법을 받은 유일한 제자인 리차드 베이커에게 계를 받았다. 샌프란시스코 선원을 떠난 베이커가 몇 명의 제자만을 데리고 산타페로 갔을 때 웨일런도 동행하여 베이커가 타지역으로 법문여행을 떠날때면 주지직을 대행했었다. 그러다 1991년 웨일런은 에이즈 말기환자를 주로 돌보는 하트포드 선원의 선원장으로 임명을 받았다. 그곳에 애정을 가지고 돌보던 이산 도시 스님이 에이즈로 사망한 후의 일이었다.

웨일런은 1923년 오레곤 주 포틀랜드에서 태어났다. 2차대전 중 육군에 복무했던 그는 제대 후 GI Bill을 통해 리드 칼레지(Reed College)에 들어가 1951년 학사학위를 받는다.

웨일런은 게리 스나이더와 리드 대학 시절 한방을 썼으며 이후로도 평생을 친구로 지냈다. 또 앨런 긴즈버그, 잭 케루액과도 많은 시간을 함께 보냈다. 케루액

필립 웨일런과
앨런 긴즈버그

의 소설 《다르마를 찾는 백수》에 등장하는 '워렌 코플린'이란 인물은 바로 웨일런을 모델로 그린 것이다. 1955년 10월 긴즈버그가 포효를 낭독하던 그 역사적인 밤에 웨일런도 시를 발표하였다.

대학 시절 이미 문학에 심취해 소설을 쓰느라 수업을 하도 빼먹어서 퇴학당했다가 누군가의 도움으로 복귀한 웨일런은 스나이더와 함께 동양사상, 하이쿠, 선 불교에 대한 관심을 키워나갔다. 1953년 선 불교 에세이집을 읽다가 선 불교 안에 화가, 시인, 광인을 비롯해 별의별 사람이 다 있음을 알게 된 후 그는 선 불교가 자신에 맞는 것이며 멋진 것이라 느꼈다고 한다.

이게 무슨 타는 냄새지?
태양이 죽어가고 있지 않나!
지쳐서 나가떨어진게야
공룡과 헤라클리터스와
이 바위와 나를

만들어내느라
그리 지친게야

웨일런의 감칠맛나게 별난 세계관은 돈을 벌고 물질과 무기를 축적하고 거부
권과 성형수술을 귀히 여기는 현대와는 매우 동떨어진 것이다. 의식의 흐름을
그대로 시로 옮기는 웨일런은 자신의 시를 '신경과민중 미니시리즈'라고 장난
스럽게 부른다. 강인한 독립성을 보이는 전형적 미국인으로서 그는 어디에도 속
하기를 거부하고, 눈에 보이는 모든 것에 내재하는 작은 아름다움을 찾아내고
칭송한다.

이 벚꽃은
이레 후면 지겠지
나는
그보다 먼저 가겠지

이 시에 대해 웨일런은 벚꽃은 내년이면 피지만 자신은 조만간 영원히 사라질
것임을 말했다 했다. 동시에 부서지기 쉽고 너무나 잠깐 동안 존재하는 사물의
절대적 영원성을 표현하고 싶었다고 한다. 여기서 사물이란 이 글을 쓰는 나뿐
아니라, 별들과 저녁식탁에 오른 햄과 벚꽃도 다 포함한다고 그는 덧붙였다. 그
렇게 할 때 기계적이고 따분한 삶이 무언가 마술같고 바보같고 즐거운 것으로
변한다.
대부분의 비트 작가들과는 달리 웨일런의 작품에서는 세상속의 평범한 것들을
외경스런 마음으로 다루고, 자신에 대한 비난 속에서 유머를 발견했으며, 정치적
색채가 전혀 없었다. 폴 크리스천슨은 시를 통해 표현된 웨일런을 '외설적이고
정직하며 우울한 언어로 20세기 중반을 복합적으로 노래한 사람' 이라고 했다. 그

는 또 독창적인 음유시인이었다.

조앤 카이거(Joanne Kyger)의 시 '필립 웨일런의 모자'에서 웨일런의 모습을 한 번 그려보자.

새벽 두 시 반에 잠이 깨어 웨일런의 모자를 생각했다.
환한 노랑색에 열대 식물 무늬가 있고
연두빛 테를 두른 모자는
삭도로 민 그의 머리에 앉아
모든 것과 모든 사람을
거만하게 마주하지
월그린 할인점에서 손수 샀다는 그의 모자
선물받은 것이 아니라 다행이다.
늘 부드러운 푸른 색 옷을 입는 그의 손에는
늘 그가 쉬지않고 돌리는
긴 나무염주가 들려 있지
어떤 진언을 외느냐고 물으면
그는 말하곤 하지
선에서는 그런 것 걱정안해
그냥 염주하고 놀면 돼.

앨런 와츠

(Alan Watts, 1915~1973)

영국에서 태어나 미국에서 활동을 한 저술가. 1960년대와 70년에 기존의 것과는 다른 새로운 가치관을 찾던 미국 젊은이들에게 어필하는 방식으로 선 불교를 전함. 미국 대학가의 인기 강사였으며, 미국 불교가 뿌리내리는데 다방면으로 기여함. 저서로 《선의 길(The Way of Zen)》《자신이 누구인지 아는 것에 대한 금기(The Book : On the Taboo Against Knowing Who You Are)》《불안은 지혜(The Wisdom of Insecurity)》 등이 있음.

    앤드루 롤린슨(Andrew Rawlinson)은 와츠를 20세기의 4대 불교 저술가 중 한 사람으로 평했다. 나머지 세 사람은 스즈키 다이세츠, 최감 트룽파, 램 다스(Ram Dass)이다. 와츠는 선 불교 사원에 들어가 제대로 공부한 적도 없고, 스님들처럼 수행을 한 적도 없고, 또 그가 주로 피력했던 사상과 철학의 원산지인 일본어나 인도어도 별로 잘 하지 못한 사람이다. 그러나 그가 강좌나 저술을 통해 전했던 선은 풍요 속에서 삶의 의미를 잃어버리고 방황하던 비트족이나 히피족에게는 가장 가슴에 와닿는 것이었다. 마술과 같은 그의 메시지 속에서 사람들은 다시 한번 삶이 신비롭고 아름답다고 느꼈던 것이다. 물론 술과 마약 속에서 길을 잃어버렸던 세대에게 와츠가 전한 선은 비트선과 마찬가지로 뿌리와 잎을 제하고 꽃만을 제시했다는 평을 받고는 있지만 불교의 발전 과정에 있어 그것은 꼭 필요한 단계였다고 본다.

    1915년 영국에서 태어난 와츠는 늘 책을 읽는 소년이었다. 그는 자연의 소리와 자신의 마음의 소리를 들을 수 있는 귀를 이미 가지고 있었다. 상가락시타와 마찬가지로 와츠도 어린 나이인 열네 살 때 이미 자신이 불교도임을 선언했다. 그런 그에게 1936년은 매우 의미깊은 해였다. 런던에서 열린 세계종교회의에서 스즈키 다이세츠를 만났을 뿐만 아니라, 《선의 정신(*The Spirit of Zen*)》을 펴냈기 때문이다.

곧이어 미국 시카고로 이주한 와츠는 1938년 결혼을 한다. 그의 아내는 초기 미국불교에 공헌을 하게 되는 루스 사사키(Ruth Fuller Sasaki)의 딸이었다. 루스 사사키는 1944년 소케이안 스님과 결혼을 했는데 감옥생활로 건강을 잃은 소케이안은 1년 후 입적하고 만다. 이후 사사키는 혼자서 소케이안의 선원을 이끌었고, 후에 진정한 선 불교는 일본에 있다고 판단하여 미국에 존재하던 선원을 다시 일본으로 옮기는, 즉 선 불교의 역수출을 하는 기록을 남기게 된다. 와츠는 아내의 계부였던 소케이안에게 잠시 선을 배우기도 했지만 이후 1948년 이혼을 하면서 장모인 사사키와의 인연은 멀어진 것 같다.

1957년 출간된 《선의 길(*The Way of Zen*)》은 그에게 명성을 안겨주었다. 50년대에 시작된 반문화 운동인 비트 운동과 60년대의 히피 문화가 성행했기에 그는 60년대에 미국 대학의 인기 순회 강사가 되었고 매스컴을 통해 선 불교 강좌도 하

《선의 길(*The way of Zen*)》과 《도(*Tao*)》

였다. 모든 사상과 전통의 억압으로부터 자유롭기를 원했던 그였기에 선 불교 강좌를 할 때도 교리나 정통성에 지나친 신경을 쓰지않고 그 본질을 전하려 하였다.

1971년 스즈키 순류가 입적하던 해 와츠가 부인과 함께 타사하라 승원을 처음으로 방문했었다. 스즈키가 샌프란시스코에 처음 왔을 때부터 와츠는 학생도 보내주고 샌프란시스코의 아시아 학계 사람들에게 소개도 하면서 많은 도움을 주었다. 타사하라를 매입할 때도 굵직한 보시자를 몇사람이나 소개하였다. 와츠는 선원의 엄격한 규율을 영국의 기숙학교 만큼이나 답답하다고 싫어하였다. 수백만 사람들에게 선 불교를 강의하여 사람들의 마음을 열어놓은 그였지만 그리고 물심양면으로 스즈키를 도와온 와츠였지만, 막상 스즈키 옆에서는 마음이 불편해지는 경향이 있었다고 한다. 그러나 스즈키에게 있어 와츠는 늘 변함없는 대보살이었다. 1973년 이승을 떠난 와츠의 자서전에는 이런 헌사가 쓰여 있다.

이 책을 뭇별과 달과 해에게 그리고 바다와 공기와 허공의 침묵에게 바친다.

불교가 서양인들에게 어필하는 이유

서양에서 힌두교와 노장사상 같은 동양학에 대한 관심이 커진 것은 1800년대이다. 이 시대를 살았던 소로우가 그랬듯이 대부분의 지식인들은 동양사상을 탐구했고 동양학에 매력을 느끼고 있었다. 이미 소로우는 양적으로만 팽배하는 소비위주의 물질문명에 경종을 가하고 있었고 자신의 내면을 돌아보고 자연과 함께 하는 삶을 살도록 외치고 있었다. 불교가 서양에 처음 전해진 것도 1800년대 중반이었다.

1960년대는 젊은이들을 중심으로 하는 반문화주의가 전세계에 영향을 미쳤다. 기존의 사고방식과 기존의 삶의 방식에 전반적인 의문을 제기했고, 평화운동, 히피문화가 확산된 시기이다. 지성일변도로 가는 문화보다는 감성을 원한다는 반지성주의, 콘크리트로 지어진 도시보다는 흙과 자연을 접할 수 있는 시골이 좋다는 반도시주의, 그리고 대량복제·대량생산을 주수단으로 하는 산업문명이 싫다는 반산업문명주의도 퍼져나갔다. 동시에 자연의 정복이 아니라 자연과의 조화를 권하며 하느님의 뜻이 아니라 우주의 섭리에 따라 산다는 동양학이 이들에게 힘을 실어주었다.

1970년대에는 미국의 중상류 이상의 가정에 적어도 한 사람은 동양학이나 불교에 심취한 사람이 있다고 할 정도가 되었다. 한국인들이 서양인들의 삶의 수치적 지표, 높은 GNP 숫자, 외부적 가치를 따라잡기 위해 질주할 때 이들은 이미 가던 길에서 완전히 U턴을 하고 있었던 것이다. 이 시절 적극적으로 발전된 대안의학은 이제까지처럼 몸 따로 마음 따로의 의술이 아니라 몸과 마음이 서로 유기적으로 연결된 것이라 보고 인간의 전일적 건강을 최종목표로 삼는다는데 의의가 있었으며 이에 따라 몸과 마음이 고루 건강하다는 의미로 "holistic health" "wellbeing" 같은 새로온 용어들까지 정립되었다. 대안교육 역시 인간은 지성만이 아니라 감성, 영성의 발달도 중요하다는 것에 바탕을 두고 몸과 마음의 균형된 교육을 추구하는 것이었다.

이들이 동양권의 삶의 철학이었던 불교와, 자신들이 야만인이라고 짓밟던 아메리카 대륙 토착민들의 인디언의 비물질적, 비소유적 가치를 받아들일수 있도록 한 사회적, 문화적 조건을 좀 더 세분하여 살펴보도록 하겠다.

첫째, 서양문명의 가장 중요한 개념이었던 개인주의와 자본주의가 한계에 부딪친 것이다. '나 세대(Me Generation)'라고 해서 모든 것이 나를 중심으로 돌아간다고 하고 살다보니 그 '나'가 주체할 수 없는 골치아픈 것이 된 것이다. 또한 물질적으로 더 나은 것을 더 많이 가지면 행복할 것이라 생각했는데 그게 아니라 쌓인 물건에 소유당한듯한 삶이 되었던 것이다. 정신적으로는 사유(思惟)의 끝을 본 것이다. 데카르트가 "나는 생각한다. 고로 나는 존재한다"고 하여 물질과 정신을 이원화하고 생각과 이성을 인간의 상위 개념으로 놓은 이후부터 지성에 더 중점을 두고 학문과 철학이 발전해왔고, 전문화, 분석화, 환원주의로 학문과 사상이 발전했는데 그 한계를 확실히 본 것이다. 이때부터 새로운 종류의 학문이 발달하기 시작한다. 좀 더 포괄적이고, 종합적이고 전일적인 학문과 자유로운 사고가 발달하고 새로운 곳에서 가치관의 근거가 나온다. 숭산스님은 바로 이러한 서양인의 이성과 사유의 밑바닥을 치는 질문을 한다. "생각이 끝나는 그곳에 무엇이 있는가?"

둘째, 물리학에서는 오래 전부터 불교에서 말하는 불이(不二)의 원리가 당연한 것으로 정립되어 있었다. 물리학의 발달, 특히 양자역학의 발달로 인해 이성적, 합리적인 사고로도 불이의 원리를 이해할 수 있는 바탕이 정립되었던 것이다. 양자역학이 발달되기 이전부터 이미 빛은 파동이기도 하고 입자이기도 하다는 이론이 정립되어 있었고, 이후 아인시타인이 물질과 에너지는 대립개념이 아니라 상호변환할 수 있는 것, 즉 물질은 에너지로 변할 수 있고 에너지는 물질로 변할 수 있다고 해서 다시 한번 불이의 개념을 확인해주었다. 여기서 더 나아가서 모든 것은 에너지로 다 표현될 수 있다. 공간은 에너지가 희박하게 존재하는 것이고, 고체는 에너지가 더 긴밀히 응축된 것이라는 설까지 발전했다. 이는 불교에서 모든 것은 공(空)하다는 설하고 너무나 흡사한 설명이다. 이를 더욱 더 뒷받침해주는 연구로 노벨물리학 수상자 겔만(Murray Gellmann)은 원자보다 더 하위 개념의 입자로 쿼크(quark)를 발견했고, 더불어 가장 하위 개념 입자인 쿼크의 단순성(simplicity)과 가장 발달된 생명체 중 하나인 재규어의 복합성(complexity)이 다른 것이 아니라, 쿼크 속에서 재규어가 보인다고 그의 저서 《쿼크와 재규어(*Quark and Jaguar*)》에서 말했다. 즉 화엄경에서 말하는 하나는 모든 것으로 통하고 모든 것은 하나로 통한다는 말과 같은 말을 한 것이다.

셋째, 사람들의 스트레스 수위가 다른 어떤 것으로도 극복할 수 없을 만큼 높아졌다는 것이다. 인간의 생활권이 점점 더 흙과 멀어져가고 직업 역시 세분화하다 보니 인간의 소외가 가속화되고 몸 따로, 마음 따로의 경향이 극에 달했다. 더구나 세상이 변하는 속도가 너무나 빠르다 보니 변화에 적응하지 못해 불안해하고 괴로워하는 사람도 속출했다. 70년대에 들어 불교 명상이 기공과 함께 스트레스 치료와 예방에 효과적임이 판명되면서 불교에 대한 관심이 가속화했다.

넷째, 불교가 창조주가 있다고 믿지 않는다는 것이 서양의 무신론자, 불가지론자에게 어필했다. 과학이 발달하면서 그리스도교의 교리가 논리에 어긋나는 점이 많았던데다가 근본주의 그리스도교들의 극단적이고 편협한 신앙행위 때문에 사람들은 많이 지쳐있었다. 더 이상 내리누르는 신, 억압적인 신을 모시고싶지 않은 마음이 팽배해있었다. 그런데 '천상천하 유아독존'이라고 외친 붓다를 본 것이다. 불교에서 말하는 전생에서 지은 업이 현세에 영향을 미친다는 숙업설을 해석하는 관점이 두 가지로 나타나는데 바로 컵에 물이 반이 있을 때 이를 '반이 있다'고 보느냐 아니면 '반이 없다'고 보느냐 하는 걸로 비유될 수 있겠다. 한국에서는 '반이 없다'고 보는 편이 우세해 불교가 허무적이고 세상을 등지고 초연하게 사는 것으로 많이 인식되었음에 반하여 서구에서는 이를 오히려 적극적으로 해석하였다. '반이 있다'는 것은 내가 내 운명을 적극적으로 만들어나간다는 것이었기에 삶 속에서 실천하고 하나가 될 수 있는, 가능성이 너무나 많은 종교를 불교에서 본 것이다. 달라이 라마는 바로 서양인의 이런 마음을 꿰뚫고 있기 때문에 불교는 일종의 무신주의이며 동시에 뭇생명을 고루 소중히 여기는 일종의 휴머니즘이라고 늘 말한다.

다섯째, 불교의 융통성과 포용성이다. 불교는 문학과 예술로 전해질수도 있고 철학으로 전해질 수도 있다. 독일에서는 쇼펜하우어, 하이데거가 철학으로, 막스 웨버가 학문으로 불교를 전했고 이후 1950년대에 헤르만 헤세가 《싯달타》라는 소설을 써 전세계에 불교를 알리는 역할을 한다. 미국 대중에게 불교를 전한 사람들은 잭 캐루악, 앨런 와츠, 앨런 긴즈버그, 게리 스나이더 같은 비트(Beat)의 문인들이었다. 선 불교가 서양에 전해질 때는 참선만이 아니라, 다도, 검도, 합기도, 꽃꽂이, 서예 등이 다 선의 일부로 전해져서 어필했다. 티베트 불교는 탕카같은 화려한 미술과 신들린 것 같은 역동적인 의식으로 서양인에게 처음 알려지기 시작했다. 영화 쿤둔을 보았다면 가장 인상적으로 되풀이된 것이 아름다운 만달라와 신관의 접신의식이었음을 기억할 것이다.

부처님은 법으로 들어가는 문이 8만4천개가 있다고 말씀하셨고 틱낫한 스님은 오늘을 사는 우리는 계속해서 더 많은 문을 발견해 후세에 전해야 한다고 했다. 그러므로 불교에서는 교조주의가 없다. 다시 말하면 불교내에서도 각 종파간의 포용성은 당연한 것으로 여겨질뿐만 아니라 타종교에게도 불교만큼 포용성을 보이는 것이 드물다. 오늘날 서양에서 이는 신선한 장점으로 부각되고 있으며 그렇기 때문에 종교간 화합회의를 주재하는 것도 불교쪽이 많이 하고 있다.

여섯째, 불교를 처음 전수받았으며 오늘날까지도 국가적 차원으로 불교를 믿고 있는 티베트와 동남아 일대의 정치적 불안으로 수많은 불교 지도자들이 유럽과 미국으로 가서 활동을 편 것이 서양불교의 발전에 큰 기여를 했다. 티베트의 달라이 라마, 베트남의 틱낫한 스님은 조국에 돌아갈 수 없는 몸이 되어 해외에서 포교활동을 했고, 타일랜드의 아잔차, 술락 시바락사 박사, 캄보디아의 간디라 불리는 마하 고사난다, 미얀마의 아웅산 수지, 스리랑카의 아리야라트네 박사, 인도의 암베드카 박사 등은 다 자국내에 성공적인 불교단체를 세워서 해외에서 보고 배우러 오는 사람이 많을 뿐만 아니라 해외에도 지부를 세우고 활발한 활동을 벌인 사람들이다.

일곱째, 새로운 문화권에 맞는 불교의 변신이다. 여기서 주요한 역할을 한 사람들은 위의 아시아권 스님들과 이분들이 키워낸 서양인 제자들이다. 아시아의 불교 그대로의 모습을 간직하고 전파하던 불교는 이민자들이 고향에서 믿던 종교를 그대로 믿고자 절을 짓고 스님을 모신 경우인데 이런 불교를 서양에서는 "수하물 불교"(Baggage Buddhism)라고 한다. 새 지역의 문화에 맞게 전파하려는 노력을 보이지 않던 이들에 반하여 "백인 불교"(White Convert Buddhism)라고 부르는 것이 대두되었다. 바로 자국민이 불교를 배워 스님이나 법사가 된 후 가르침을 펴는 경우인데 수많은 저술이나 연구도 이들을 중심으로 이루어지고 있다. 이로 인해 불교는 '아시아의 옷 '을 벗고 서양의 땅에서 자랄 수 있게 되었으며 변형된 모습에도 불구하고 불교의 정수는 그대로 전해질 수 있게 되었다.

이렇게 해서 다양한 방면에서 불교 인구의 저변이 확대되었는데 1990년대 중반 서양의 불교도 수를 보면 1위는 불교도 3백만~4백만 명으로 총인구의 1.6%를 차지하는 미국이 차지했다. 2위는 러시아, 3위는 프랑스, 4위는 영국, 5위는 독일이다. 미국에서는 90%의 불교단체나 수행 센터가 모두 70년대와 80년대에 생겨났다고 한다. 미국은 이제 불교를 이해하기 위해 외국어를 배우고 이질적으로 다른 문화를 공부하던 초기단계를 넘어서서 이제는 미국 불교를 논하고 미국 불교의 정체성을 확립할 때라는 움직임을 보이고 있다.

그러나 사람을 움직이는 것은 무엇보다도 사람인지라 이런 큰 일도 강렬한 카리스마를 가진 불교계의 큰스님들이 안계셨더라면 불가능했을 것이다. 달라이 라마, 틱낫한 스님, 87년 작고한 트룽파 린포체는 이미 세계 불교계에 길이 빛날 큰별로 자리매김을 하신 분들이다. 이 큰스님들이 주최하는 강연회와 명상수련회에는 불교신도만이 아니라 비신자의 참여도 아주 활발하다. 또한 이분들은 한 종파의 불교도만 따르는 것이 아니라 종파를 초월한 모든 불교도들도 많이 따른다는 게 특징이다.

이 세 분의 공통점은 무엇인가? 첫째 말로 표현할 수 없는 강렬한 개인적 매력, 그냥 거기 있기만 해도 수많은 이야기를 전해줄 수 있고 태양처럼 많은 사람을 끌어들이는 흡인력을 가졌다는 것이다. 둘째 이 분들은 가르침의 매개체인 언어에 능통한 분들이다. 달라이 라마는 본래 자국에서 집중적인 영어 교육을 받은 분이다. 틱낫한 스님은 미국의 프린스턴 대학에서 수학했고 컬럼비아 대학에서 강의도 하신 분이다. 트룽파 린포체는 영국의 옥스퍼드 대학에서 비교종교학을 공부했다. 이분들은 영어를 자유자재로 능통하게 구사했을 뿐만 아니라 어려운 불교를 쉽게 전달하기 위해 전통적인 불교 용어를 떠나 대중이 이해할 수 있는 언어를 새로이 창조한 분들이다. 틱낫한 스님은 인간이 '연기적 존재'라는 것을 표현하기 위해 '연결된 존재'(interbeing)라는 말을 만들었고 '삶이 바로 불교'라는 것을 표현하기 위해 '참여불교'(Engaged Buddhism)라는 말을 만들었다. 달라이 라마는 '보리심' 대신 '보편적 책임감'(universal responsibility)이라는 말을 쓰고 '불교'라는 말 대신 '사랑과 자비가 내 종교'라고 하고 있다. 트룽파 린포체는 티베트 불교 특유의 원색적인 맛을 마음껏 창조적으로 언어에 표현해 수많은 사람들을 기쁘게도 하고 경악하게도 한 사람이다. 그 아니면 누가 '미치광이 지혜' (crazy wisdom), '영적 물질주의'(spiritual materialism), '부정적인 부정성' (negative negativity) 같은 말을 만들겠는가?

셋째, 이분들은 아무리 많은 사람들을 대할지라도 모두를 마치 처음 만나는 사람처럼 신선하게 환영해줄 수 있는 큰 힘을 가지고 있었다는 것이다. 일례로 달라이 라마는 73년 인도의 부다가야에서 열렸던 칼라챠크라 입문식 후 개인적 축복을 받으려고 줄을 선 15만 명의 사람들에게 며칠동안이나 처음과 같은 미소와 따스함으로 대했고, 틱낫한 스님은 누가 차를 대접하든지 늘 '세상에서 처음 맛보는 차'인 듯이 그렇게 마셨다.

우리는 흔히 불교는 철학도 아니고 종교도 아니고 다만 삶이라고 얘기하면서 실천은 거기 따라가지 못하는 게 사실이다. 불교가 바로 삶이라는 것을 다각도로 보여주고 있는 것은 서양인들이다. 아직은 원숙미를 기대할 수는 없지만 의욕과 실험정신이 풍부하다. 바로 그렇게 어린아이와 같은 신선한 눈으로 모든 것을 바라보고 그 안에서 경이를 발견하고 그 안에서 온전히 머물라는 것이 부처님의 가르침이 아닐까. 실천이 없는 사상은 다만 이론이고 철학일 뿐이다. 삶 속에서 불교의 진리를 실천하고 수행함으로써 이원화되었던 삶, 지성과 이성, 직업과 취미 등 양극으로 갈라졌던 삶을 이제 치유하고 하나로 하는데 서양인들은 아주 적극적이다.

참고 서적

Aitken, Robert, *The Mind of Clover: Essays in Zen Buddhist Ethics*, North Point Press, 2000.

Ajahn Sumedho, *The Mind and the Way: Buddhist Reflections of Life*, Wisdom Publications, 1995.

Batchelor, Martine, *Principles of Zen*, Thorsons, 1999.

Batchelor, Martine, *Walking on Lotus Flowers*, Thorsons, 1996.

Batchelor, Stephen, *The Awakening of the West: The Encounter of Buddhism and Western Culture*, Parallax Press, 1994.

Boucher, Sandy, *Turning the Wheel: American Women Creating the New Buddhism*, Beacon Press, 1993.

Buswell, Jr., Robert E., *The Zen Monastic Experience*, Princeton University Press, 1992.

Chadwick, David, *Crooked Cucumber: The Life and Zen Teaching of Shumryu Suzuki*, Broadway, 1999.

Coupey, Philippe Ed, *Sit : Zen Teachings of Master Taisen Deshimaru*, HOHM

Press, 1996.

Findly, Ellison Banks Ed, *Women's Buddhism Buddhism's Women*, Wisdom Publications, 2000.

Glassman, Bernard & Fields, Rick, *Instructions to the Cook: A Zen Master's Lessons in Living a Life That Matters*, Bell Tower, 1996.

Jiyu-Kennet, *How to Grow a Lotus Blossom*, Shasta Abbey, 1993.

Jiyu-Kennet, *Roar of the Tigress*, Shasta Abbey Press, 2000.

Kalu Rinpoche, *Excellent Buddhism: An Exemplary Life*, ClearPoint Press, 1995.

Lama Yeshe and Lama Zopa, *Wisdom Energy: Basic Buddhist Teachings*, Wisdom Publications, 2000.

Larkin, Geri, *Tap Dancing in Zen*, Celestial Arts, 2000.

Macy, Joanna, *Widening Circles : A Memoir*, New Society Publishers, 2000.

Macy, Joanna & Brown, Molly Young, *Coming Back to Life*, New Society Publishers, 1998.

Prebish, Charles S. & Tanaka, Kenneth K. Ed, *The Faces of Buddhism in America*, University of California Press, 1998.

Prebish, Charles S., *Luminous Passage : The Practice and Study of Buddhism in America*, University of California Press, 1999.

Rawlinson, Andrew, *The Book of Enlightened Masters : Western Teachers in Eastern Traditions*, Open Court, 1997.

Shepard, Odell Ed, *The Heart of Thoreau's Journals*, Dover Publications, Inc., 1961.

Thich Nhat Hanh, *Living Buddha, Living Christ*, Riverhead Books, 1997.

Thich Nhat Hanh, *Cultivating the Mind of Love*, Parallax Press, 1996.

Trungpa, Chogyam, *The Myth of Freedom*, Shambhala Publications, 1976.

Tweed, Thomas A., *The American Encounter with Buddhism 1844-1912*, University of North Carolina Press, 2000.

Tworkov, Helen, *Zen in America*, Kodansha, 1994.

Victoria, Brian, *Zen at War*, Weatherhill, Inc., 1997.

지은이 **진우기**는
경기여자고등학교 · 서울대학교 사범대학을 졸업했으며,
미국 Texas A&M University에서 평생교육학으로 석사학위를 받았다.
현재 불교문화센터와 신구대학에서 강의를 하고 있다.
역서로《일곱 봉지 속의 지혜(*The Heart of the Enlightened*)》
《머니 테라피(*Money Therapy*)》가 있고,
공역서로《이 세상은 나의 사랑이며 또한 나다(*Engaged Buddhist Reader*)》
《깨달음의 길(*The Path to Enlightenment by Dalai Lama*)》 등이 있다.

달마, 서양으로 가다
— 서양의 신불교를 일군 별들의 이야기 —

2002년 11월 9일 초판 발행

지은이 / 진우기
펴낸이 / 김병무
펴낸곳 / 불교시대사
출판등록일 1991년 3월 20일, 제1-1188호
(우) 110-718 서울 종로구 관훈동 197-28 백상빌딩 13층
전화/ (02)730-2500
팩스/ (02)723-5961

값 12,000원
※잘못된 책은 바꾸어 드립니다.
ISBN 89-8002-083-X 03220